突发事件应对法一本通

法规应用研究中心 编

中国法制出版社
CHINA LEGAL PUBLISHING HOUSE

编辑说明

"法律一本通"系列丛书自 2005 年出版以来,以其科学的体系、实用的内容,深受广大读者的喜爱。2007 年、2011 年、2014 年、2016 年、2018 年、2019 年、2021 年我们对其进行了改版,丰富了其内容,增强了其实用性,博得了广大读者的赞誉。

我们秉承"以法释法"的宗旨,在保持原有的体例之上,今年再次对"法律一本通"系列丛书进行改版,以达到"应办案所需,适学习所用"的目标。新版丛书具有以下特点:

1. 丛书以主体法的条文为序,逐条穿插关联的现行有效的法律、行政法规、部门规章、司法解释、请示答复和部分地方规范性文件,以方便读者理解和适用。

2. 丛书紧扣实践和学习两个主题,在目录上标注了重点法条,并在某些重点法条的相关规定之前,对收录的相关文件进行分类,再按分类归纳核心要点,以便读者最便捷地查找使用。

3. 丛书紧扣法律条文,在主法条的相关规定之后附上案例指引,收录最高人民法院、最高人民检察院指导性案例、公报案例以及相关机构公布的典型案例的裁判摘要、案例要旨或案情摘要等。通过相关案例,可以进一步领会和把握法律条文的适用,从而作为解决实际问题的参考。并对案例指引制作索引目录,方便读者查找。

4. 丛书以脚注的形式,对各类法律文件之间或者同一法律文件不同条文之间的适用关系、重点法条疑难之处进行说明,以便读者系统地理解我国现行各个法律部门的规则体系,从而更好地为教学科研和司法实践服务。

5. 丛书结合二维码技术的应用为广大读者提供增值服务,扫描前勒口二维码,即可免费部分使用中国法制出版社推出的【法融】数据库。【法融】数据库中"国家法律法规"栏目便于读者查阅法律文件准确全文及效力。"最高法指导案例"和"最高检指导案例"两个栏目提供最高人民法院和最高人民检察院指导性案例的全文,为读者提供更多增值服务。

目 录

中华人民共和国突发事件应对法

第一章 总 则

第 一 条 【立法目的和根据】 …………………… 1
第 二 条 【概念、调整范围和适用规则】 …………… 2
第 三 条 【突发事件分级标准】 …………………… 6
★ 第 四 条 【指导思想和治理体系】 ………………… 7
第 五 条 【工作原则和理念】 ……………………… 8
★ 第 六 条 【社会动员机制】 ………………………… 10
第 七 条 【信息发布】 ……………………………… 16
第 八 条 【新闻报道和宣传】 ……………………… 26
第 九 条 【投诉与举报】 …………………………… 32
第 十 条 【比例原则】 ……………………………… 33
第十一条 【特殊群体保护】 ……………………… 43
第十二条 【财产征用】 …………………………… 44
第十三条 【时效和程序中止】 …………………… 46
★ 第十四条 【国际合作与交流】 …………………… 47
第十五条 【表彰和奖励】 ………………………… 49

第二章 管理与指挥体制

第十六条 【管理体制和工作体系】 ……………… 51
第十七条 【分级负责、属地管理和报告机制】 ……… 55

1

- ★ 第十八条 【协调配合与协同应对】................ 61
- ★ 第十九条 【行政领导机关和应急指挥机构】......... 62
- ★ 第二十条 【应急指挥机构职责权限】.............. 66
- 第二十一条 【部门职责】........................ 69
- 第二十二条 【基层职责】........................ 72
- 第二十三条 【公民、法人和其他组织义务】......... 73
- 第二十四条 【解放军、武警部队和民兵组织参与】.... 76
- 第二十五条 【本级人大监督】.................... 78

第三章 预防与应急准备

- ★ 第二十六条 【应急预案体系】.................... 78
- 第二十七条 【应急预案衔接】.................... 113
- 第二十八条 【应急预案制定依据与内容】........... 113
- ★ 第二十九条 【应急体系建设规划】................ 117
- 第三十条 【国土空间规划等考虑预防和处置突发事件】.............................. 118
- 第三十一条 【应急避难场所标准体系】............. 120
- 第三十二条 【突发事件风险评估体系】............. 122
- 第三十三条 【安全防范措施】.................... 127
- 第三十四条 【及时调处矛盾纠纷】................ 129
- ★ 第三十五条 【安全管理制度】.................... 130
- 第三十六条 【矿山和危险物品单位预防义务】....... 135
- 第三十七条 【人员密集场所经营单位或者管理单位的预防义务】...................... 138
- 第三十八条 【应对管理培训制度】................ 138
- 第三十九条 【应急救援队伍】.................... 140
- 第四十条 【应急救援人员人身保险和资格要求】...... 146

第四十一条	【解放军、武警和民兵专门训练】 ……………	146
第四十二条	【应急知识宣传普及和应急演练】 ……………	146
★ 第四十三条	【学校的应急教育和演练义务】 ………………	149
第四十四条	【经费保障】 ……………………………………	150
★ 第四十五条	【应急物资储备保障制度和目录】 ……………	151
★ 第四十六条	【应急救援物资、装备等生产、供应和储备】 ………………………………………	153
第四十七条	【应急运输保障】 ………………………………	155
第四十八条	【能源应急保障】 ………………………………	157
第四十九条	【应急通信和广播保障】 ………………………	157
第 五 十 条	【卫生应急体系】 ………………………………	157
第五十一条	【急救医疗服务网络建设】 ……………………	158
第五十二条	【鼓励社会力量支持】 …………………………	159
第五十三条	【紧急救援、人道救助和应急慈善】 …………	160
第五十四条	【救援资金和物资管理】 ………………………	162
第五十五条	【巨灾风险保险体系】 …………………………	162
第五十六条	【技术应用、人才培养和研究开发】 …………	163
第五十七条	【专家咨询论证制度】 …………………………	163

第四章 监测与预警

第五十八条	【突发事件监测制度】 …………………………	165
第五十九条	【突发事件信息系统】 …………………………	166
第 六 十 条	【突发事件信息收集制度】 ……………………	168
第六十一条	【突发事件信息报告制度】 ……………………	169
第六十二条	【突发事件信息评估制度】 ……………………	171
第六十三条	【突发事件预警制度】 …………………………	172
第六十四条	【预警信息发布、报告和通报】 ………………	173

	第六十五条	【预警信息发布】 ……………………	174
	第六十六条	【三级、四级预警措施】 ……………	175
	第六十七条	【一级、二级预警措施】 ……………	176
★	第六十八条	【预警期保障措施】 …………………	177
	第六十九条	【社会安全事件信息报告制度】 ……	179
	第 七 十 条	【预警调整和解除】 …………………	179

第五章 应急处置与救援

★	第七十一条	【应急响应制度】 ……………………	179
	第七十二条	【应急处置机制】 ……………………	180
	第七十三条	【自然灾害、事故灾难和公共卫生事件应急处置措施】 …………………	181
★	第七十四条	【社会安全事件应急处置措施】 ……	185
	第七十五条	【严重影响国民经济运行的突发事件应急处置机制】 ……………………	185
	第七十六条	【应急协作机制和救援帮扶制度】 …	186
★	第七十七条	【群众性基层自治组织组织自救与互助】 ………………………………	187
	第七十八条	【突发事件有关单位的应急职责】 …	189
	第七十九条	【突发事件发生地的公民应当履行的义务】 ………………………………	190
	第 八 十 条	【城乡社区组织应急工作机制】 ……	190
	第八十一条	【心理援助工作】 ……………………	191
	第八十二条	【遗体处置及遗物保管】 ……………	192
	第八十三条	【政府及部门信息收集与个人信息保护】 ………………………………	193
★	第八十四条	【有关单位、个人获取信息及使用限制】 ………………………………	194

第八十五条　【信息用途、销毁和处理】 ················ 195

第六章　事后恢复与重建

第八十六条　【应急响应解除】 ···················· 197
第八十七条　【影响、损失评估与恢复重建】 ············ 198
★ 第八十八条　【支援恢复重建】 ···················· 199
★ 第八十九条　【扶持优惠和善后工作】 ·············· 199
第 九 十 条　【公民参与应急的保障】 ················ 202
第九十一条　【伤亡人员保障】 ···················· 202
第九十二条　【突发事件调查、应急处置总结】 ·········· 202
第九十三条　【资金和物资审计监督】 ················ 203
第九十四条　【应对工作档案管理】 ················ 203

第七章　法律责任

第九十五条　【地方政府、有关部门及其人员不依法履责的法律责任】 ················ 204
第九十六条　【突发事件发生地的单位不履行法定义务的法律责任】 ················ 206
第九十七条　【编造、传播虚假信息的法律责任】 ········ 207
第九十八条　【单位和个人不服从、不配合的法律责任】 ································ 208
★ 第九十九条　【单位和个人违反个人信息保护规定的法律责任】 ···················· 208
★ 第 一 百 条　【民事责任】 ···················· 210
第一百零一条　【紧急避险】 ···················· 210
★ 第一百零二条　【治安管理处罚和刑事责任】 ········ 211

第八章 附 则

第一百零三条　【紧急状态】 ………………………… 211
第一百零四条　【域外突发事件应对】 ……………… 212
第一百零五条　【境内的外国人、无国籍人义务】 ……… 212
第一百零六条　【施行日期】 …………………………… 212

附录一

电力网络安全事件应急预案 ……………………………… 213
　　（2024 年 5 月 16 日）
矿山救援规程 ……………………………………………… 222
　　（2024 年 4 月 28 日）
传染病疫情应急预案管理办法 …………………………… 263
　　（2024 年 4 月 23 日）
国家自然灾害救助应急预案 ……………………………… 270
　　（2024 年 1 月 20 日）

附录二

本书所涉文件目录 ………………………………………… 293

案例索引目录

1. 尚某国等重大劳动安全事故案 ································ 133
2. 江西省遂川县生态环境局诉某和财保荆门公司等机动车交通事故责任纠纷案 ································ 137
3. 闫某与刘某财产损害赔偿纠纷案 ························ 199
4. 赵某诉某单位财产损害赔偿纠纷案 ···················· 200
5. 刘某与某物业公司财产损害纠纷案 ···················· 201
6. 某商贸公司诉某童鞋场、王某租赁合同纠纷案 ············ 201

中华人民共和国突发事件应对法

（2007年8月30日第十届全国人民代表大会常务委员会第二十九次会议通过 2024年6月28日第十四届全国人民代表大会常务委员会第十次会议修订 2024年6月28日中华人民共和国主席令第25号公布 自2024年11月1日起施行）

目　　录

第一章　总　　则
第二章　管理与指挥体制
第三章　预防与应急准备
第四章　监测与预警
第五章　应急处置与救援
第六章　事后恢复与重建
第七章　法律责任
第八章　附　　则

第一章　总　　则

第一条　立法目的和根据＊

为了预防和减少突发事件的发生，控制、减轻和消除突发事件引起的严重社会危害，提高突发事件预防和应对能力，规范突发事件应对活动，保护人民生命财产安全，维护国家安全、公共安全、生态环境安全和社会秩序，根据宪法，制定本法。

＊ 条文主旨为编者所加，仅供读者参考，下同。

第二条 概念、调整范围和适用规则

本法所称突发事件，是指突然发生，造成或者可能造成严重社会危害，需要采取应急处置措施予以应对的自然灾害、事故灾难、公共卫生事件和社会安全事件。

突发事件的预防与应急准备、监测与预警、应急处置与救援、事后恢复与重建等应对活动，适用本法。

《中华人民共和国传染病防治法》等有关法律对突发公共卫生事件应对作出规定的，适用其规定。有关法律没有规定的，适用本法。

● **法　律**

1.《**生物安全法**》(2020年10月17日)①

第2条　本法所称生物安全，是指国家有效防范和应对危险生物因子及相关因素威胁，生物技术能够稳定健康发展，人民生命健康和生态系统相对处于没有危险和不受威胁的状态，生物领域具备维护国家安全和持续发展的能力。

从事下列活动，适用本法：

（一）防控重大新发突发传染病、动植物疫情；

（二）生物技术研究、开发与应用；

（三）病原微生物实验室生物安全管理；

（四）人类遗传资源与生物资源安全管理；

（五）防范外来物种入侵与保护生物多样性；

（六）应对微生物耐药；

（七）防范生物恐怖袭击与防御生物武器威胁；

（八）其他与生物安全相关的活动。

---

① 本书对法律和行政法规文件名均使用简称；本书中的日期为法律文件的公布日期，已经修正或修订的文件，为该文件截至本书出版时间最后一次修正或修订的公布日期。下文不再标注。

2.《核安全法》（2017年9月1日）

第2条 在中华人民共和国领域及管辖的其他海域内，对核设施、核材料及相关放射性废物采取充分的预防、保护、缓解和监管等安全措施，防止由于技术原因、人为原因或者自然灾害造成核事故，最大限度减轻核事故情况下的放射性后果的活动，适用本法。

核设施，是指：

（一）核电厂、核热电厂、核供汽供热厂等核动力厂及装置；

（二）核动力厂以外的研究堆、实验堆、临界装置等其他反应堆；

（三）核燃料生产、加工、贮存和后处理设施等核燃料循环设施；

（四）放射性废物的处理、贮存、处置设施。

核材料，是指：

（一）铀-235材料及其制品；

（二）铀-233材料及其制品；

（三）钚-239材料及其制品；

（四）法律、行政法规规定的其他需要管制的核材料。

放射性废物，是指核设施运行、退役产生的，含有放射性核素或者被放射性核素污染，其浓度或者比活度大于国家确定的清洁解控水平，预期不再使用的废弃物。

3.《传染病防治法》（2013年6月29日）

第4条 对乙类传染病中传染性非典型肺炎、炭疽中的肺炭疽和人感染高致病性禽流感，采取本法所称甲类传染病的预防、控制措施。其他乙类传染病和突发原因不明的传染病需要采取本法所称甲类传染病的预防、控制措施的，由国务院卫生行政部门及时报经国务院批准后予以公布、实施。

需要解除依照前款规定采取的甲类传染病预防、控制措施的，由国务院卫生行政部门报经国务院批准后予以公布。

省、自治区、直辖市人民政府对本行政区域内常见、多发的其他地方性传染病，可以根据情况决定按照乙类或者丙类传染病管理并予以公布，报国务院卫生行政部门备案。

第18条 各级疾病预防控制机构在传染病预防控制中履行下列职责：

（一）实施传染病预防控制规划、计划和方案；

（二）收集、分析和报告传染病监测信息，预测传染病的发生、流行趋势；

（三）开展对传染病疫情和突发公共卫生事件的流行病学调查、现场处理及其效果评价；

（四）开展传染病实验室检测、诊断、病原学鉴定；

（五）实施免疫规划，负责预防性生物制品的使用管理；

（六）开展健康教育、咨询，普及传染病防治知识；

（七）指导、培训下级疾病预防控制机构及其工作人员开展传染病监测工作；

（八）开展传染病防治应用性研究和卫生评价，提供技术咨询。

国家、省级疾病预防控制机构负责对传染病发生、流行以及分布进行监测，对重大传染病流行趋势进行预测，提出预防控制对策，参与并指导对暴发的疫情进行调查处理，开展传染病病原学鉴定，建立检测质量控制体系，开展应用性研究和卫生评价。

设区的市和县级疾病预防控制机构负责传染病预防控制规划、方案的落实，组织实施免疫、消毒、控制病媒生物的危害，普及传染病防治知识，负责本地区疫情和突发公共卫生事件监测、报告，开展流行病学调查和常见病原微生物检测。

第30条 疾病预防控制机构、医疗机构和采供血机构及其执行职务的人员发现本法规定的传染病疫情或者发现其他传染病暴发、流行以及突发原因不明的传染病时，应当遵循疫情报告属地管理原则，按照国务院规定的或者国务院卫生行政部门规定的内容、程序、方式和时限报告。

军队医疗机构向社会公众提供医疗服务，发现前款规定的传染病疫情时，应当按照国务院卫生行政部门的规定报告。

● **行政法规及文件**

4. 《突发事件应急预案管理办法》（2024年1月31日）

第2条 本办法所称应急预案，是指各级人民政府及其部门、基层组织、企事业单位和社会组织等为依法、迅速、科学、有序应对突发事件，最大程度减少突发事件及其造成的损害而预先制定的方案。

5. 《国家自然灾害救助应急预案》（2024年1月20日）

1.3 适用范围

本预案适用于我国境内遭受重特大自然灾害时国家层面开展的灾害救助等工作。

6. 《生产安全事故应急条例》（2019年2月17日）

第2条 本条例适用于生产安全事故应急工作；法律、行政法规另有规定的，适用其规定。

7. 《突发公共卫生事件应急条例》（2011年1月8日）

第2条 本条例所称突发公共卫生事件（以下简称突发事件），是指突然发生，造成或者可能造成社会公众健康严重损害的重大传染病疫情、群体性不明原因疾病、重大食物和职业中毒以及其他严重影响公众健康的事件。

第三条 突发事件分级标准

> 按照社会危害程度、影响范围等因素，突发自然灾害、事故灾难、公共卫生事件分为特别重大、重大、较大和一般四级。法律、行政法规或者国务院另有规定的，从其规定。
>
> 突发事件的分级标准由国务院或者国务院确定的部门制定。

● **部门规章及文件**

1. **《突发环境事件应急管理办法》**（2015年4月16日）

第2条　各级环境保护主管部门和企业事业单位组织开展的突发环境事件风险控制、应急准备、应急处置、事后恢复等工作，适用本办法。

本办法所称突发环境事件，是指由于污染物排放或者自然灾害、生产安全事故等因素，导致污染物或者放射性物质等有毒有害物质进入大气、水体、土壤等环境介质，突然造成或者可能造成环境质量下降，危及公众身体健康和财产安全，或者造成生态环境破坏，或者造成重大社会影响，需要采取紧急措施予以应对的事件。

突发环境事件按照事件严重程度，分为特别重大、重大、较大和一般四级。

核设施及有关核活动发生的核与辐射事故造成的辐射污染事件按照核与辐射相关规定执行。重污染天气应对工作按照《大气污染防治行动计划》等有关规定执行。

造成国际环境影响的突发环境事件的涉外应急通报和处置工作，按照国家有关国际合作的相关规定执行。

● **司法解释及文件**

2. **《最高人民法院关于人民法院预防和处理执行突发事件的若干规定（试行）》**（2009年9月22日）

第1条　本规定所称执行突发事件，是指在执行工作中突然发生，造成或可能危及执行人员及其他人员人身财产安全，严重干扰执行工作秩序，需要采取应急处理措施予以应对的群体上访、当事人自残、群众围堵执行现场、以暴力或暴力相威胁抗拒执行等事件。

第 2 条　按照危害程度、影响范围等因素，执行突发事件分为特别重大、重大、较大和一般四级。

特别重大的执行突发事件是指严重影响社会稳定、造成人员死亡或 3 人以上伤残的事件。

除特别重大执行突发事件外，分级标准由各高级人民法院根据辖区实际自行制定。

第四条　指导思想和治理体系

> 突发事件应对工作坚持中国共产党的领导，坚持以马克思列宁主义、毛泽东思想、邓小平理论、"三个代表"重要思想、科学发展观、习近平新时代中国特色社会主义思想为指导，建立健全集中统一、高效权威的中国特色突发事件应对工作领导体制，完善党委领导、政府负责、部门联动、军地联合、社会协同、公众参与、科技支撑、法治保障的治理体系。

● 行政法规及文件

1. 《煤矿安全生产条例》（2024 年 1 月 24 日）

第 3 条　煤矿安全生产工作坚持中国共产党的领导。

煤矿安全生产工作应当以人为本，坚持人民至上、生命至上，把保护人民生命安全摆在首位，贯彻安全发展理念，坚持安全第一、预防为主、综合治理的方针，从源头上防范化解重大安全风险。

煤矿安全生产工作实行管行业必须管安全、管业务必须管安全、管生产经营必须管安全，按照国家监察、地方监管、企业负责，强化和落实安全生产责任。

2.《"十四五"国家应急体系规划》（2021年12月30日）

（一）指导思想。

以习近平新时代中国特色社会主义思想为指导，全面贯彻落实党的十九大和十九届历次全会精神，增强"四个意识"、坚定"四个自信"、做到"两个维护"，坚持系统观念，统筹推进"五位一体"总体布局，协调推进"四个全面"战略布局，坚定不移贯彻新发展理念，坚持稳中求进工作总基调，坚持人民至上、生命至上，坚持总体国家安全观，更好统筹发展和安全，以推动高质量发展为主题，以防范化解重大安全风险为主线，深入推进应急管理体系和能力现代化，坚决遏制重特大事故，最大限度降低灾害事故损失，全力保护人民群众生命财产安全和维护社会稳定，为建设更高水平的平安中国和全面建设社会主义现代化强国提供坚实安全保障。

第五条 工作原则和理念

突发事件应对工作应当坚持总体国家安全观，统筹发展与安全；坚持人民至上、生命至上；坚持依法科学应对，尊重和保障人权；坚持预防为主、预防与应急相结合。

● 行政法规及文件

1.《突发事件应急预案管理办法》（2024年1月31日）

第4条 应急预案管理遵循统一规划、综合协调、分类指导、分级负责、动态管理的原则。

2.《国家自然灾害救助应急预案》（2024年1月20日）

1.4 工作原则

坚持人民至上、生命至上，切实把确保人民生命财产安全放在第一位落到实处；坚持统一指挥、综合协调、分级负责、属地管理为主；坚持党委领导、政府负责、社会参与、群众自救，充分发挥基层群众性自治组织和公益性社会组织的作用；坚持安全第一、预防为主，推动防范救援救灾一体化，实现高效有序衔接，强化灾害防抗救全过程管理。

3.《国务院办公厅关于应急管理综合行政执法有关事项的通知》（2023年7月5日）

一、总体要求。 以习近平新时代中国特色社会主义思想为指导，按照党中央、国务院决策部署，扎实推进应急管理综合行政执法改革，统筹配置行政执法职能和执法资源，切实解决多头多层重复执法问题，严格规范公正文明执法。

4.《"十四五"国家应急体系规划》（2021年12月30日）

（二）基本原则。

坚持党的领导。加强党对应急管理工作的集中统一领导，全面贯彻党的基本理论、基本路线、基本方略，把党的政治优势、组织优势、密切联系群众优势和社会主义集中力量办大事的制度优势转化为应急管理事业发展的强大动力和坚强保障。

坚持以人为本。坚持以人民为中心的发展思想，始终做到发展为了人民、发展依靠人民、发展成果由人民共享，始终把保护人民群众生命财产安全和身体健康放在第一位，全面提升国民安全素质和应急意识，促进人与自然和谐共生。

坚持预防为主。健全风险防范化解机制，做到关口前移、重心下移，加强源头管控，夯实安全基础，强化灾害事故风险评估、隐患排查、监测预警，综合运用人防物防技防等手段，真正把问题解决在萌芽之时、成灾之前。

坚持依法治理。运用法治思维和法治方式，加快构建适应应急管理体制的法律法规和标准体系，坚持权责法定、依法应急，增强全社会法治意识，实现应急管理的制度化、法治化、规范化。

坚持精准治理。科学认识和系统把握灾害事故致灾规律，统筹事前、事中、事后各环节，差异化管理、精细化施策，做到预警发布精准、抢险救援精准、恢复重建精准、监管执法精准。

坚持社会共治。把群众观点和群众路线贯穿工作始终，加强和创新社会治理，发挥市场机制作用，强化联防联控、群防群治，普及安全知识，培育安全文化，不断提高全社会安全意识，筑牢防灾减灾救灾的人民防线。

5.《国家森林草原火灾应急预案》（2020年10月26日）

1.4 工作原则

森林草原火灾应对工作坚持统一领导、协调联动，分级负责、属地为主，以人为本、科学扑救，快速反应、安全高效的原则。实行地方各级人民政府行政首长负责制，森林草原火灾发生后，地方各级人民政府及其有关部门立即按照任务分工和相关预案开展处置工作。省级人民政府是应对本行政区域重大、特别重大森林草原火灾的主体，国家根据森林草原火灾应对工作需要，及时启动应急响应、组织应急救援。

第六条 社会动员机制

国家建立有效的社会动员机制，组织动员企业事业单位、社会组织、志愿者等各方力量依法有序参与突发事件应对工作，增强全民的公共安全和防范风险的意识，提高全社会的避险救助能力。

● 行政法规及文件

1.《"十四五"国家应急体系规划》（2021年12月30日）

三、深化体制机制改革，构建优化协同高效的治理模式

（一）健全领导指挥体制。

按照常态应急与非常态应急相结合，建立国家应急指挥总部

指挥机制，省、市、县建设本级应急指挥部，形成上下联动的应急指挥部体系。按照综合协调、分类管理、分级负责、属地为主的原则，健全中央与地方分级响应机制，明确各级各类灾害事故响应程序，进一步理顺防汛抗旱、抗震救灾、森林草原防灭火等指挥机制。将消防救援队伍和森林消防队伍整合为一支正规化、专业化、职业化的国家综合性消防救援队伍，实行严肃的纪律、严密的组织，按照准现役、准军事化标准建设管理，完善统一领导、分级指挥的领导体制，组建统一的领导指挥机关，建立中央地方分级指挥和队伍专业指挥相结合的指挥机制，加快建设现代化指挥体系，建立与经济社会发展相适应的队伍编制员额同步优化机制。完善应急管理部门管理体制，全面实行准军事化管理。

（二）完善监管监察体制。

推进应急管理综合行政执法改革，整合监管执法职责，组建综合行政执法队伍，健全监管执法体系。推动执法力量向基层和一线倾斜，重点加强动态巡查、办案等一线执法工作力量。制定应急管理综合行政执法事项指导目录，建立完善消防执法跨部门协作机制，构建消防安全新型监管模式。制定实施安全生产监管监察能力建设规划，负有安全生产监管监察职责的部门要加强力量建设，确保切实有效履行职责。加强各级矿山安全监察机构力量建设，完善国家监察、地方监管、企业负责的矿山安全监管监察体制。推进地方矿山安全监管机构能力建设，通过政府购买服务方式为监管工作提供技术支撑。

（三）优化应急协同机制。

强化部门协同。充分发挥相关议事协调机构的统筹作用，发挥好应急管理部门的综合优势和各相关部门的专业优势，明确各部门在事故预防、灾害防治、信息发布、抢险救援、环境监测、物资保障、恢复重建、维护稳定等方面的工作职责。健全重大安全风险防范化解协同机制和灾害事故应对处置现场指挥协调机制。

强化区域协同。健全自然灾害高风险地区,以及京津冀、长三角、粤港澳大湾区、成渝城市群及长江、黄河流域等区域协调联动机制,统一应急管理工作流程和业务标准,加强重大风险联防联控,联合开展跨区域、跨流域风险隐患普查,编制联合应急预案,建立健全联合指挥、灾情通报、资源共享、跨域救援等机制。组织综合应急演练,强化互助调配衔接。

(四)压实应急管理责任。

强化地方属地责任。建立党政同责、一M岗双责、齐抓共管、失职追责的应急管理责任制。将应急管理体系和能力建设纳入地方各级党政领导干部综合考核评价内容。推动落实地方党政领导干部安全生产责任制,制定安全生产职责清单和年度工作清单,将安全生产纳入高质量发展评价体系。健全地方政府预防与应急准备、灾害事故风险隐患调查及监测预警、应急处置与救援救灾等工作责任制,推动地方应急体系和能力建设。

明确部门监管责任。严格落实管行业必须管安全、管业务必须管安全、管生产经营必须管安全要求,依法依规进一步夯实有关部门在危险化学品、新型燃料、人员密集场所等相关行业领域的安全监管职责,加强对机关、团体、企业、事业单位的安全管理,健全责任链条,加强工作衔接,形成监管合力,严格把关重大风险隐患,着力防范重点行业领域系统性安全风险,坚决遏制重特大事故。

落实生产经营单位主体责任。健全生产经营单位负责、职工参与、政府监管、行业自律、社会监督的安全生产治理机制。将生产经营单位的主要负责人列为本单位安全生产第一责任人。以完善现代企业法人治理体系为基础,建立企业全员安全生产责任制度。健全生产经营单位重大事故隐患排查治理情况向负有安全生产监督管理职责的部门和职工大会(职代会)"双报告"制度。

推动重点行业领域规模以上企业组建安全生产管理和技术团队，提高企业履行主体责任的专业能力。实施工伤预防行动计划，按规定合理确定工伤保险基金中工伤预防费的比例。

严格责任追究。健全灾害事故直报制度，严厉追究瞒报、谎报、漏报、迟报责任。建立完善重大灾害调查评估和事故调查机制，坚持事故查处"四不放过"原则，推动事故调查重点延伸到政策制定、法规修订、制度管理、标准技术等方面。加强对未遂事故和人员受伤事故的调查分析，严防小隐患酿成大事故。完善应急管理责任考评指标体系和奖惩机制，定期开展重特大事故调查处理情况"回头看"。综合运用巡查、督查等手段，强化对安全生产责任落实情况的监督考核。

2.《国家自然灾害救助应急预案》（2024年1月20日）

县级以上应急管理部门按照党中央、国务院关于突发灾害事件信息报送的要求，以及《自然灾害情况统计调查制度》和《特别重大自然灾害损失统计调查制度》等有关规定，做好灾情信息统计报送、核查评估、会商核定和部门间信息共享等工作。

4.1 灾情信息报告

4.1.1 地方各级应急管理部门应严格落实灾情信息报告责任，健全工作制度，规范工作流程，确保灾情信息报告及时、准确、全面，坚决杜绝迟报、瞒报、漏报、虚报灾情信息等情况。

4.1.2 地方各级应急管理部门在接到灾害事件报告后，应在规定时限内向本级党委和政府以及上级应急管理部门报告。县级人民政府有关涉灾部门应及时将本行业灾情通报同级应急管理部门。接到重特大自然灾害事件报告后，地方各级应急管理部门应第一时间向本级党委和政府以及上级应急管理部门报告，同时通过电话或国家应急指挥综合业务系统及时向应急管理部报告。

4.1.3 通过国家自然灾害灾情管理系统汇总上报的灾情信息，要按照《自然灾害情况统计调查制度》和《特别重大自然灾害损失统计调查制度》等规定报送，首报要快，核报要准。特殊紧急情况下（如断电、断路、断网等），可先通过卫星电话、传真等方式报告，后续及时通过系统补报。

4.1.4 地震、山洪、地质灾害等突发性灾害发生后，遇有死亡和失踪人员相关信息认定困难的情况，受灾地区应急管理部门应按照因灾死亡和失踪人员信息"先报后核"的原则，第一时间先上报信息，后续根据认定结果进行核报。

4.1.5 受灾地区应急管理部门要建立因灾死亡和失踪人员信息比对机制，主动与公安、自然资源、交通运输、水利、农业农村、卫生健康等部门沟通协调；对造成重大人员伤亡的灾害事件，及时开展信息比对和跨地区、跨部门会商。部门间数据不一致或定性存在争议的，会同相关部门联合开展调查并出具调查报告，向本级党委和政府报告，同时抄报上一级应急管理部门。

4.1.6 重特大自然灾害灾情稳定前，相关地方各级应急管理部门执行灾情24小时零报告制度，逐级上报上级应急管理部门。灾情稳定后，受灾地区应急管理部门要及时组织相关部门和专家开展灾情核查，客观准确核定各类灾害损失，并及时组织上报。

4.1.7 对于干旱灾害，地方各级应急管理部门应在旱情初显、群众生产生活受到一定影响时，初报灾情；在旱情发展过程中，每10日至少续报一次灾情，直至灾情解除；灾情解除后及时核报。

4.1.8 县级以上人民政府要建立健全灾情会商制度，由县级以上人民政府防灾减灾救灾委员会或应急管理部门针对重特大自然灾害过程、年度灾情等，及时组织相关涉灾部门开展灾情会商，通报灾情信息，全面客观评估、核定灾情，确保各部门灾情数据口径一致。灾害损失等灾情信息要及时通报本级防灾减灾救灾委员会有关成员单位。

4.2　灾情信息发布

灾情信息发布坚持实事求是、及时准确、公开透明的原则。发布形式包括授权发布、组织报道、接受记者采访、举行新闻发布会等。受灾地区人民政府要主动通过应急广播、突发事件预警信息发布系统、重点新闻网站或政府网站、微博、微信、客户端等发布信息。各级广播电视行政管理部门和相关单位应配合应急管理等部门做好预警预报、灾情等信息发布工作。

灾情稳定前，受灾地区县级以上人民政府防灾减灾救灾委员会或应急管理部门应及时向社会滚动发布灾害造成的人员伤亡、财产损失以及救助工作动态、成效、下一步安排等情况；灾情稳定后，应及时评估、核定并按有关规定发布灾害损失情况。

关于灾情核定和发布工作，法律法规另有规定的，从其规定。

3.《生产安全事故应急条例》（2019 年 2 月 17 日）

第 3 条　国务院统一领导全国的生产安全事故应急工作，县级以上地方人民政府统一领导本行政区域内的生产安全事故应急工作。生产安全事故应急工作涉及两个以上行政区域的，由有关行政区域共同的上一级人民政府负责，或者由各有关行政区域的上一级人民政府共同负责。

县级以上人民政府应急管理部门和其他对有关行业、领域的安全生产工作实施监督管理的部门（以下统称负有安全生产监督管理职责的部门）在各自职责范围内，做好有关行业、领域的生产安全事故应急工作。

县级以上人民政府应急管理部门指导、协调本级人民政府其他负有安全生产监督管理职责的部门和下级人民政府的生产安全事故应急工作。

乡、镇人民政府以及街道办事处等地方人民政府派出机关应当协助上级人民政府有关部门依法履行生产安全事故应急工作职责。

第4条　生产经营单位应当加强生产安全事故应急工作，建立、健全生产安全事故应急工作责任制，其主要负责人对本单位的生产安全事故应急工作全面负责。

第七条　信息发布

国家建立健全突发事件信息发布制度。有关人民政府和部门应当及时向社会公布突发事件相关信息和有关突发事件应对的决定、命令、措施等信息。

任何单位和个人不得编造、故意传播有关突发事件的虚假信息。有关人民政府和部门发现影响或者可能影响社会稳定、扰乱社会和经济管理秩序的虚假或者不完整信息的，应当及时发布准确的信息予以澄清。

● **法　律**

1. 《**刑法**》（2023年12月29日）

第291条之一　投放虚假的爆炸性、毒害性、放射性、传染病病原体等物质，或者编造爆炸威胁、生化威胁、放射威胁等恐怖信息，或者明知是编造的恐怖信息而故意传播，严重扰乱社会秩序的，处五年以下有期徒刑、拘役或者管制；造成严重后果的，处五年以上有期徒刑。

编造虚假的险情、疫情、灾情、警情，在信息网络或者其他媒体上传播，或者明知是上述虚假信息，故意在信息网络或者其他媒体上传播，严重扰乱社会秩序的，处三年以下有期徒刑、拘役或者管制；造成严重后果的，处三年以上七年以下有期徒刑。

2. 《**防震减灾法**》（2008年12月27日）

第29条　国家对地震预报意见实行统一发布制度。

全国范围内的地震长期和中期预报意见，由国务院发布。省、自治区、直辖市行政区域内的地震预报意见，由省、自治区、直辖市人民政府按照国务院规定的程序发布。

除发表本人或者本单位对长期、中期地震活动趋势的研究成果及进行相关学术交流外，任何单位和个人不得向社会散布地震预测意见。任何单位和个人不得向社会散布地震预报意见及其评审结果。

第 48 条　地震预报意见发布后，有关省、自治区、直辖市人民政府根据预报的震情可以宣布有关区域进入临震应急期；有关地方人民政府应当按照地震应急预案，组织有关部门做好应急防范和抗震救灾准备工作。

3.《气象法》（2016 年 11 月 7 日）

第 1 条　为了发展气象事业，规范气象工作，准确、及时地发布气象预报，防御气象灾害，合理开发利用和保护气候资源，为经济建设、国防建设、社会发展和人民生活提供气象服务，制定本法。

第 15 条　各级气象主管机构所属的气象台站，应当按照国务院气象主管机构的规定，进行气象探测并向有关气象主管机构汇交气象探测资料。未经上级气象主管机构批准，不得中止气象探测。

国务院气象主管机构及有关地方气象主管机构应当按照国家规定适时发布基本气象探测资料。

第 22 条　国家对公众气象预报和灾害性天气警报实行统一发布制度。

各级气象主管机构所属的气象台站应当按照职责向社会发布公众气象预报和灾害性天气警报，并根据天气变化情况及时补充或者订正。其他任何组织或者个人不得向社会发布公众气象预报和灾害性天气警报。

国务院其他有关部门和省、自治区、直辖市人民政府其他有关部门所属的气象台站，可以发布供本系统使用的专项气象预报。

各级气象主管机构及其所属的气象台站应当提高公众气象预报和灾害性天气警报的准确性、及时性和服务水平。

第23条　各级气象主管机构所属的气象台站应当根据需要，发布农业气象预报、城市环境气象预报、火险气象等级预报等专业气象预报，并配合军事气象部门进行国防建设所需的气象服务工作。

第25条　广播、电视、报纸、电信等媒体向社会传播气象预报和灾害性天气警报，必须使用气象主管机构所属的气象台站提供的适时气象信息，并标明发布时间和气象台站的名称。通过传播气象信息获得的收益，应当提取一部分支持气象事业的发展。

第38条　违反本法规定，有下列行为之一的，由有关气象主管机构按照权限责令改正，给予警告，可以并处五万元以下的罚款：

（一）非法向社会发布公众气象预报、灾害性天气警报的；

（二）广播、电视、报纸、电信等媒体向社会传播公众气象预报、灾害性天气警报，不使用气象主管机构所属的气象台站提供的适时气象信息的；

（三）从事大气环境影响评价的单位进行工程建设项目大气环境影响评价时，使用的气象资料不符合国家气象技术标准的。

● **行政法规及文件**

4. 《生产安全事故应急条例》（2019年2月17日）

第18条　有关地方人民政府及其部门接到生产安全事故报告后，应当按照国家有关规定上报事故情况，启动相应的生产安全事故应急救援预案，并按照应急救援预案的规定采取下列一项或者多项应急救援措施：

（一）组织抢救遇险人员，救治受伤人员，研判事故发展趋势以及可能造成的危害；

（二）通知可能受到事故影响的单位和人员，隔离事故现场，划定警戒区域，疏散受到威胁的人员，实施交通管制；

（三）采取必要措施，防止事故危害扩大和次生、衍生灾害发生，避免或者减少事故对环境造成的危害；

（四）依法发布调用和征用应急资源的决定；

（五）依法向应急救援队伍下达救援命令；

（六）维护事故现场秩序，组织安抚遇险人员和遇险遇难人员亲属；

（七）依法发布有关事故情况和应急救援工作的信息；

（八）法律、法规规定的其他应急救援措施。

有关地方人民政府不能有效控制生产安全事故的，应当及时向上级人民政府报告。上级人民政府应当及时采取措施，统一指挥应急救援。

5.《"十四五"国家应急体系规划》（2021年12月30日）

五、防范化解重大风险，织密灾害事故的防控网络

（一）注重风险源头防范管控。

加强风险评估。以第一次全国自然灾害综合风险普查为基准，编制自然灾害风险和防治区划图。加强地震构造环境精细探测和重点地区与城市活动断层探察。推进城镇周边火灾风险调查。健全安全风险评估管理制度，推动重点行业领域企业建立安全风险管理体系，全面开展城市安全风险评估，定期开展重点区域、重大工程和大型油气储存设施等安全风险评估，制定落实风险管控措施。开展全国工业园区应急资源和能力全面调查，指导推动各地建设工业园区应急资源数据库。

科学规划布局。探索建立自然灾害红线约束机制。强化自然灾害风险区划与各级各类规划融合，完善规划安全风险评估会商机制。加强超大特大城市治理中的风险防控，统筹县域城镇和村庄规划建设，严格控制区域风险等级及风险容量，推进实施地质

灾害避险搬迁工程，加快形成有效防控重大安全风险的空间格局和生产生活方式布局。将城市防灾减灾救灾基础设施用地需求纳入当地土地利用年度计划并予以优先保障。完善应急避难场所规划布局，健全避难场所建设标准和后评价机制，严禁随意变更应急避难场所和应急基础设施的使用性质。

（二）强化风险监测预警预报。

充分利用物联网、工业互联网、遥感、视频识别、第五代移动通信（5G）等技术提高灾害事故监测感知能力，优化自然灾害监测站网布局，完善应急卫星观测星座，构建空、天、地、海一体化全域覆盖的灾害事故监测预警网络。广泛部署智能化、网络化、集成化、微型化感知终端，高危行业安全监测监控实行全国联网或省（自治区、直辖市）范围内区域联网。完善综合风险预警制度，增强风险早期识别能力，发展精细化气象灾害预警预报体系，优化地震长中短临和震后趋势预测业务，提高安全风险预警公共服务水平。建立突发事件预警信息发布标准体系，优化发布方式，拓展发布渠道和发布语种，提升发布覆盖率、精准度和时效性，强化针对特定区域、特定人群、特定时间的精准发布能力。建立重大活动风险提示告知制度和重大灾害性天气停工停课停业制度，明确风险等级和安全措施要求。推进跨部门、跨地域的灾害事故预警信息共享。

6.《突发事件应急预案管理办法》（2024 年 1 月 31 日）

第四章　审批、发布、备案

第 23 条　应急预案编制工作小组或牵头单位应当将应急预案送审稿、征求意见情况、编制说明等有关材料报送应急预案审批单位。因保密等原因需要发布应急预案简本的，应当将应急预案简本一并报送审批。

第 24 条　应急预案审核内容主要包括：

（一）预案是否符合有关法律、法规、规章和标准等规定；

（二）预案是否符合上位预案要求并与有关预案有效衔接；

（三）框架结构是否清晰合理，主体内容是否完备；

（四）组织指挥体系与责任分工是否合理明确，应急响应级别设计是否合理，应对措施是否具体简明、管用可行；

（五）各方面意见是否一致；

（六）其他需要审核的内容。

第25条 国家总体应急预案按程序报党中央、国务院审批，以党中央、国务院名义印发。专项应急预案由预案编制牵头部门送应急管理部衔接协调后，报国务院审批，以国务院办公厅或者有关应急指挥机构名义印发。部门应急预案由部门会议审议决定、以部门名义印发，涉及其他部门职责的可与有关部门联合印发；必要时，可以由国务院办公厅转发。

地方各级人民政府总体应急预案按程序报本级党委和政府审批，以本级党委和政府名义印发。专项应急预案按程序送本级应急管理部门衔接协调，报本级人民政府审批，以本级人民政府办公厅（室）或者有关应急指挥机构名义印发。部门应急预案审批印发程序按照本级人民政府和上级有关部门的应急预案管理规定执行。

重大活动保障应急预案、巨灾应急预案由本级人民政府或其部门审批，跨行政区域联合应急预案审批由相关人民政府或其授权的部门协商确定，并参照专项应急预案或部门应急预案管理。

单位和基层组织应急预案须经本单位或基层组织主要负责人签发，以本单位或基层组织名义印发，审批方式根据所在地人民政府及有关行业管理部门规定和实际情况确定。

第26条 应急预案审批单位应当在应急预案印发后的20个工作日内，将应急预案正式印发文本（含电子文本）及编制说明，依照下列规定向有关单位备案并抄送有关部门：

（一）县级以上地方人民政府总体应急预案报上一级人民政

府备案，径送上一级人民政府应急管理部门，同时抄送上一级人民政府有关部门；

（二）县级以上地方人民政府专项应急预案报上一级人民政府相应牵头部门备案，同时抄送上一级人民政府应急管理部门和有关部门；

（三）部门应急预案报本级人民政府备案，径送本级应急管理部门，同时抄送本级有关部门；

（四）联合应急预案按所涉及区域，依据专项应急预案或部门应急预案有关规定备案，同时抄送本地区上一级或共同上一级人民政府应急管理部门和有关部门；

（五）涉及需要与所在地人民政府联合应急处置的中央单位应急预案，应当报所在地县级人民政府备案，同时抄送本级应急管理部门和突发事件应对牵头部门；

（六）乡镇（街道）应急预案报上一级人民政府备案，径送上一级人民政府应急管理部门，同时抄送上一级人民政府有关部门。村（社区）应急预案报乡镇（街道）备案；

（七）中央企业集团总体应急预案报应急管理部备案，抄送企业主管机构、行业主管部门、监管部门；有关专项应急预案向国家突发事件应对牵头部门备案，抄送应急管理部、企业主管机构、行业主管部门、监管部门等有关单位。中央企业集团所属单位、权属企业的总体应急预案按管理权限报所在地人民政府应急管理部门备案，抄送企业主管机构、行业主管部门、监管部门；专项应急预案按管理权限报所在地行业监管部门备案，抄送应急管理部门和有关企业主管机构、行业主管部门。

第27条 国务院履行应急预案备案管理职责的部门和省级人民政府应当建立应急预案备案管理制度。县级以上地方人民政府有关部门落实有关规定，指导、督促有关单位做好应急预案备案工作。

第28条　政府及其部门应急预案应当在正式印发后20个工作日内向社会公开。单位和基层组织应急预案应当在正式印发后20个工作日内向本单位以及可能受影响的其他单位和地区公开。

7.《自然灾害救助条例》（2019年3月2日）

第13条　县级以上人民政府或者人民政府的自然灾害救助应急综合协调机构应当根据自然灾害预警预报启动预警响应，采取下列一项或者多项措施：

（一）向社会发布规避自然灾害风险的警告，宣传避险常识和技能，提示公众做好自救互救准备；

（二）开放应急避难场所，疏散、转移易受自然灾害危害的人员和财产，情况紧急时，实行有组织的避险转移；

（三）加强对易受自然灾害危害的乡村、社区以及公共场所的安全保障；

（四）责成应急管理等部门做好基本生活救助的准备。

第14条　自然灾害发生并达到自然灾害救助应急预案启动条件的，县级以上人民政府或者人民政府的自然灾害救助应急综合协调机构应当及时启动自然灾害救助应急响应，采取下列一项或者多项措施：

（一）立即向社会发布政府应对措施和公众防范措施；

（二）紧急转移安置受灾人员；

（三）紧急调拨、运输自然灾害救助应急资金和物资，及时向受灾人员提供食品、饮用水、衣被、取暖、临时住所、医疗防疫等应急救助，保障受灾人员基本生活；

（四）抚慰受灾人员，处理遇难人员善后事宜；

（五）组织受灾人员开展自救互救；

（六）分析评估灾情趋势和灾区需求，采取相应的自然灾害救助措施；

（七）组织自然灾害救助捐赠活动。

对应急救助物资，各交通运输主管部门应当组织优先运输。

第 17 条 灾情稳定前，受灾地区人民政府应急管理部门应当每日逐级上报自然灾害造成的人员伤亡、财产损失和自然灾害救助工作动态等情况，并及时向社会发布。

灾情稳定后，受灾地区县级以上人民政府或者人民政府的自然灾害救助应急综合协调机构应当评估、核定并发布自然灾害损失情况。

8.《突发公共卫生事件应急条例》（2011 年 1 月 8 日）

第三章 报告与信息发布

第 19 条 国家建立突发事件应急报告制度。

国务院卫生行政主管部门制定突发事件应急报告规范，建立重大、紧急疫情信息报告系统。

有下列情形之一的，省、自治区、直辖市人民政府应当在接到报告 1 小时内，向国务院卫生行政主管部门报告：

（一）发生或者可能发生传染病暴发、流行的；

（二）发生或者发现不明原因的群体性疾病的；

（三）发生传染病菌种、毒种丢失的；

（四）发生或者可能发生重大食物和职业中毒事件的。

国务院卫生行政主管部门对可能造成重大社会影响的突发事件，应当立即向国务院报告。

第 20 条 突发事件监测机构、医疗卫生机构和有关单位发现有本条例第十九条规定情形之一的，应当在 2 小时内向所在地县级人民政府卫生行政主管部门报告；接到报告的卫生行政主管部门应当在 2 小时内向本级人民政府报告，并同时向上级人民政府卫生行政主管部门和国务院卫生行政主管部门报告。

县级人民政府应当在接到报告后 2 小时内向设区的市级人民政府或者上一级人民政府报告；设区的市级人民政府应当在接到报告后 2 小时内向省、自治区、直辖市人民政府报告。

第21条　任何单位和个人对突发事件，不得隐瞒、缓报、谎报或者授意他人隐瞒、缓报、谎报。

第22条　接到报告的地方人民政府、卫生行政主管部门依照本条例规定报告的同时，应当立即组织力量对报告事项调查核实、确证，采取必要的控制措施，并及时报告调查情况。

第23条　国务院卫生行政主管部门应当根据发生突发事件的情况，及时向国务院有关部门和各省、自治区、直辖市人民政府卫生行政主管部门以及军队有关部门通报。

突发事件发生地的省、自治区、直辖市人民政府卫生行政主管部门，应当及时向毗邻省、自治区、直辖市人民政府卫生行政主管部门通报。

接到通报的省、自治区、直辖市人民政府卫生行政主管部门，必要时应当及时通知本行政区域内的医疗卫生机构。

县级以上地方人民政府有关部门，已经发生或者发现可能引起突发事件的情形时，应当及时向同级人民政府卫生行政主管部门通报。

第24条　国家建立突发事件举报制度，公布统一的突发事件报告、举报电话。

任何单位和个人有权向人民政府及其有关部门报告突发事件隐患，有权向上级人民政府及其有关部门举报地方人民政府及其有关部门不履行突发事件应急处理职责，或者不按照规定履行职责的情况。接到报告、举报的有关人民政府及其有关部门，应当立即组织对突发事件隐患、不履行或者不按照规定履行突发事件应急处理职责的情况进行调查处理。

对举报突发事件有功的单位和个人，县级以上各级人民政府及其有关部门应当予以奖励。

第25条　国家建立突发事件的信息发布制度。

国务院卫生行政主管部门负责向社会发布突发事件的信息。

必要时，可以授权省、自治区、直辖市人民政府卫生行政主管部门向社会发布本行政区域内突发事件的信息。

信息发布应当及时、准确、全面。

9. **《核电厂核事故应急管理条例》**（2011年1月8日）

第28条 有关核事故的新闻由国务院授权的单位统一发布。

第29条 场外应急状态的终止由省级人民政府指定的部门会同核电厂核事故应急机构提出建议，报国务院指定的部门批准，由省级人民政府指定的部门发布。

10. **《破坏性地震应急条例》**（2011年1月8日）

第15条 地震临震预报，由省、自治区、直辖市人民政府依照国务院有关发布地震预报的规定统一发布，其他任何组织或者个人不得发布地震预报。

任何组织或者个人都不得传播有关地震的谣言。发生地震谣传时，防震减灾工作主管部门应当协助人民政府迅速予以平息和澄清。

第16条 破坏性地震临震预报发布后，有关省、自治区、直辖市人民政府可以宣布预报区进入临震应急期，并指明临震应急期的起止时间。

临震应急期一般为10日；必要时，可以延长10日。

第八条 新闻报道和宣传

国家建立健全突发事件新闻采访报道制度。有关人民政府和部门应当做好新闻媒体服务引导工作，支持新闻媒体开展采访报道和舆论监督。

新闻媒体采访报道突发事件应当及时、准确、客观、公正。

新闻媒体应当开展突发事件应对法律法规、预防与应急、自救与互救知识等的公益宣传。

● 行政法规及文件

1. 《破坏性地震应急条例》（2011年1月8日）

第32条 广播电台、电视台等新闻单位应当根据抗震救灾指挥部提供的情况，按照规定及时向公众发布震情、灾情等有关信息，并做好宣传、报道工作。

● 部门规章及文件

2. 《应急广播管理暂行办法》（2021年6月7日）

第一章 总 则

第1条 为加强应急广播管理，提高应急信息发布的时效性和覆盖面，预防和减轻突发事件造成的损失，提升广播电视公共服务质量和水平，依据《中华人民共和国公共文化服务保障法》《中华人民共和国突发事件应对法》《广播电视管理条例》等法律法规，制定本办法。

第2条 从事应急广播规划、建设、运行、管理及其他相关活动，适用本办法。

本办法所称应急广播是指利用广播电视、网络视听等信息传送方式，向公众或特定区域、特定人群发布应急信息的传送播出系统。

第3条 国家广播电视总局负责制定和调整全国应急广播体系建设规划，统筹全国应急广播体系建设、运行和管理，建立国家级应急广播调度控制平台和效果监测评估体系，监督管理全国应急广播播出情况。

县级以上人民政府广播电视行政部门负责根据全国应急广播体系建设规划，结合当地经济社会发展水平、自然环境条件和公共文化发展需求，制定和调整本地应急广播体系建设规划，负责本行政区域内的应急广播建设、运行和管理，建立本地应急广播调度控制平台和效果监测评估体系，建设应急广播传输覆盖网和应急广播终端，监督管理本地应急广播播出情况。

第4条 应急广播坚持服务政策宣传、服务应急管理、服务社会治理、服务基层群众的宗旨，遵循统筹规划、统一标准、分级负责、上下贯通、综合覆盖、安全可靠、因地制宜、精准高效的原则，加快应急广播体系建设，提高应急广播服务效能。

第5条 应急广播按照国家基本公共服务标准和地方实施标准，建立健全长效系统建设和运行保障机制，有效发挥应急广播"最后一公里"传播优势，提升应急广播发布的科学性、精准性、有效性，推动构建现代化的应急广播公共服务体系，面向广大人民群众提供应急广播公共服务。

第6条 严格禁止一切单位、组织和个人利用应急广播从事违反国家法律法规、危害国家安全、破坏社会稳定和民族团结、侵犯公共利益和公民权益，以及与该设施用途不相适应的活动。

第二章 播出管理

第7条 应急广播播出的信息包括：

（一）国家广播电视总局批准设立的广播电视播出机构制作的节目；

（二）县级以上人民政府或其指定的应急信息发布部门发布的应急信息，如事故灾害风险预警预报、气象预警预报、突发事件、防灾减灾救灾、人员转移安置、应急科普等应急信息；

（三）县级以上人民政府发布的政策信息、社会公告等；

（四）乡（镇、街道）、村（社区）、旅游景区、企业园区等基层管理部门或基层社会治安管理部门发布的所辖区域的社会治理信息；

（五）经县级以上人民政府批准的应向公众发布的其他信息。

第8条 应急广播播出的信息类别、内容和发布范围由县级以上人民政府或其指定的应急信息发布部门确定。

第9条 应急信息在广播电视、网络视听等领域的呈现方式，由广播电视行政部门会同县级以上人民政府或其指定的应急信息发布部门确定。

第10条 应急广播播出的信息按照紧急程度、发展态势、危害程度等分为紧急类和非紧急类。应急广播应当优先播出县级以上人民政府或其指定的应急信息发布部门发布的紧急类应急信息。

第11条 应急广播播出的信息应当使用文明用语，遵守社会主义道德规范和公序良俗，积极营造文明健康的社会风尚。

第三章 系统构成

第12条 应急广播由应急广播调度控制平台、传输覆盖网、快速传送通道、应急广播终端和效果监测评估系统等组成。

第13条 应急广播调度控制平台承担以下任务：

（一）接收本级政府、应急信息发布部门或广播电视播出机构发布的应急信息，适配处理为应急广播消息后，根据发布要求，调度传输覆盖网或快速传送通道，传送至应急广播终端，播出应急广播信息。

（二）处理上级、下级应急广播调度控制平台发送的应急广播消息；

（三）保障传输覆盖网和应急广播终端的安全运行；

（四）监测、汇总上报应急信息播发和系统运行等情况；

（五）少数民族地区的应急广播调度控制平台可具备少数民族语言播发功能。

第14条 传输覆盖网负责将应急广播消息传送到应急广播终端。传输覆盖网包括：

（一）中波覆盖网；

（二）短波覆盖网；

（三）调频覆盖网；

（四）地面数字电视覆盖网；

（五）有线数字电视传输覆盖网；

（六）卫星传输覆盖网；

（七）IPTV 系统；

（八）互联网电视系统；

（九）其他。

第 15 条 快速传送通道是基于卫星、无线、有线等方式建立的应急信息快速接入处理和高效传输覆盖系统，承担紧急类应急信息的快速传送任务。

国家级和省级应急广播调度控制平台，应当建立基于卫星方式的快速传送通道。

第 16 条 应急广播终端负责接收应急广播消息，主要包括大喇叭类、收音机类、电视机类、显示屏类、机顶盒类、视听载体类、移动接收类等通用终端或专用终端。应急广播专用终端优先播发紧急类应急信息。

第 17 条 效果监测评估系统负责统计汇总应急广播系统响应情况、发布情况等，综合评估应急广播工作状态和发布效果。

第四章 技术要求

第 18 条 应急广播技术系统应当符合以下规定：

（一）符合国家、行业相关技术规范。

（二）使用广播电视频率应当符合中华人民共和国无线电频率划分和使用规定，并按照相关规定向广播电视行政部门申请核发频率指配证明，依照频率指配证明载明的技术参数进行发射。

（三）使用依法取得广播电视设备器材入网认定的设备、器材和软件等，提高设备运行的可靠性。

（四）针对应急广播系统特点，采取相应的防范干扰、插播等恶意破坏的技术措施。

（五）采取录音、录像或保存技术监测信息等方式对应急广播播出的质量和效果进行记录，异态信息应当保存 1 年以上。

第19条　应急广播应当采取安全技术措施，建立应急广播安全保障体系，确保应急广播安全播出、网络安全、设施安全、信息安全。

第20条　国家级、省级、市级、县级应急广播调度控制平台应当进行系统对接，做到互联互通，确保应急广播信息完整、准确、快速传送到指定区域范围的应急广播终端。

第21条　应急广播调度控制平台应具备多种格式应急信息并行处理的能力，具备精准发布、分区域响应和多区域响应的能力，避免对非相关的地区和人员发布应急信息。

第22条　应急广播调度控制平台应具备综合调度多种传输覆盖网络资源的能力，本级资源不够或能力不足的情况下，可向上级应急广播调度控制平台申请支持。

第23条　应急广播终端部署应根据当地实际情况，满足耐高低温、耐腐蚀、耐磨损、耐潮湿等要求，安装地点和高度应综合考虑自然灾害、地理环境等因素的影响。重要安装点位应当配置备用电源。

应急广播终端应当支持基于卫星方式快速传送通道的信息接收。

第24条　关键应急广播设备应有备份。任何单位和个人不得侵占、挪用、哄抢、私分、截留或以其他方式破坏应急广播设施。

第五章　运 行 维 护

第25条　县级以上人民政府广播电视行政部门应明确本级应急广播的运行维护机构，合理配备工作岗位和人员，落实应急广播运行维护机制，保证应急广播顺利开展。

第26条　应急广播运行维护机构应当建立健全技术维护、运行管理、例行检修等制度，保障技术系统运行维护、更新改造和安全防护等所需经费。

第27条　应急广播运行维护机构应当加强值班值守，定期对应急广播技术系统进行测试，制定应急预案，加强应急演练，做好应急准备，确保应急广播正常运行。

第28条　鼓励各地因地制宜，采取专兼职相结合方式，指定人员负责管理各乡（镇、街道）、村（社区）应急广播终端设施，并加强对上岗人员管理，确保应急广播终端安全高效运行。

第29条　县级以上人民政府广播电视行政部门组织协调本地区的应急广播统计信息和数据上报工作。

第六章　附　　则

第30条　本办法自发布之日起施行。

第九条　投诉与举报

国家建立突发事件应对工作投诉、举报制度，公布统一的投诉、举报方式。

对于不履行或者不正确履行突发事件应对工作职责的行为，任何单位和个人有权向有关人民政府和部门投诉、举报。

接到投诉、举报的人民政府和部门应当依照规定立即组织调查处理，并将调查处理结果以适当方式告知投诉人、举报人；投诉、举报事项不属于其职责的，应当及时移送有关机关处理。

有关人民政府和部门对投诉人、举报人的相关信息应当予以保密，保护投诉人、举报人的合法权益。

● **行政法规及文件**

1. **《自然灾害救助条例》**（2019年3月2日）

第27条　各级人民政府应当建立健全自然灾害救助款物和捐赠款物的监督检查制度，并及时受理投诉和举报。

2. **《突发公共卫生事件应急条例》**（2011 年 1 月 8 日）

第 24 条　国家建立突发事件举报制度，公布统一的突发事件报告、举报电话。

任何单位和个人有权向人民政府及其有关部门报告突发事件隐患，有权向上级人民政府及其有关部门举报地方人民政府及其有关部门不履行突发事件应急处理职责，或者不按照规定履行职责的情况。接到报告、举报的有关人民政府及其有关部门，应当立即组织对突发事件隐患、不履行或者不按照规定履行突发事件应急处理职责的情况进行调查处理。

对举报突发事件有功的单位和个人，县级以上各级人民政府及其有关部门应当予以奖励。

第十条　比例原则

突发事件应对措施应当与突发事件可能造成的社会危害的性质、程度和范围相适应；有多种措施可供选择的，应当选择有利于最大程度地保护公民、法人和其他组织权益，且对他人权益损害和生态环境影响较小的措施，并根据情况变化及时调整，做到科学、精准、有效。

● **行政法规及文件**

1. **《自然灾害救助条例》**（2019 年 3 月 2 日）

第 8 条　县级以上地方人民政府及其有关部门应当根据有关法律、法规、规章，上级人民政府及其有关部门的应急预案以及本行政区域的自然灾害风险调查情况，制定相应的自然灾害救助应急预案。

自然灾害救助应急预案应当包括下列内容：

（一）自然灾害救助应急组织指挥体系及其职责；

（二）自然灾害救助应急队伍；

（三）自然灾害救助应急资金、物资、设备；

（四）自然灾害的预警预报和灾情信息的报告、处理；

（五）自然灾害救助应急响应的等级和相应措施；

（六）灾后应急救助和居民住房恢复重建措施。

第13条 县级以上人民政府或者人民政府的自然灾害救助应急综合协调机构应当根据自然灾害预警预报启动预警响应，采取下列一项或者多项措施：

（一）向社会发布规避自然灾害风险的警告，宣传避险常识和技能，提示公众做好自救互救准备；

（二）开放应急避难场所，疏散、转移易受自然灾害危害的人员和财产，情况紧急时，实行有组织的避险转移；

（三）加强对易受自然灾害危害的乡村、社区以及公共场所的安全保障；

（四）责成应急管理等部门做好基本生活救助的准备。

第14条 自然灾害发生并达到自然灾害救助应急预案启动条件的，县级以上人民政府或者人民政府的自然灾害救助应急综合协调机构应当及时启动自然灾害救助应急响应，采取下列一项或者多项措施：

（一）立即向社会发布政府应对措施和公众防范措施；

（二）紧急转移安置受灾人员；

（三）紧急调拨、运输自然灾害救助应急资金和物资，及时向受灾人员提供食品、饮用水、衣被、取暖、临时住所、医疗防疫等应急救助，保障受灾人员基本生活；

（四）抚慰受灾人员，处理遇难人员善后事宜；

（五）组织受灾人员开展自救互救；

（六）分析评估灾情趋势和灾区需求，采取相应的自然灾害救助措施；

（七）组织自然灾害救助捐赠活动。

对应急救助物资，各交通运输主管部门应当组织优先运输。

2.《生产安全事故应急条例》（2019年2月17日）

第6条 生产安全事故应急救援预案应当符合有关法律、法规、规章和标准的规定，具有科学性、针对性和可操作性，明确规定应急组织体系、职责分工以及应急救援程序和措施。

有下列情形之一的，生产安全事故应急救援预案制定单位应当及时修订相关预案：

（一）制定预案所依据的法律、法规、规章、标准发生重大变化；

（二）应急指挥机构及其职责发生调整；

（三）安全生产面临的风险发生重大变化；

（四）重要应急资源发生重大变化；

（五）在预案演练或者应急救援中发现需要修订预案的重大问题；

（六）其他应当修订的情形。

第15条 生产经营单位应当对从业人员进行应急教育和培训，保证从业人员具备必要的应急知识，掌握风险防范技能和事故应急措施。

第16条 国务院负有安全生产监督管理职责的部门应当按照国家有关规定建立生产安全事故应急救援信息系统，并采取有效措施，实现数据互联互通、信息共享。

生产经营单位可以通过生产安全事故应急救援信息系统办理生产安全事故应急救援预案备案手续，报送应急救援预案演练情况和应急救援队伍建设情况；但依法需要保密的除外。

第17条 发生生产安全事故后，生产经营单位应当立即启动生产安全事故应急救援预案，采取下列一项或者多项应急救援措施，并按照国家有关规定报告事故情况：

（一）迅速控制危险源，组织抢救遇险人员；

（二）根据事故危害程度，组织现场人员撤离或者采取可能的应急措施后撤离；

（三）及时通知可能受到事故影响的单位和人员；

（四）采取必要措施，防止事故危害扩大和次生、衍生灾害发生；

（五）根据需要请求邻近的应急救援队伍参加救援，并向参加救援的应急救援队伍提供相关技术资料、信息和处置方法；

（六）维护事故现场秩序，保护事故现场和相关证据；

（七）法律、法规规定的其他应急救援措施。

第18条　有关地方人民政府及其部门接到生产安全事故报告后，应当按照国家有关规定上报事故情况，启动相应的生产安全事故应急救援预案，并按照应急救援预案的规定采取下列一项或者多项应急救援措施：

（一）组织抢救遇险人员，救治受伤人员，研判事故发展趋势以及可能造成的危害；

（二）通知可能受到事故影响的单位和人员，隔离事故现场，划定警戒区域，疏散受到威胁的人员，实施交通管制；

（三）采取必要措施，防止事故危害扩大和次生、衍生灾害发生，避免或者减少事故对环境造成的危害；

（四）依法发布调用和征用应急资源的决定；

（五）依法向应急救援队伍下达救援命令；

（六）维护事故现场秩序，组织安抚遇险人员和遇险遇难人员亲属；

（七）依法发布有关事故情况和应急救援工作的信息；

（八）法律、法规规定的其他应急救援措施。

有关地方人民政府不能有效控制生产安全事故的，应当及时向上级人民政府报告。上级人民政府应当及时采取措施，统一指挥应急救援。

第 22 条　在生产安全事故应急救援过程中，发现可能直接危及应急救援人员生命安全的紧急情况时，现场指挥部或者统一指挥应急救援的人民政府应当立即采取相应措施消除隐患，降低或者化解风险，必要时可以暂时撤离应急救援人员。

　　第 25 条　生产安全事故的威胁和危害得到控制或者消除后，有关人民政府应当决定停止执行依照本条例和有关法律、法规采取的全部或者部分应急救援措施。

　　第 31 条　生产经营单位未对应急救援器材、设备和物资进行经常性维护、保养，导致发生严重生产安全事故或者生产安全事故危害扩大，或者在本单位发生生产安全事故后未立即采取相应的应急救援措施，造成严重后果的，由县级以上人民政府负有安全生产监督管理职责的部门依照《中华人民共和国突发事件应对法》有关规定追究法律责任。

3.《突发公共卫生事件应急条例》（2011 年 1 月 8 日）

　　第 22 条　接到报告的地方人民政府、卫生行政主管部门依照本条例规定报告的同时，应当立即组织力量对报告事项调查核实、确认，采取必要的控制措施，并及时报告调查情况。

　　第 31 条　应急预案启动前，县级以上各级人民政府有关部门应当根据突发事件的实际情况，做好应急处理准备，采取必要的应急措施。

　　应急预案启动后，突发事件发生地的人民政府有关部门，应当根据预案规定的职责要求，服从突发事件应急处理指挥部的统一指挥，立即到达规定岗位，采取有关的控制措施。

　　医疗卫生机构、监测机构和科学研究机构，应当服从突发事件应急处理指挥部的统一指挥，相互配合、协作，集中力量开展相关的科学研究工作。

　　第 34 条　突发事件应急处理指挥部根据突发事件应急处理的需要，可以对食物和水源采取控制措施。

县级以上地方人民政府卫生行政主管部门应当对突发事件现场等采取控制措施，宣传突发事件防治知识，及时对易受感染的人群和其他易受损害的人群采取应急接种、预防性投药、群体防护等措施。

第35条　参加突发事件应急处理的工作人员，应当按照预案的规定，采取卫生防护措施，并在专业人员的指导下进行工作。

第37条　对新发现的突发传染病、不明原因的群体性疾病、重大食物和职业中毒事件，国务院卫生行政主管部门应当尽快组织力量制定相关的技术标准、规范和控制措施。

第38条　交通工具上发现根据国务院卫生行政主管部门的规定需要采取应急控制措施的传染病病人、疑似传染病病人，其负责人应当以最快的方式通知前方停靠点，并向交通工具的营运单位报告。交通工具的前方停靠点和营运单位应当立即向交通工具营运单位行政主管部门和县级以上地方人民政府卫生行政主管部门报告。卫生行政主管部门接到报告后，应当立即组织有关人员采取相应的医学处置措施。

交通工具上的传染病病人密切接触者，由交通工具停靠点的县级以上各级人民政府卫生行政主管部门或者铁路、交通、民用航空行政主管部门，根据各自的职责，依照传染病防治法律、行政法规的规定，采取控制措施。

涉及国境口岸和入出境的人员、交通工具、货物、集装箱、行李、邮包等需要采取传染病应急控制措施的，依照国境卫生检疫法律、行政法规的规定办理。

第39条　医疗卫生机构应当对因突发事件致病的人员提供医疗救护和现场救援，对就诊病人必须接诊治疗，并书写详细、完整的病历记录；对需要转送的病人，应当按照规定将病人及其病历记录的复印件转送至接诊的或者指定的医疗机构。

医疗卫生机构内应当采取卫生防护措施，防止交叉感染和污染。

医疗卫生机构应当对传染病病人密切接触者采取医学观察措施，传染病病人密切接触者应当予以配合。

医疗机构收治传染病病人、疑似传染病病人，应当依法报告所在地的疾病预防控制机构。接到报告的疾病预防控制机构应当立即对可能受到危害的人员进行调查，根据需要采取必要的控制措施。

第40条 传染病暴发、流行时，街道、乡镇以及居民委员会、村民委员会应当组织力量，团结协作，群防群治，协助卫生行政主管部门和其他有关部门、医疗卫生机构做好疫情信息的收集和报告、人员的分散隔离、公共卫生措施的落实工作，向居民、村民宣传传染病防治的相关知识。

第41条 对传染病暴发、流行区域内流动人口，突发事件发生地的县级以上地方人民政府应当做好预防工作，落实有关卫生控制措施；对传染病病人和疑似传染病病人，应当采取就地隔离、就地观察、就地治疗的措施。对需要治疗和转诊的，应当依照本条例第三十九条第一款的规定执行。

第44条 在突发事件中需要接受隔离治疗、医学观察措施的病人、疑似病人和传染病病人密切接触者在卫生行政主管部门或者有关机构采取医学措施时应当予以配合；拒绝配合的，由公安机关依法协助强制执行。

第50条 医疗卫生机构有下列行为之一的，由卫生行政主管部门责令改正、通报批评、给予警告；情节严重的，吊销《医疗机构执业许可证》；对主要负责人、负有责任的主管人员和其他直接责任人员依法给予降级或者撤职的纪律处分；造成传染病传播、流行或者对社会公众健康造成其他严重危害后果，构成犯罪的，依法追究刑事责任：

（一）未依照本条例的规定履行报告职责，隐瞒、缓报或者谎报的；

（二）未依照本条例的规定及时采取控制措施的；

（三）未依照本条例的规定履行突发事件监测职责的；

（四）拒绝接诊病人的；

（五）拒不服从突发事件应急处理指挥部调度的。

4.《国家森林草原火灾应急预案》（2020年10月26日）

6.2 响应措施

火灾发生后，要先研判气象、地形、环境等情况及是否威胁人员密集居住地和重要危险设施，科学组织施救。

6.2.1 扑救火灾

立即就地就近组织地方专业防扑火队伍、应急航空救援队伍、国家综合性消防救援队伍等力量参与扑救，力争将火灾扑灭在初起阶段。必要时，组织协调当地解放军和武警部队等救援力量参与扑救。

各扑火力量在火场前线指挥部的统一调度指挥下，明确任务分工，落实扑救责任，科学组织扑救，在确保扑火人员安全情况下，迅速有序开展扑救工作，严防各类次生灾害发生。现场指挥员要认真分析地理环境、气象条件和火场态势，在扑火队伍行进、宿营地选择和扑火作业时，加强火场管理，时刻注意观察天气和火势变化，提前预设紧急避险措施，确保各类扑火人员安全。不得动员残疾人、孕妇和未成年人以及其他不适宜参加森林草原火灾扑救的人员参加扑救工作。

6.2.2 转移安置人员

当居民点、农牧点等人员密集区受到森林草原火灾威胁时，及时采取有效阻火措施，按照紧急疏散方案，有组织、有秩序地及时疏散居民和受威胁人员，确保人民群众生命安全。妥善做好转移群众安置工作，确保群众有住处、有饭吃、有水喝、有衣穿、有必要的医疗救治条件。

6.2.3 救治伤员

组织医护人员和救护车辆在扑救现场待命,如有伤病员迅速送医院治疗,必要时对重伤员实施异地救治。视情派出卫生应急队伍赶赴火灾发生地,成立临时医院或者医疗点,实施现场救治。

6.2.4 保护重要目标

当军事设施、核设施、危险化学品生产储存设施设备、油气管道、铁路线路等重要目标物和公共卫生、社会安全等重大危险源受到火灾威胁时,迅速调集专业队伍,在专业人员指导并确保救援人员安全的前提下全力消除威胁,组织抢救、运送、转移重要物资,确保目标安全。

6.2.5 维护社会治安

加强火灾受影响区域社会治安、道路交通等管理,严厉打击盗窃、抢劫、哄抢救灾物资、传播谣言、堵塞交通等违法犯罪行为。在金融单位、储备仓库等重要场所加强治安巡逻,维护社会稳定。

6.2.6 发布信息

通过授权发布、发新闻稿、接受记者采访、举行新闻发布会和通过专业网站、官方微博、微信公众号等多种方式、途径,及时、准确、客观、全面向社会发布森林草原火灾和应对工作信息,回应社会关切。加强舆论引导和自媒体管理,防止传播谣言和不实信息,及时辟谣澄清,以正视听。发布内容包括起火原因、起火时间、火灾地点、过火面积、损失情况、扑救过程和火案查处、责任追究情况等。

6.2.7 火场清理看守

森林草原火灾明火扑灭后,继续组织扑火人员做好防止复燃和余火清理工作,划分责任区域,并留足人员看守火场。经检查验收,达到无火、无烟、无汽后,扑火人员方可撤离。原则上,参与扑救的国家综合性消防救援力量、跨省(自治区、直辖市）增援的地方专业防扑火力量不担负后续清理和看守火场任务。

6.2.8 应急结束

在森林草原火灾全部扑灭、火场清理验收合格、次生灾害后果基本消除后，由启动应急响应的机构决定终止应急响应。

6.2.9 善后处置

做好遇难人员的善后工作，抚慰遇难者家属。对因扑救森林草原火灾负伤、致残或者死亡的人员，当地政府或者有关部门按照国家有关规定给予医疗、抚恤、褒扬。

5.《核电厂核事故应急管理条例》（2011 年 1 月 8 日）

第 6 条 核电厂的核事故应急机构的主要职责是：

（一）执行国家核事故应急工作的法规和政策；

（二）制定场内核事故应急计划，做好核事故应急准备工作；

（三）确定核事故应急状态等级，统一指挥本单位的核事故应急响应行动；

（四）及时向上级主管部门、国务院核安全部门和省级人民政府指定的部门报告事故情况，提出进入场外应急状态和采取应急防护措施的建议；

（五）协助和配合省级人民政府指定的部门做好核事故应急管理工作。

第 13 条 场内核事故应急计划、场外核事故应急计划应当包括下列内容：

（一）核事故应急工作的基本任务；

（二）核事故应急响应组织及其职责；

（三）烟羽应急计划区和食入应急计划区的范围；

（四）干预水平和导出干预水平；

（五）核事故应急准备和应急响应的详细方案；

（六）应急设施、设备、器材和其他物资；

（七）核电厂核事故应急机构同省级人民政府指定的部门之间以及同其他有关方面相互配合、支援的事项及措施。

第20条　当核电厂进入应急待命状态时，核电厂核事故应急机构应当及时向核电厂的上级主管部门和国务院核安全部门报告情况，并视情况决定是否向省级人民政府指定的部门报告。当出现可能或者已经有放射性物质释放的情况时，应当根据情况，及时决定进入厂房应急或者场区应急状态，并迅速向核电厂的上级主管部门、国务院核安全部门和省级人民政府指定的部门报告情况；在放射性物质可能或者已经扩散到核电厂场区以外时，应当迅速向省级人民政府指定的部门提出进入场外应急状态并采取应急防护措施的建议。

省级人民政府指定的部门接到核电厂核事故应急机构的事故情况报告后，应当迅速采取相应的核事故应急对策和应急防护措施，并及时向国务院指定的部门报告情况。需要决定进入场外应急状态时，应当经国务院指定的部门批准；在特殊情况下，省级人民政府指定的部门可以先行决定进入场外应急状态，但是应当立即向国务院指定的部门报告。

第21条　核电厂的核事故应急机构和省级人民政府指定的部门应当做好核事故后果预测与评价以及环境放射性监测等工作，为采取核事故应急对策和应急防护措施提供依据。

第22条　省级人民政府指定的部门应当适时选用隐蔽、服用稳定性碘制剂、控制通道、控制食物和水源、撤离、迁移、对受影响的区域去污等应急防护措施。

第十一条　特殊群体保护

国家在突发事件应对工作中，应当对未成年人、老年人、残疾人、孕产期和哺乳期的妇女、需要及时就医的伤病人员等群体给予特殊、优先保护。

第十二条　财产征用

县级以上人民政府及其部门为应对突发事件的紧急需要，可以征用单位和个人的设备、设施、场地、交通工具等财产。被征用的财产在使用完毕或者突发事件应急处置工作结束后，应当及时返还。财产被征用或者征用后毁损、灭失的，应当给予公平、合理的补偿。

● **行政法规及文件**

1. 《自然灾害救助条例》（2019年3月2日）

第15条　在自然灾害救助应急期间，县级以上地方人民政府或者人民政府的自然灾害救助应急综合协调机构可以在本行政区域内紧急征用物资、设备、交通运输工具和场地，自然灾害救助应急工作结束后应当及时归还，并按照国家有关规定给予补偿。

第29条　行政机关工作人员违反本条例规定，有下列行为之一的，由任免机关或者监察机关依照法律法规给予处分；构成犯罪的，依法追究刑事责任：

（一）迟报、谎报、瞒报自然灾害损失情况，造成后果的；

（二）未及时组织受灾人员转移安置，或者在提供基本生活救助、组织恢复重建过程中工作不力，造成后果的；

（三）截留、挪用、私分自然灾害救助款物或者捐赠款物的；

（四）不及时归还征用的财产，或者不按照规定给予补偿的；

（五）有滥用职权、玩忽职守、徇私舞弊的其他行为的。

2. 《生产安全事故应急条例》（2019年2月17日）

第18条　有关地方人民政府及其部门接到生产安全事故报告后，应当按照国家有关规定上报事故情况，启动相应的生产安全事故应急救援预案，并按照应急救援预案的规定采取下列一项或者多项应急救援措施：

（一）组织抢救遇险人员，救治受伤人员，研判事故发展趋势以及可能造成的危害；

（二）通知可能受到事故影响的单位和人员，隔离事故现场，划定警戒区域，疏散受到威胁的人员，实施交通管制；

（三）采取必要措施，防止事故危害扩大和次生、衍生灾害发生，避免或者减少事故对环境造成的危害；

（四）依法发布调用和征用应急资源的决定；

（五）依法向应急救援队伍下达救援命令；

（六）维护事故现场秩序，组织安抚遇险人员和遇险遇难人员亲属；

（七）依法发布有关事故情况和应急救援工作的信息；

（八）法律、法规规定的其他应急救援措施。

有关地方人民政府不能有效控制生产安全事故的，应当及时向上级人民政府报告。上级人民政府应当及时采取措施，统一指挥应急救援。

第26条 有关人民政府及其部门根据生产安全事故应急救援需要依法调用和征用的财产，在使用完毕或者应急救援结束后，应当及时归还。财产被调用、征用或者调用、征用后毁损、灭失的，有关人民政府及其部门应当按照国家有关规定给予补偿。

3. 《核电厂核事故应急管理条例》（2011年1月8日）

第36条 因核电厂核事故应急响应需要，执行核事故应急响应行动的行政机关有权征用非用于核事故应急响应的设备、器材和其他物资。

对征用的设备、器材和其他物资，应当予以登记并在使用后及时归还；造成损坏的，由征用单位补偿。

第十三条 时效和程序中止

因依法采取突发事件应对措施，致使诉讼、监察调查、行政复议、仲裁、国家赔偿等活动不能正常进行的，适用有关时效中止和程序中止的规定，法律另有规定的除外。

● 法　律

1.《民事诉讼法》（2023 年 9 月 1 日）

第 153 条　有下列情形之一的，中止诉讼：

（一）一方当事人死亡，需要等待继承人表明是否参加诉讼的；

（二）一方当事人丧失诉讼行为能力，尚未确定法定代理人的；

（三）作为一方当事人的法人或者其他组织终止，尚未确定权利义务承受人的；

（四）一方当事人因不可抗拒的事由，不能参加诉讼的；

（五）本案必须以另一案的审理结果为依据，而另一案尚未审结的；

（六）其他应当中止诉讼的情形。

中止诉讼的原因消除后，恢复诉讼。

第 157 条　裁定适用于下列范围：

（一）不予受理；

（二）对管辖权有异议的；

（三）驳回起诉；

（四）保全和先予执行；

（五）准许或者不准许撤诉；

（六）中止或者终结诉讼；

（七）补正判决书中的笔误；

（八）中止或者终结执行；

（九）撤销或者不予执行仲裁裁决；

（十）不予执行公证机关赋予强制执行效力的债权文书；

（十一）其他需要裁定解决的事项。

对前款第一项至第三项裁定，可以上诉。

裁定书应当写明裁定结果和作出该裁定的理由。裁定书由审判人员、书记员署名，加盖人民法院印章。口头裁定的，记入笔录。

2.《刑事诉讼法》（2018年10月26日）

第206条 在审判过程中，有下列情形之一，致使案件在较长时间内无法继续审理的，可以中止审理：

（一）被告人患有严重疾病，无法出庭的；

（二）被告人脱逃的；

（三）自诉人患有严重疾病，无法出庭，未委托诉讼代理人出庭的；

（四）由于不能抗拒的原因。

中止审理的原因消失后，应当恢复审理。中止审理的期间不计入审理期限。

第十四条　国际合作与交流

中华人民共和国政府在突发事件的预防与应急准备、监测与预警、应急处置与救援、事后恢复与重建等方面，同外国政府和有关国际组织开展合作与交流。

● 行政法规及文件

1.《国家自然灾害救助应急预案》（2024年1月20日）

2.1 国家防灾减灾救灾委员会

国家防灾减灾救灾委员会深入学习贯彻习近平总书记关于防灾减灾救灾工作的重要指示批示精神，贯彻落实党中央、国务院有关决策部署，统筹指导、协调和监督全国防灾减灾救灾工作，研究审议国家防灾减灾救灾的重大政策、重大规划、重要制度以及防御灾害方案并负责组织实施工作，指导建立自然灾害防治体系；协调推动防灾减灾救灾法律法规体系建设，协调解决防灾救灾重大问题，统筹协调开展防灾减灾救灾科普宣传教育和培训，协调开展防灾减灾救灾国际交流与合作；完成党中央、国务院交办的其他事项。

国家防灾减灾救灾委员会负责统筹指导全国的灾害救助工作，协调开展重特大自然灾害救助活动。国家防灾减灾救灾委员会成员单位按照各自职责做好灾害救助相关工作。

7.7 科技保障

7.7.1 建立健全应急减灾卫星、气象卫星、海洋卫星、资源卫星、航空遥感等对地监测系统，发展地面应用系统和航空平台系统，建立基于遥感、地理信息系统、模拟仿真、计算机网络等技术的"天地空"一体化灾害监测预警、分析评估和应急决策支持系统。开展地方空间技术减灾应用示范和培训工作。

7.7.2 组织应急管理、自然资源、生态环境、交通运输、水利、农业农村、卫生健康、林草、地震、消防救援、气象等方面专家开展自然灾害综合风险普查，及时完善全国自然灾害风险和防治区划图，制定相关技术和管理标准。

7.7.3 支持鼓励高等院校、科研院所、企事业单位和社会组织开展灾害相关领域的科学研究，加强对全球先进应急装备的跟踪研究，加大技术装备开发、推广应用力度，建立合作机制，鼓励防灾减灾救灾政策理论研究。

7.7.4 利用空间与重大灾害国际宪章、联合国灾害管理与应急反应天基信息平台等国际合作机制，拓展灾害遥感信息资源渠道，加强国际合作。

7.7.5 开展国家应急广播相关技术、标准研究，建立健全国家应急广播体系，实现灾情预警预报和减灾救灾信息全面立体覆盖。通过国家突发事件预警信息发布系统及时向公众发布灾害预警信息，综合运用各类手段确保直达基层一线。

2. 《"十四五"国家应急体系规划》（2021年12月30日）

　　增进国际交流合作。加强与联合国减少灾害风险办公室等国际组织的合作，推动构建国际区域减轻灾害风险网络。有序推动"一带一路"自然灾害防治和应急管理国际合作机制建设，创办国际合作部长论坛。推进中国—东盟应急管理合作。积极参与国际大科学装置、科研基地（中心）建设。

3. 《地震监测管理条例》（2011年1月8日）

　　第6条　国家鼓励、支持地震监测的科学研究，推广应用先进的地震监测技术，开展地震监测的国际合作与交流。

　　有关地方人民政府应当支持少数民族地区、边远贫困地区和海岛的地震监测台网的建设和运行。

　　第7条　外国的组织或者个人在中华人民共和国领域和中华人民共和国管辖的其他海域从事地震监测活动，必须与中华人民共和国有关部门或者单位合作进行，并经国务院地震工作主管部门批准。

　　从事前款规定的活动，必须遵守中华人民共和国的有关法律、法规的规定，并不得涉及国家秘密和危害国家安全。

第十五条　表彰和奖励

　　对在突发事件应对工作中做出突出贡献的单位和个人，按照国家有关规定给予表彰、奖励。

● 行政法规及文件

1. 《自然灾害救助条例》（2019年3月2日）

　　第7条　对在自然灾害救助中作出突出贡献的单位和个人，

按照国家有关规定给予表彰和奖励。

2.《突发公共卫生事件应急条例》（2011年1月8日）

第9条 县级以上各级人民政府及其卫生行政主管部门，应当对参加突发事件应急处理的医疗卫生人员，给予适当补助和保健津贴；对参加突发事件应急处理作出贡献的人员，给予表彰和奖励；对因参与应急处理工作致病、致残、死亡的人员，按照国家有关规定，给予相应的补助和抚恤。

3.《破坏性地震应急条例》（2011年1月8日）

第36条 在破坏性地震应急活动中有下列事迹之一的，由其所在单位、上级机关或者防震减灾工作主管部门给予表彰或者奖励：

（一）出色完成破坏性地震应急任务的；

（二）保护国家、集体和公民的财产或者抢救人员有功的；

（三）及时排除险情，防止灾害扩大，成绩显著的；

（四）对地震应急工作提出重大建议，实施效果显著的；

（五）因震情、灾情测报准确和信息传递及时而减轻灾害损失的；

（六）及时供应用于应急救灾的物资和工具或者节约经费开支，成绩显著的；

（七）有其他特殊贡献的。

4.《防汛条例》（2011年1月8日）

第42条 有下列事迹之一的单位和个人，可以由县级以上人民政府给予表彰或者奖励：

（一）在执行抗洪抢险任务时，组织严密，指挥得当，防守得力，奋力抢险，出色完成任务者；

（二）坚持巡堤查险，遇到险情及时报告，奋力抗洪抢险，成绩显著者；

（三）在危险关头，组织群众保护国家和人民财产，抢救群众有功者；

（四）为防汛调度、抗洪抢险献计献策，效益显著者；

（五）气象、雨情、水情测报和预报准确及时，情报传递迅速，克服困难，抢测洪水，因而减轻重大洪水灾害者；

（六）及时供应防汛物料和工具，爱护防汛器材，节约经费开支，完成防汛抢险任务成绩显著者；

（七）有其他特殊贡献，成绩显著者。

5.《抗旱条例》(2009年2月26日)

第12条 对在抗旱工作中做出突出贡献的单位和个人，按照国家有关规定给予表彰和奖励。

6.《地质灾害防治条例》(2003年11月24日)

第9条 任何单位和个人对地质灾害防治工作中的违法行为都有权检举和控告。

在地质灾害防治工作中做出突出贡献的单位和个人，由人民政府给予奖励。

第二章 管理与指挥体制

第十六条 管理体制和工作体系

国家建立统一指挥、专常兼备、反应灵敏、上下联动的应急管理体制和综合协调、分类管理、分级负责、属地管理为主的工作体系。

● 行政法规及文件

1.《煤矿安全生产条例》(2024年1月24日)

第4条 煤矿企业应当履行安全生产主体责任，加强安全生产管理，建立健全并落实全员安全生产责任制和安全生产规章制度，加大对安全生产资金、物资、技术、人员的投入保障力度，改善安全生产条件，加强安全生产标准化、信息化建设，构建安全风险分级管控和隐患排查治理双重预防机制，健全风险防范化解机制，提高安全生产水平，确保安全生产。

煤矿企业主要负责人（含实际控制人，下同）是本企业安全生产第一责任人，对本企业安全生产工作全面负责。其他负责人对职责范围内的安全生产工作负责。

第5条 县级以上人民政府应当加强对煤矿安全生产工作的领导，建立健全工作协调机制，支持、督促各有关部门依法履行煤矿安全生产工作职责，及时协调、解决煤矿安全生产工作中的重大问题。

第6条 县级以上人民政府负有煤矿安全生产监督管理职责的部门对煤矿安全生产实施监督管理，其他有关部门按照职责分工依法履行煤矿安全生产相关职责。

第7条 国家实行煤矿安全监察制度。国家矿山安全监察机构及其设在地方的矿山安全监察机构负责煤矿安全监察工作，依法对地方人民政府煤矿安全生产监督管理工作进行监督检查。

国家矿山安全监察机构及其设在地方的矿山安全监察机构依法履行煤矿安全监察职责，不受任何单位和个人的干涉。

第8条 国家实行煤矿生产安全事故责任追究制度。对煤矿生产安全事故责任单位和责任人员，依照本条例和有关法律法规的规定追究法律责任。

国家矿山安全监察机构及其设在地方的矿山安全监察机构依法组织或者参与煤矿生产安全事故调查处理。

第9条 县级以上人民政府负有煤矿安全生产监督管理职责的部门、国家矿山安全监察机构及其设在地方的矿山安全监察机构应当建立举报制度，公开举报电话、信箱或者电子邮件地址等网络举报平台，受理有关煤矿安全生产的举报并依法及时处理；对需要由其他有关部门进行调查处理的，转交其他有关部门处理。

任何单位和个人对事故隐患或者安全生产违法行为，有权向前款规定的部门和机构举报。举报事项经核查属实的，依法依规给予奖励。

2.《防汛条例》（2011年1月8日）

第4条 防汛工作实行各级人民政府行政首长负责制，实行统一指挥，分级分部门负责。各有关部门实行防汛岗位责任制。

第6条 国务院设立国家防汛总指挥部，负责组织领导全国的防汛抗洪工作，其办事机构设在国务院水行政主管部门。

长江和黄河，可以设立由有关省、自治区、直辖市人民政府和该江河的流域管理机构（以下简称流域机构）负责人等组成的防汛指挥机构，负责指挥所辖范围的防汛抗洪工作，其办事机构设在流域机构。长江和黄河的重大防汛抗洪事项须经国家防汛总指挥部批准后执行。

国务院水行政主管部门所属的淮河、海河、珠江、松花江、辽河、太湖等流域机构，设立防汛办事机构，负责协调本流域的防汛日常工作。

第7条 有防汛任务的县级以上地方人民政府设立防汛指挥部，由有关部门、当地驻军、人民武装部负责人组成，由各级人民政府首长担任指挥。各级人民政府防汛指挥部在上级人民政府防汛指挥部和同级人民政府的领导下，执行上级防汛指令，制定各项防汛抗洪措施，统一指挥本地区的防汛抗洪工作。

各级人民政府防汛指挥部办事机构设在同级水行政主管部门；城市市区的防汛指挥部办事机构也可以设在城建主管部门，负责管理所辖范围的防汛日常工作。

3.《抗旱条例》（2009年2月26日）

第5条 抗旱工作实行各级人民政府行政首长负责制，统一指挥、部门协作、分级负责。

第6条 国家防汛抗旱总指挥部负责组织、领导全国的抗旱工作。

国务院水行政主管部门负责全国抗旱的指导、监督、管理工作，承担国家防汛抗旱总指挥部的具体工作。国家防汛抗旱总指挥部的其他成员单位按照各自职责，负责有关抗旱工作。

4.《地质灾害防治条例》（2003年11月24日）

第7条 国务院国土资源主管部门负责全国地质灾害防治的组织、协调、指导和监督工作。国务院其他有关部门按照各自的职责负责有关的地质灾害防治工作。

县级以上地方人民政府国土资源主管部门负责本行政区域内地质灾害防治的组织、协调、指导和监督工作。县级以上地方人民政府其他有关部门按照各自的职责负责有关的地质灾害防治工作。

5.《国务院办公厅关于应急管理综合行政执法有关事项的通知》（2023年7月5日）

四、压实责任主体。 对列入《指导目录》的行政执法事项，要按照减少执法层级、推动执法力量下沉的要求，区分不同事项和不同管理体制，结合实际明晰第一责任主体，把查处违法行为的责任压实。坚持有权必有责、有责要担当、失责必追究，逐一厘清与行政执法权相对应的责任事项，明确责任主体、问责依据、追责情形和免责事由，健全问责机制。严禁以属地管理为名将执法责任转嫁给基层。对不按要求履职尽责的单位和个人，依纪依法追究责任。

五、规范执法行为。 按照公开透明高效原则和履职需要，制定统一的应急管理综合行政执法程序规定，明确行政执法事项的工作程序、履职要求、办理时限、行为规范等，消除行政执法中的模糊条款，压减裁量权，促进同一事项相同情形同基准裁量、同标准处罚。积极推行"互联网+统一指挥+综合执法"，加强部门联动和协调配合，逐步实现行政执法行为、环节、结果等全过程网上留痕，强化对行政执法权运行的监督。

六、提高执法效能。按照突出重点、务求实效原则，聚焦应急管理领域与经营主体、群众关系最密切的行政执法事项，着力解决社会反映强烈的突出问题，让经营主体、群众切实感受到改革成果。制定简明易懂的行政执法履职要求和相应的问责办法，加强宣传，让经营主体、群众能够看得懂、用得上，方便查询、使用和监督。结合应急管理形势任务和执法特点，探索形成可量化的综合行政执法履职评估办法，作为统筹使用和优化配置编制资源的重要依据。畅通投诉受理、跟踪查询、结果反馈渠道，鼓励支持经营主体、群众和社会组织、新闻媒体对行政执法进行监督。

七、加强组织实施。各地区、各部门要全面落实清权、减权、制权、晒权等改革要求，统筹推进机构改革、职能转变和作风建设。要切实加强组织领导，落实工作责任，明确时间节点和要求，做细做实各项工作，确保改革举措落地生效。应急管理部要强化对地方应急管理部门的业务指导，推动完善执法程序，严格执法责任，加强执法监督，不断提高应急管理综合行政执法效能和依法行政水平。中央编办要会同司法部加强统筹协调和指导把关。

第十七条 分级负责、属地管理和报告机制

县级人民政府对本行政区域内突发事件的应对管理工作负责。突发事件发生后，发生地县级人民政府应当立即采取措施控制事态发展，组织开展应急救援和处置工作，并立即向上一级人民政府报告，必要时可以越级上报，具备条件的，应当进行网络直报或者自动速报。

> 突发事件发生地县级人民政府不能消除或者不能有效控制突发事件引起的严重社会危害的,应当及时向上级人民政府报告。上级人民政府应当及时采取措施,统一领导应急处置工作。
>
> 法律、行政法规规定由国务院有关部门对突发事件应对管理工作负责的,从其规定;地方人民政府应当积极配合并提供必要的支持。

● 行政法规及文件

1.《自然灾害救助条例》(2019年3月2日)

第13条 县级以上人民政府或者人民政府的自然灾害救助应急综合协调机构应当根据自然灾害预警预报启动预警响应,采取下列一项或者多项措施:

(一)向社会发布规避自然灾害风险的警告,宣传避险常识和技能,提示公众做好自救互救准备;

(二)开放应急避难场所,疏散、转移易受自然灾害危害的人员和财产,情况紧急时,实行有组织的避险转移;

(三)加强对易受自然灾害危害的乡村、社区以及公共场所的安全保障;

(四)责成应急管理等部门做好基本生活救助的准备。

第14条 自然灾害发生并达到自然灾害救助应急预案启动条件的,县级以上人民政府或者人民政府的自然灾害救助应急综合协调机构应当及时启动自然灾害救助应急响应,采取下列一项或者多项措施:

(一)立即向社会发布政府应对措施和公众防范措施;

(二)紧急转移安置受灾人员;

(三)紧急调拨、运输自然灾害救助应急资金和物资,及时向受灾人员提供食品、饮用水、衣被、取暖、临时住所、医疗防疫等应急救助，保障受灾人员基本生活；

（四）抚慰受灾人员，处理遇难人员善后事宜；

（五）组织受灾人员开展自救互救；

（六）分析评估灾情趋势和灾区需求，采取相应的自然灾害救助措施；

（七）组织自然灾害救助捐赠活动。

对应急救助物资，各交通运输主管部门应当组织优先运输。

第16条　自然灾害造成人员伤亡或者较大财产损失的，受灾地区县级人民政府应急管理部门应当立即向本级人民政府和上一级人民政府应急管理部门报告。

自然灾害造成特别重大或者重大人员伤亡、财产损失的，受灾地区县级人民政府应急管理部门应当按照有关法律、行政法规和国务院应急预案规定的程序及时报告，必要时可以直接报告国务院。

2.《防汛条例》（2011年1月8日）

第23条　省级人民政府防汛指挥部，可以根据当地的洪水规律，规定汛期起止日期。当江河、湖泊、水库的水情接近保证水位或者安全流量时，或者防洪工程设施发生重大险情，情况紧急时，县级以上地方人民政府可以宣布进入紧急防汛期，并报告上级人民政府防汛指挥部。

第24条　防汛期内，各级防汛指挥部必须有负责人主持工作。有关责任人员必须坚守岗位，及时掌握汛情，并按照防御洪水方案和汛期调度运用计划进行调度。

第25条　在汛期，水利、电力、气象、海洋、农林等部门的水文站、雨量站，必须及时准确地向各级防汛指挥部提供实时水文信息；气象部门必须及时向各级防汛指挥部提供有关天气预报和实时气象信息；水文部门必须及时向各级防汛指挥部提供有关水文预报；海洋部门必须及时向沿海地区防汛指挥部提供风暴潮预报。

第26条 在汛期，河道、水库、闸坝、水运设施等水工程管理单位及其主管部门在执行汛期调度运用计划时，必须服从有管辖权的人民政府防汛指挥部的统一调度指挥或者监督。

在汛期，以发电为主的水库，其汛限水位以上的防洪库容以及洪水调度运用必须服从有管辖权的人民政府防汛指挥部的统一调度指挥。

第27条 在汛期，河道、水库、水电站、闸坝等水工程管理单位必须按照规定对水工程进行巡查，发现险情，必须立即采取抢护措施，并及时向防汛指挥部和上级主管部门报告。其他任何单位和个人发现水工程设施出现险情，应当立即向防汛指挥部和水工程管理单位报告。

第28条 在汛期，公路、铁路、航运、民航等部门应当及时运送防汛抢险人员和物资；电力部门应当保证防汛用电。

第29条 在汛期，电力调度通信设施必须服从防汛工作需要；邮电部门必须保证汛情和防汛指令的及时、准确传递，电视、广播、公路、铁路、航运、民航、公安、林业、石油等部门应当运用本部门的通信工具优先为防汛抗洪服务。

电视、广播、新闻单位应当根据人民政府防汛指挥部提供的汛情，及时向公众发布防汛信息。

第30条 在紧急防汛期，地方人民政府防汛指挥部必须由人民政府负责人主持工作，组织动员本地区各有关单位和个人投入抗洪抢险。所有单位和个人必须听从指挥，承担人民政府防汛指挥部分配的抗洪抢险任务。

第31条 在紧急防汛期，公安部门应当按照人民政府防汛指挥部的要求，加强治安管理和安全保卫工作。必要时须由有关部门依法实行陆地和水面交通管制。

第 32 条　在紧急防汛期，为了防汛抢险需要，防汛指挥部有权在其管辖范围内，调用物资、设备、交通运输工具和人力，事后应当及时归还或者给予适当补偿。因抢险需要取土占地、砍伐林木、清除阻水障碍物的，任何单位和个人不得阻拦。

前款所指取土占地、砍伐林木的，事后应当依法向有关部门补办手续。

第 33 条　当河道水位或者流量达到规定的分洪、滞洪标准时，有管辖权的人民政府防汛指挥部有权根据经批准的分洪、滞洪方案，采取分洪、滞洪措施。采取上述措施对毗邻地区有危害的，须经有管辖权的上级防汛指挥机构批准，并事先通知有关地区。

在非常情况下，为保护国家确定的重点地区和大局安全，必须作出局部牺牲时，在报经有管辖权的上级人民政府防汛指挥部批准后，当地人民政府防汛指挥部可以采取非常紧急措施。

实施上述措施时，任何单位和个人不得阻拦，如遇到阻拦和拖延时，有管辖权的人民政府有权组织强制实施。

第 34 条　当洪水威胁群众安全时，当地人民政府应当及时组织群众撤离至安全地带，并做好生活安排。

第 35 条　按照水的天然流势或者防洪、排涝工程的设计标准，或者经批准的运行方案下泄的洪水，下游地区不得设障阻水或者缩小河道的过水能力；上游地区不得擅自增大下泄流量。

未经有管辖权的人民政府或其授权的部门批准，任何单位和个人不得改变江河河势的自然控制点。

3. 《突发公共卫生事件应急条例》（2011 年 1 月 8 日）

第 26 条　突发事件发生后，卫生行政主管部门应当组织专家对突发事件进行综合评估，初步判断突发事件的类型，提出是否启动突发事件应急预案的建议。

第 27 条　在全国范围内或者跨省、自治区、直辖市范围内启动全国突发事件应急预案，由国务院卫生行政主管部门报国务院批准后实施。省、自治区、直辖市启动突发事件应急预案，由省、自治区、直辖市人民政府决定，并向国务院报告。

第28条 全国突发事件应急处理指挥部对突发事件应急处理工作进行督察和指导，地方各级人民政府及其有关部门应当予以配合。

省、自治区、直辖市突发事件应急处理指挥部对本行政区域内突发事件应急处理工作进行督察和指导。

第29条 省级以上人民政府卫生行政主管部门或者其他有关部门指定的突发事件应急处理专业技术机构，负责突发事件的技术调查、确证、处置、控制和评价工作。

第30条 国务院卫生行政主管部门对新发现的突发传染病，根据危害程度、流行强度，依照《中华人民共和国传染病防治法》的规定及时宣布为法定传染病；宣布为甲类传染病的，由国务院决定。

第31条 应急预案启动前，县级以上各级人民政府有关部门应当根据突发事件的实际情况，做好应急处理准备，采取必要的应急措施。

应急预案启动后，突发事件发生地的人民政府有关部门，应当根据预案规定的职责要求，服从突发事件应急处理指挥部的统一指挥，立即到达规定岗位，采取有关的控制措施。

医疗卫生机构、监测机构和科学研究机构，应当服从突发事件应急处理指挥部的统一指挥，相互配合、协作，集中力量开展相关的科学研究工作。

4.《抗旱条例》（2009年2月26日）

第8条 县级以上地方人民政府防汛抗旱指挥机构，在上级防汛抗旱指挥机构和本级人民政府的领导下，负责组织、指挥本行政区域内的抗旱工作。

县级以上地方人民政府水行政主管部门负责本行政区域内抗旱的指导、监督、管理工作，承担本级人民政府防汛抗旱指挥机构的具体工作。县级以上地方人民政府防汛抗旱指挥机构的其他成员单位按照各自职责，负责有关抗旱工作。

第37条　发生干旱灾害，县级以上人民政府防汛抗旱指挥机构或者流域防汛抗旱指挥机构可以按照批准的抗旱预案，制订应急水量调度实施方案，统一调度辖区内的水库、水电站、闸坝、湖泊等所蓄的水量。有关地方人民政府、单位和个人必须服从统一调度和指挥，严格执行调度指令。

第38条　发生干旱灾害，县级以上地方人民政府防汛抗旱指挥机构应当及时组织抗旱服务组织，解决农村人畜饮水困难，提供抗旱技术咨询等方面的服务。

第39条　发生干旱灾害，各级气象主管机构应当做好气象干旱监测和预报工作，并适时实施人工增雨作业。

第40条　发生干旱灾害，县级以上人民政府卫生主管部门应当做好干旱灾害发生地区疾病预防控制、医疗救护和卫生监督执法工作，监督、检测饮用水水源卫生状况，确保饮水卫生安全，防止干旱灾害导致重大传染病疫情的发生。

第41条　发生干旱灾害，县级以上人民政府民政部门应当做好干旱灾害的救助工作，妥善安排受灾地区群众基本生活。

第十八条　协调配合与协同应对

突发事件涉及两个以上行政区域的，其应对管理工作由有关行政区域共同的上一级人民政府负责，或者由各有关行政区域的上一级人民政府共同负责。共同负责的人民政府应当按照国家有关规定，建立信息共享和协调配合机制。根据共同应对突发事件的需要，地方人民政府之间可以建立协同应对机制。

第十九条　行政领导机关和应急指挥机构

　　县级以上人民政府是突发事件应对管理工作的行政领导机关。

　　国务院在总理领导下研究、决定和部署特别重大突发事件的应对工作；根据实际需要，设立国家突发事件应急指挥机构，负责突发事件应对工作；必要时，国务院可以派出工作组指导有关工作。

　　县级以上地方人民政府设立由本级人民政府主要负责人、相关部门负责人、国家综合性消防救援队伍和驻当地中国人民解放军、中国人民武装警察部队有关负责人等组成的突发事件应急指挥机构，统一领导、协调本级人民政府各有关部门和下级人民政府开展突发事件应对工作；根据实际需要，设立相关类别突发事件应急指挥机构，组织、协调、指挥突发事件应对工作。

● 行政法规及文件

1.《煤矿安全生产条例》（2024年1月24日）

　　第5条　县级以上人民政府应当加强对煤矿安全生产工作的领导，建立健全工作协调机制，支持、督促各有关部门依法履行煤矿安全生产工作职责，及时协调、解决煤矿安全生产工作中的重大问题。

　　第39条　煤矿安全生产实行地方党政领导干部安全生产责任制，强化煤矿安全生产属地管理。

　　第74条　地方各级人民政府、县级以上人民政府负有煤矿安全生产监督管理职责的部门和其他有关部门、国家矿山安全监察机构及其设在地方的矿山安全监察机构有下列情形之一的，对负有责任的领导人员和直接责任人员依法给予处分：

　　（一）县级以上人民政府负有煤矿安全生产监督管理职责的

部门、国家矿山安全监察机构及其设在地方的矿山安全监察机构不依法履行职责，不及时查处所辖区域内重大事故隐患和安全生产违法行为的；县级以上人民政府其他有关部门未依法履行煤矿安全生产相关职责的；

（二）乡镇人民政府在所辖区域内发现未依法取得安全生产许可证等擅自进行煤矿生产，没有采取有效措施制止或者没有向县级人民政府相关主管部门报告的；

（三）对被责令停产整顿的煤矿企业，在停产整顿期间，因有关地方人民政府监督检查不力，煤矿企业在停产整顿期间继续生产的；

（四）关闭煤矿未达到本条例第七十条第二款规定要求的；

（五）县级以上人民政府负有煤矿安全生产监督管理职责的部门、国家矿山安全监察机构及其设在地方的矿山安全监察机构接到举报后，不及时处理的；

（六）县级以上地方人民政府及其有关部门要求不具备安全生产条件的煤矿企业进行生产的；

（七）有其他滥用职权、玩忽职守、徇私舞弊情形的。

2.《**生产安全事故应急条例**》（2019年2月17日）

第三条 国务院统一领导全国的生产安全事故应急工作，县级以上地方人民政府统一领导本行政区域内的生产安全事故应急工作。生产安全事故应急工作涉及两个以上行政区域的，由有关行政区域共同的上一级人民政府负责，或者由各有关行政区域的上一级人民政府共同负责。

县级以上人民政府应急管理部门和其他对有关行业、领域的安全生产工作实施监督管理的部门（以下统称负有安全生产监督管理职责的部门）在各自职责范围内，做好有关行业、领域的生产安全事故应急工作。

县级以上人民政府应急管理部门指导、协调本级人民政府其他负有安全生产监督管理职责的部门和下级人民政府的生产安全事故应急工作。

乡、镇人民政府以及街道办事处等地方人民政府派出机关应当协助上级人民政府有关部门依法履行生产安全事故应急工作职责。

3.《自然灾害救助条例》（2019年3月2日）

第3条 自然灾害救助工作实行各级人民政府行政领导负责制。

国家减灾委员会负责组织、领导全国的自然灾害救助工作，协调开展重大自然灾害救助活动。国务院应急管理部门负责全国的自然灾害救助工作，承担国家减灾委员会的具体工作。国务院有关部门按照各自职责做好全国的自然灾害救助相关工作。

县级以上地方人民政府或者人民政府的自然灾害救助应急综合协调机构，组织、协调本行政区域的自然灾害救助工作。县级以上地方人民政府应急管理部门负责本行政区域的自然灾害救助工作。县级以上地方人民政府有关部门按照各自职责做好本行政区域的自然灾害救助相关工作。

4.《突发公共卫生事件应急条例》（2011年1月8日）

第3条 突发事件发生后，国务院设立全国突发事件应急处理指挥部，由国务院有关部门和军队有关部门组成，国务院主管领导人担任总指挥，负责对全国突发事件应急处理的统一领导、统一指挥。

国务院卫生行政主管部门和其他有关部门，在各自的职责范围内做好突发事件应急处理的有关工作。

第4条 突发事件发生后，省、自治区、直辖市人民政府成立地方突发事件应急处理指挥部，省、自治区、直辖市人民政府主要领导人担任总指挥，负责领导、指挥本行政区域内突发事件应急处理工作。

县级以上地方人民政府卫生行政主管部门，具体负责组织突发事件的调查、控制和医疗救治工作。

县级以上地方人民政府有关部门，在各自的职责范围内做好突发事件应急处理的有关工作。

● 部门规章及文件

5.《矿山救援规程》（2024年4月28日）

第1条 为了快速、安全、有效处置矿山生产安全事故，保护矿山从业人员和应急救援人员的生命安全，根据《中华人民共和国安全生产法》《中华人民共和国矿山安全法》和《生产安全事故应急条例》《煤矿安全生产条例》等有关法律、行政法规，制定本规程。

第2条 在中华人民共和国领域内从事煤矿、金属非金属矿山及尾矿库生产安全事故应急救援工作（以下统称矿山救援工作），适用本规程。

第3条 矿山救援工作应当以人为本，坚持人民至上、生命至上，贯彻科学施救原则，全力以赴抢救遇险人员，确保应急救援人员安全，防范次生灾害事故，避免或者减少事故对环境造成的危害。

第4条 矿山企业应当建立健全应急值守、信息报告、应急响应、现场处置、应急投入等规章制度，按照国家有关规定编制应急救援预案，组织应急救援演练，储备应急救援装备和物资，其主要负责人对本单位的矿山救援工作全面负责。

第5条 矿山救援队（矿山救护队，下同）是处置矿山生产安全事故的专业应急救援队伍。所有矿山都应当有矿山救援队为其服务。

矿山企业应当建立专职矿山救援队；规模较小、不具备建立专职矿山救援队条件的，应当建立兼职矿山救援队，并与邻近的专职矿山救援队签订应急救援协议。专职矿山救援队至服务矿山的行车时间一般不超过30分钟。

县级以上人民政府有关部门根据实际需要建立的矿山救援队

按照有关法律法规的规定执行。

第 6 条　矿山企业应当及时将本单位矿山救援队的建立、变更、撤销和驻地、服务范围、主要装备、人员编制、主要负责人、接警电话等基本情况报送所在地应急管理部门和矿山安全监察机构。

第 7 条　矿山企业应当与为其服务的矿山救援队建立应急通信联系。煤矿、金属非金属矿山及尾矿库企业应当分别按照《煤矿安全规程》《金属非金属矿山安全规程》《尾矿库安全规程》有关规定向矿山救援队提供必要、真实、准确的图纸资料和应急救援预案。

第 8 条　发生生产安全事故后，矿山企业应当立即启动应急救援预案，采取措施组织抢救，全力做好矿山救援及相关工作，并按照国家有关规定及时上报事故情况。

第 9 条　矿山救援队应当坚持"加强准备、严格训练、主动预防、积极抢救"的工作原则；在接到服务矿山企业的救援通知或者有关人民政府及相关部门的救援命令后，应当立即参加事故灾害应急救援。

第二十条　应急指挥机构职责权限

突发事件应急指挥机构在突发事件应对过程中可以依法发布有关突发事件应对的决定、命令、措施。突发事件应急指挥机构发布的决定、命令、措施与设立它的人民政府发布的决定、命令、措施具有同等效力，法律责任由设立它的人民政府承担。

● 行政法规及文件

1.《煤矿安全生产条例》（2024 年 1 月 24 日）

第 70 条　煤矿企业存在下列情形之一的，应当提请县级以上地方人民政府予以关闭：

（一）未依法取得安全生产许可证等擅自进行生产的；

（二）3个月内2次或者2次以上发现有重大事故隐患仍然进行生产的；

（三）经地方人民政府组织的专家论证在现有技术条件下难以有效防治重大灾害的；

（四）有《中华人民共和国安全生产法》规定的应当提请关闭的其他情形。

有关地方人民政府作出予以关闭的决定，应当立即组织实施。关闭煤矿应当达到下列要求：

（一）依照法律法规有关规定吊销、注销相关证照；

（二）停止供应并妥善处理民用爆炸物品；

（三）停止供电，拆除矿井生产设备、供电、通信线路；

（四）封闭、填实矿井井筒，平整井口场地，恢复地貌；

（五）妥善处理劳动关系，依法依规支付经济补偿、工伤保险待遇，组织离岗时职业健康检查，偿还拖欠工资，补缴欠缴的社会保险费；

（六）设立标识牌；

（七）报送、移交相关报告、图纸和资料等；

（八）有关法律法规规定的其他要求。

2.《核电厂核事故应急管理条例》（2011年1月8日）

第20条 当核电厂进入应急待命状态时，核电厂核事故应急机构应当及时向核电厂的上级主管部门和国务院核安全部门报告情况，并视情况决定是否向省级人民政府指定的部门报告。当出现可能或者已经有放射性物质释放的情况时，应当根据情况，及时决定进入厂房应急或者场区应急状态，并迅速向核电厂的上级主管部门、国务院核安全部门和省级人民政府指定的部门报告情况；在放射性物质可能或者已经扩散到核电厂场区以外时，应当迅速向省级人民政府指定的部门提出进入场外应急状态并采取应急防护措施的建议。

省级人民政府指定的部门接到核电厂核事故应急机构的事故情况报告后,应当迅速采取相应的核事故应急对策和应急防护措施,并及时向国务院指定的部门报告情况。需要决定进入场外应急状态时,应当经国务院指定的部门批准;在特殊情况下,省级人民政府指定的部门可以先行决定进入场外应急状态,但是应当立即向国务院指定的部门报告。

第27条 因核事故应急响应需要,可以实行地区封锁。省、自治区、直辖市行政区域内的地区封锁,由省、自治区、直辖市人民政府决定;跨省、自治区、直辖市的地区封锁,以及导致中断干线交通或者封锁国境的地区封锁,由国务院决定。

地区封锁的解除,由原决定机关宣布。

3.《生产安全事故应急条例》(2019年2月17日)

第18条 有关地方人民政府及其部门接到生产安全事故报告后,应当按照国家有关规定上报事故情况,启动相应的生产安全事故应急救援预案,并按照应急救援预案的规定采取下列一项或者多项应急救援措施:

(一)组织抢救遇险人员,救治受伤人员,研判事故发展趋势以及可能造成的危害;

(二)通知可能受到事故影响的单位和人员,隔离事故现场,划定警戒区域,疏散受到威胁的人员,实施交通管制;

(三)采取必要措施,防止事故危害扩大和次生、衍生灾害发生,避免或者减少事故对环境造成的危害;

(四)依法发布调用和征用应急资源的决定;

(五)依法向应急救援队伍下达救援命令;

(六)维护事故现场秩序,组织安抚遇险人员和遇险遇难人员亲属;

（七）依法发布有关事故情况和应急救援工作的信息；

（八）法律、法规规定的其他应急救援措施。

有关地方人民政府不能有效控制生产安全事故的，应当及时向上级人民政府报告。上级人民政府应当及时采取措施，统一指挥应急救援。

第25条 生产安全事故的威胁和危害得到控制或者消除后，有关人民政府应当决定停止执行依照本条例和有关法律、法规采取的全部或者部分应急救援措施。

4.《突发公共卫生事件应急条例》（2011年1月8日）

第27条 在全国范围内或者跨省、自治区、直辖市范围内启动全国突发事件应急预案，由国务院卫生行政主管部门报国务院批准后实施。省、自治区、直辖市启动突发事件应急预案，由省、自治区、直辖市人民政府决定，并向国务院报告。

第30条 国务院卫生行政主管部门对新发现的突发传染病，根据危害程度、流行强度，依照《中华人民共和国传染病防治法》的规定及时宣布为法定传染病；宣布为甲类传染病的，由国务院决定。

第二十一条 部门职责

县级以上人民政府应急管理部门和卫生健康、公安等有关部门应当在各自职责范围内做好有关突发事件应对管理工作，并指导、协助下级人民政府及其相应部门做好有关突发事件的应对管理工作。

● 行政法规及文件

1.《煤矿安全生产条例》（2024年1月24日）

第11条 国家矿山安全监察机构应当按照保障煤矿安全生产的要求，在国务院应急管理部门的指导下，依法及时拟订煤矿安全生产国家标准或者行业标准，并负责煤矿安全生产强制性国家标准的项目提出、组织起草、征求意见、技术审查。

第 59 条　发生煤矿生产安全事故后，煤矿企业及其负责人应当迅速采取有效措施组织抢救，并依照《生产安全事故报告和调查处理条例》的规定立即如实向当地应急管理部门、负有煤矿安全生产监督管理职责的部门和所在地矿山安全监察机构报告。

国家矿山安全监察机构及其设在地方的矿山安全监察机构应当根据事故等级和工作需要，派出工作组赶赴事故现场，指导配合事故发生地地方人民政府开展应急救援工作。

2.《生产安全事故应急条例》（2019 年 2 月 17 日）

第三条　国务院统一领导全国的生产安全事故应急工作，县级以上地方人民政府统一领导本行政区域内的生产安全事故应急工作。生产安全事故应急工作涉及两个以上行政区域的，由有关行政区域共同的上一级人民政府负责，或者由各有关行政区域的上一级人民政府共同负责。

县级以上人民政府应急管理部门和其他对有关行业、领域的安全生产工作实施监督管理的部门（以下统称负有安全生产监督管理职责的部门）在各自职责范围内，做好有关行业、领域的生产安全事故应急工作。

县级以上人民政府应急管理部门指导、协调本级人民政府其他负有安全生产监督管理职责的部门和下级人民政府的生产安全事故应急工作。

乡、镇人民政府以及街道办事处等地方人民政府派出机关应当协助上级人民政府有关部门依法履行生产安全事故应急工作职责。

第九条　县级以上人民政府应当加强对生产安全事故应急救援队伍建设的统一规划、组织和指导。

县级以上人民政府负有安全生产监督管理职责的部门根据生产安全事故应急工作的实际需要，在重点行业、领域单独建立或者依托有条件的生产经营单位、社会组织共同建立应急救援队伍。

国家鼓励和支持生产经营单位和其他社会力量建立提供社会化应急救援服务的应急救援队伍。

3. **《森林防火条例》**（2008 年 12 月 1 日）

第 4 条　国家森林防火指挥机构负责组织、协调和指导全国的森林防火工作。

国务院林业主管部门负责全国森林防火的监督和管理工作，承担国家森林防火指挥机构的日常工作。

国务院其他有关部门按照职责分工，负责有关的森林防火工作。

第 5 条　森林防火工作实行地方各级人民政府行政首长负责制。

县级以上地方人民政府根据实际需要设立的森林防火指挥机构，负责组织、协调和指导本行政区域的森林防火工作。

县级以上地方人民政府林业主管部门负责本行政区域森林防火的监督和管理工作，承担本级人民政府森林防火指挥机构的日常工作。

县级以上地方人民政府其他有关部门按照职责分工，负责有关的森林防火工作。

第 21 条　地方各级人民政府和国有林业企业、事业单位应当根据实际需要，成立森林火灾专业扑救队伍；县级以上地方人民政府应当指导森林经营单位和林区的居民委员会、村民委员会、企业、事业单位建立森林火灾群众扑救队伍。专业的和群众的火灾扑救队伍应当定期进行培训和演练。

4. **《草原防火条例》**（2008 年 11 月 29 日）

第 23 条　草原上的农（牧）场、工矿企业和其他生产经营单位，以及驻军单位、自然保护区管理单位和农村集体经济组织等，应当在县级以上地方人民政府的领导和草原防火主管部门的指导下，落实草原防火责任制，加强火源管理，消除火灾隐患，做好本单位的草原防火工作。

铁路、公路、电力和电信线路以及石油天然气管道等的经营单位，应当在其草原防火责任区内，落实防火措施，防止发生草原火灾。

承包经营草原的个人对其承包经营的草原，应当加强火源管理，消除火灾隐患，履行草原防火义务。

5. **《地质灾害防治条例》**（2003年11月24日）

第7条　国务院国土资源主管部门负责全国地质灾害防治的组织、协调、指导和监督工作。国务院其他有关部门按照各自的职责负责有关的地质灾害防治工作。

县级以上地方人民政府国土资源主管部门负责本行政区域内地质灾害防治的组织、协调、指导和监督工作。县级以上地方人民政府其他有关部门按照各自的职责负责有关的地质灾害防治工作。

第二十二条　基层职责

乡级人民政府、街道办事处应当明确专门工作力量，负责突发事件应对有关工作。

居民委员会、村民委员会依法协助人民政府和有关部门做好突发事件应对工作。

● **行政法规及文件**

1. **《自然灾害救助条例》**（2019年3月2日）

第5条　村民委员会、居民委员会以及红十字会、慈善会和公募基金会等社会组织，依法协助人民政府开展自然灾害救助工作。

国家鼓励和引导单位和个人参与自然灾害救助捐赠、志愿服务等活动。

2. **《生产安全事故应急条例》**（2019年2月17日）

第3条　国务院统一领导全国的生产安全事故应急工作，县级以上地方人民政府统一领导本行政区域内的生产安全事故应急工作。生产安全事故应急工作涉及两个以上行政区域的，由有关行政区域共同的上一级人民政府负责，或者由各有关行政区域的上一级人民政府共同负责。

县级以上人民政府应急管理部门和其他对有关行业、领域的安全生产工作实施监督管理的部门（以下统称负有安全生产监督管理职责的部门）在各自职责范围内，做好有关行业、领域的生产安全事故应急工作。

县级以上人民政府应急管理部门指导、协调本级人民政府其他负有安全生产监督管理职责的部门和下级人民政府的生产安全事故应急工作。

乡、镇人民政府以及街道办事处等地方人民政府派出机关应当协助上级人民政府有关部门依法履行生产安全事故应急工作职责。

3. **《突发公共卫生事件应急条例》**（2011年1月8日）

第40条　传染病暴发、流行时，街道、乡镇以及居民委员会、村民委员会应当组织力量，团结协作，群防群治，协助卫生行政主管部门和其他有关部门、医疗卫生机构做好疫情信息的收集和报告、人员的分散隔离、公共卫生措施的落实工作，向居民、村民宣传传染病防治的相关知识。

第二十三条　公民、法人和其他组织义务

公民、法人和其他组织有义务参与突发事件应对工作。

● 行政法规及文件

《煤矿安全生产条例》（2024年1月24日）

第4条 煤矿企业应当履行安全生产主体责任，加强安全生产管理，建立健全并落实全员安全生产责任制和安全生产规章制度，加大对安全生产资金、物资、技术、人员的投入保障力度，改善安全生产条件，加强安全生产标准化、信息化建设，构建安全风险分级管控和隐患排查治理双重预防机制，健全风险防范化解机制，提高安全生产水平，确保安全生产。

煤矿企业主要负责人（含实际控制人，下同）是本企业安全生产第一责任人，对本企业安全生产工作全面负责。其他负责人对职责范围内的安全生产工作负责。

第13条 煤矿企业应当遵守有关安全生产的法律法规以及煤矿安全规程，执行保障安全生产的国家标准或者行业标准。

第18条 煤矿企业主要负责人对本企业安全生产工作负有下列职责：

（一）建立健全并落实全员安全生产责任制，加强安全生产标准化建设；

（二）组织制定并实施安全生产规章制度和作业规程、操作规程；

（三）组织制定并实施安全生产教育和培训计划；

（四）保证安全生产投入的有效实施；

（五）组织建立并落实安全风险分级管控和隐患排查治理双重预防工作机制，督促、检查安全生产工作，及时消除事故隐患；

（六）组织制定并实施生产安全事故应急救援预案；

（七）及时、如实报告煤矿生产安全事故。

第19条 煤矿企业应当设置安全生产管理机构并配备专职安全生产管理人员。安全生产管理机构和安全生产管理人员负有下列安全生产职责：

（一）组织或者参与拟订安全生产规章制度、作业规程、操作规程和生产安全事故应急救援预案；

（二）组织或者参与安全生产教育和培训，如实记录安全生产教育和培训情况；

（三）组织开展安全生产法律法规宣传教育；

（四）组织开展安全风险辨识评估，督促落实重大安全风险管控措施；

（五）制止和纠正违章指挥、强令冒险作业、违反规程的行为，发现威胁安全的紧急情况时，有权要求立即停止危险区域内的作业，撤出作业人员；

（六）检查安全生产状况，及时排查事故隐患，对事故隐患排查治理情况进行统计分析，提出改进安全生产管理的建议；

（七）组织或者参与应急救援演练；

（八）督促落实安全生产整改措施。

煤矿企业应当配备主要技术负责人，建立健全并落实技术管理体系。

第20条　煤矿企业从业人员负有下列安全生产职责：

（一）遵守煤矿企业安全生产规章制度和作业规程、操作规程，严格落实岗位安全责任；

（二）参加安全生产教育和培训，掌握本职工作所需的安全生产知识，提高安全生产技能，增强事故预防和应急处理能力；

（三）及时报告发现的事故隐患或者其他不安全因素。

对违章指挥和强令冒险作业的行为，煤矿企业从业人员有权拒绝并向县级以上地方人民政府负有煤矿安全生产监督管理职责的部门、所在地矿山安全监察机构报告。

煤矿企业不得因从业人员拒绝违章指挥或者强令冒险作业而降低其工资、福利等待遇，无正当理由调整工作岗位，或者解除与其订立的劳动合同。

第二十四条　解放军、武警部队和民兵组织参与

中国人民解放军、中国人民武装警察部队和民兵组织依照本法和其他有关法律、行政法规、军事法规的规定以及国务院、中央军事委员会的命令,参加突发事件的应急救援和处置工作。

● 法　律

1. 《防洪法》(2016 年 7 月 2 日)

第 43 条　在汛期,气象、水文、海洋等有关部门应当按照各自的职责,及时向有关防汛指挥机构提供天气、水文等实时信息和风暴潮预报;电信部门应当优先提供防汛抗洪通信的服务;运输、电力、物资材料供应等有关部门应当优先为防汛抗洪服务。

中国人民解放军、中国人民武装警察部队和民兵应当执行国家赋予的抗洪抢险任务。

2. 《防震减灾法》(2008 年 12 月 27 日)

第 9 条　中国人民解放军、中国人民武装警察部队和民兵组织,依照本法以及其他有关法律、行政法规、军事法规的规定和国务院、中央军事委员会的命令,执行抗震救灾任务,保护人民生命和财产安全。

第 51 条　特别重大地震灾害发生后,国务院抗震救灾指挥机构在地震灾区成立现场指挥机构,并根据需要设立相应的工作组,统一组织领导、指挥和协调抗震救灾工作。

各级人民政府及有关部门和单位、中国人民解放军、中国人民武装警察部队和民兵组织,应当按照统一部署,分工负责,密切配合,共同做好地震应急救援工作。

● 行政法规及文件

3. 《核电厂核事故应急管理条例》(2011 年 1 月 8 日)

第 8 条　中国人民解放军作为核事故应急工作的重要力量,

应当在核事故应急响应中实施有效的支援。

  第12条 国家核事故应急计划由国务院指定的部门组织制定。

  国务院有关部门和中国人民解放军总部应当根据国家核事故应急计划，制定相应的核事故应急方案，报国务院指定的部门备案。

4.《突发公共卫生事件应急条例》（2011年1月8日）

  第53条 中国人民解放军、武装警察部队医疗卫生机构参与突发事件应急处理的，依照本条例的规定和军队的相关规定执行。

5.《草原防火条例》（2008年11月29日）

  第31条 扑救草原火灾应当组织和动员专业扑火队和受过专业培训的群众扑火队；接到扑救命令的单位和个人，必须迅速赶赴指定地点，投入扑救工作。

  扑救草原火灾，不得动员残疾人、孕妇、未成年人和老年人参加。

  需要中国人民解放军和中国人民武装警察部队参加草原火灾扑救的，依照《军队参加抢险救灾条例》的有关规定执行。

6.《森林防火条例》（2008年12月1日）

  第25条 森林防火期内，禁止在森林防火区野外用火。因防治病虫鼠害、冻害等特殊情况确需野外用火的，应当经县级人民政府批准，并按照要求采取防火措施，严防失火；需要进入森林防火区进行实弹演习、爆破等活动的，应当经省、自治区、直辖市人民政府林业主管部门批准，并采取必要的防火措施；中国人民解放军和中国人民武装警察部队因处置突发事件和执行其他紧急任务需要进入森林防火区的，应当经其上级主管部门批准，并采取必要的防火措施。

  第36条 武装警察森林部队负责执行国家赋予的森林防火

任务。武装警察森林部队执行森林火灾扑救任务，应当接受火灾发生地县级以上地方人民政府森林防火指挥机构的统一指挥；执行跨省、自治区、直辖市森林火灾扑救任务的，应当接受国家森林防火指挥机构的统一指挥。

中国人民解放军执行森林火灾扑救任务的，依照《军队参加抢险救灾条例》的有关规定执行。

第二十五条　本级人大监督

县级以上人民政府及其设立的突发事件应急指挥机构发布的有关突发事件应对的决定、命令、措施，应当及时报本级人民代表大会常务委员会备案；突发事件应急处置工作结束后，应当向本级人民代表大会常务委员会作出专项工作报告。

第三章　预防与应急准备

第二十六条　应急预案体系

国家建立健全突发事件应急预案体系。

国务院制定国家突发事件总体应急预案，组织制定国家突发事件专项应急预案；国务院有关部门根据各自的职责和国务院相关应急预案，制定国家突发事件部门应急预案并报国务院备案。

地方各级人民政府和县级以上地方人民政府有关部门根据有关法律、法规、规章、上级人民政府及其有关部门的应急预案以及本地区、本部门的实际情况，制定相应的突发事件应急预案并按国务院有关规定备案。

● 行政法规及文件

1. 《国家自然灾害救助应急预案》(2024年1月20日)

1 总 则

1.1 编制目的

以习近平新时代中国特色社会主义思想为指导,深入贯彻落实习近平总书记关于防灾减灾救灾工作的重要指示批示精神,加强党中央对防灾减灾救灾工作的集中统一领导,按照党中央、国务院决策部署,建立健全自然灾害救助体系和运行机制,提升救灾救助工作法治化、规范化、现代化水平,提高防灾减灾救灾和灾害处置保障能力,最大程度减少人员伤亡和财产损失,保障受灾群众基本生活,维护受灾地区社会稳定。

1.2 编制依据

《中华人民共和国防洪法》、《中华人民共和国防震减灾法》、《中华人民共和国气象法》、《中华人民共和国森林法》、《中华人民共和国草原法》、《中华人民共和国防沙治沙法》、《中华人民共和国红十字会法》、《自然灾害救助条例》以及突发事件总体应急预案、突发事件应对有关法律法规等。

1.3 适用范围

本预案适用于我国境内遭受重特大自然灾害时国家层面开展的灾害救助等工作。

1.4 工作原则

坚持人民至上、生命至上,切实把确保人民生命财产安全放在第一位落到实处;坚持统一指挥、综合协调、分级负责、属地管理为主;坚持党委领导、政府负责、社会参与、群众自救,充分发挥基层群众性自治组织和公益性社会组织的作用;坚持安全第一、预防为主,推动防范救援救灾一体化,实现高效有序衔接,强化灾害防抗救全过程管理。

2 组织指挥体系

2.1 国家防灾减灾救灾委员会

国家防灾减灾救灾委员会深入学习贯彻习近平总书记关于防灾减灾救灾工作的重要指示批示精神，贯彻落实党中央、国务院有关决策部署，统筹指导、协调和监督全国防灾减灾救灾工作，研究审议国家防灾减灾救灾的重大政策、重大规划、重要制度以及防御灾害方案并负责组织实施工作，指导建立自然灾害防治体系；协调推动防灾减灾救灾法律法规体系建设，协调解决防灾救灾重大问题，统筹协调开展防灾减灾救灾科普宣传教育和培训，协调开展防灾减灾救灾国际交流与合作；完成党中央、国务院交办的其他事项。

国家防灾减灾救灾委员会负责统筹指导全国的灾害救助工作，协调开展重特大自然灾害救助活动。国家防灾减灾救灾委员会成员单位按照各自职责做好灾害救助相关工作。

2.2 国家防灾减灾救灾委员会办公室

国家防灾减灾救灾委员会办公室负责与相关部门、地方的沟通联络、政策协调、信息通报等，组织开展灾情会商评估、灾害救助等工作，协调落实相关支持政策和措施。主要包括：

（1）组织开展灾情会商核定、灾情趋势研判及救灾需求评估；

（2）协调解决灾害救助重大问题，并研究提出支持措施，推动相关成员单位加强与受灾地区的工作沟通；

（3）调度灾情和救灾工作进展动态，按照有关规定统一发布灾情以及受灾地区需求，并向各成员单位通报；

（4）组织指导开展重特大自然灾害损失综合评估，督促做好倒损住房恢复重建工作；

（5）跟踪督促灾害救助重大决策部署的贯彻落实，推动重要支持措施落地见效，做好中央救灾款物监督和管理，健全完善救灾捐赠款物管理制度。

2.3 专家委员会

国家防灾减灾救灾委员会设立专家委员会,对国家防灾减灾救灾工作重大决策和重要规划提供政策咨询和建议,为国家重特大自然灾害的灾情评估、灾害救助和灾后恢复重建提出咨询意见。

3 灾害救助准备

气象、自然资源、水利、农业农村、海洋、林草、地震等部门及时向国家防灾减灾救灾委员会办公室和履行救灾职责的国家防灾减灾救灾委员会成员单位通报灾害预警预报信息,自然资源部门根据需要及时提供地理信息数据。国家防灾减灾救灾委员会办公室根据灾害预警预报信息,结合可能受影响地区的自然条件、人口和经济社会发展状况,对可能出现的灾情进行预评估,当可能威胁人民生命财产安全、影响基本生活,需要提前采取应对措施时,视情采取以下一项或多项措施:

(1)向可能受影响的省(自治区、直辖市)防灾减灾救灾委员会或应急管理部门通报预警预报信息,提出灾害救助准备工作要求;

(2)加强应急值守,密切跟踪灾害风险变化和发展趋势,对灾害可能造成的损失进行动态评估,及时调整相关措施;

(3)做好救灾物资准备,紧急情况下提前调拨。启动与交通运输、铁路、民航等部门和单位的应急联动机制,做好救灾物资调运准备;

(4)提前派出工作组,实地了解灾害风险,检查指导各项灾害救助准备工作;

(5)根据工作需要,向国家防灾减灾救灾委员会成员单位通报灾害救助准备工作情况,重要情况及时向党中央、国务院报告;

(6)向社会发布预警及相关工作开展情况。

4 灾情信息报告和发布

县级以上应急管理部门按照党中央、国务院关于突发灾害事件信息报送的要求，以及《自然灾害情况统计调查制度》和《特别重大自然灾害损失统计调查制度》等有关规定，做好灾情信息统计报送、核查评估、会商核定和部门间信息共享等工作。

4.1 灾情信息报告

4.1.1 地方各级应急管理部门应严格落实灾情信息报告责任，健全工作制度，规范工作流程，确保灾情信息报告及时、准确、全面，坚决杜绝迟报、瞒报、漏报、虚报灾情信息等情况。

4.1.2 地方各级应急管理部门在接到灾害事件报告后，应在规定时限内向本级党委和政府以及上级应急管理部门报告。县级人民政府有关涉灾部门应及时将本行业灾情通报同级应急管理部门。接到重特大自然灾害事件报告后，地方各级应急管理部门应第一时间向本级党委和政府以及上级应急管理部门报告，同时通过电话或国家应急指挥综合业务系统及时向应急管理部报告。

4.1.3 通过国家自然灾害灾情管理系统汇总上报的灾情信息，要按照《自然灾害情况统计调查制度》和《特别重大自然灾害损失统计调查制度》等规定报送，首报要快，核报要准。特殊紧急情况下（如断电、断路、断网等），可先通过卫星电话、传真等方式报告，后续及时通过系统补报。

4.1.4 地震、山洪、地质灾害等突发性灾害发生后，遇有死亡和失踪人员相关信息认定困难的情况，受灾地区应急管理部门应按照因灾死亡和失踪人员信息"先报后核"的原则，第一时间先上报信息，后续根据认定结果进行核报。

4.1.5 受灾地区应急管理部门要建立因灾死亡和失踪人员信息比对机制，主动与公安、自然资源、交通运输、水利、农业农村、卫生健康等部门沟通协调；对造成重大人员伤亡的灾害事件，及时开展信息比对和跨地区、跨部门会商。部门间数据不一致或定性存在争议的，会同相关部门联合开展调查并出具调查报告，向本级党委和政府报告，同时抄报上一级应急管理部门。

4.1.6 重特大自然灾害灾情稳定前，相关地方各级应急管理部门执行灾情24小时零报告制度，逐级上报上级应急管理部门。灾情稳定后，受灾地区应急管理部门要及时组织相关部门和专家开展灾情核查，客观准确核定各类灾害损失，并及时组织上报。

4.1.7 对于干旱灾害，地方各级应急管理部门应在旱情初显、群众生产生活受到一定影响时，初报灾情；在旱情发展过程中，每10日至少续报一次灾情，直至灾情解除；灾情解除后及时核报。

4.1.8 县级以上人民政府要建立健全灾情会商制度，由县级以上人民政府防灾减灾救灾委员会或应急管理部门针对重特大自然灾害过程、年度灾情等，及时组织相关涉灾部门开展灾情会商，通报灾情信息，全面客观评估、核定灾情，确保各部门灾情数据口径一致。灾害损失等灾情信息要及时通报本级防灾减灾救灾委员会有关成员单位。

4.2 灾情信息发布

灾情信息发布坚持实事求是、及时准确、公开透明的原则。发布形式包括授权发布、组织报道、接受记者采访、举行新闻发布会等。受灾地区人民政府要主动通过应急广播、突发事件预警信息发布系统、重点新闻网站或政府网站、微博、微信、客户端等发布信息。各级广播电视行政管理部门和相关单位应配合应急管理等部门做好预警预报、灾情等信息发布工作。

灾情稳定前，受灾地区县级以上人民政府防灾减灾救灾委员会或应急管理部门应及时向社会滚动发布灾害造成的人员伤亡、财产损失以及救助工作动态、成效、下一步安排等情况；灾情稳定后,应及时评估、核定并按有关规定发布灾害损失情况。

关于灾情核定和发布工作,法律法规另有规定的,从其规定。

5 国家应急响应

根据自然灾害的危害程度、灾害救助工作需要等因素,国家自然灾害救助应急响应分为一级、二级、三级、四级。一级响应级别最高。

5.1 一级响应

5.1.1 启动条件

(一)发生重特大自然灾害,一次灾害过程出现或经会商研判可能出现下列情况之一的,可启动一级响应:

(1)一省(自治区、直辖市)死亡和失踪200人以上(含本数,下同)可启动响应,其相邻省(自治区、直辖市)死亡和失踪160人以上200人以下的可联动启动;

(2)一省(自治区、直辖市)紧急转移安置和需紧急生活救助200万人以上;

(3)一省(自治区、直辖市)倒塌和严重损坏房屋30万间或10万户以上;

(4)干旱灾害造成缺粮或缺水等生活困难,需政府救助人数占该省(自治区、直辖市)农牧业人口30%以上或400万人以上。

(二)党中央、国务院认为需要启动一级响应的其他事项。

5.1.2 启动程序

灾害发生后,国家防灾减灾救灾委员会办公室经分析评估,认定灾情达到启动条件,向国家防灾减灾救灾委员会提出启动一级响应的建议,国家防灾减灾救灾委员会报党中央、国务院决定。必要时,党中央、国务院直接决定启动一级响应。

5.1.3 响应措施

国家防灾减灾救灾委员会主任组织协调国家层面灾害救助工

作，指导支持受灾省（自治区、直辖市）灾害救助工作。国家防灾减灾救灾委员会及其成员单位采取以下措施：

（1）会商研判灾情和救灾形势，研究部署灾害救助工作，对指导支持受灾地区救灾重大事项作出决定，有关情况及时向党中央、国务院报告。

（2）派出由有关部门组成的工作组，赴受灾地区指导灾害救助工作，核查灾情，慰问受灾群众。根据灾情和救灾工作需要，应急管理部可派出先期工作组，赴受灾地区指导开展灾害救助工作。

（3）汇总统计灾情。国家防灾减灾救灾委员会办公室及时掌握灾情和救灾工作动态信息，按照有关规定统一发布灾情，及时发布受灾地区需求。国家防灾减灾救灾委员会有关成员单位做好灾情、受灾地区需求、救灾工作动态等信息共享，每日向国家防灾减灾救灾委员会办公室报告有关情况。必要时，国家防灾减灾救灾委员会专家委员会组织专家开展灾情发展趋势及受灾地区需求评估。

（4）下拨救灾款物。财政部会同应急管理部迅速启动中央救灾资金快速核拨机制，根据初步判断的灾情及时预拨中央自然灾害救灾资金。灾情稳定后，根据地方申请和应急管理部会同有关部门对灾情的核定情况进行清算，支持做好灾害救助工作。国家发展改革委及时下达灾后应急恢复重建中央预算内投资。应急管理部会同国家粮食和储备局紧急调拨中央生活类救灾物资，指导、监督基层救灾应急措施落实和救灾款物发放。交通运输、铁路、民航等部门和单位协调指导开展救灾物资、人员运输与重要通道快速修复等工作，充分发挥物流保通保畅工作机制作用，保障各类救灾物资运输畅通和人员及时转运。

（5）投入救灾力量。应急管理部迅速调派国家综合性消防救援队伍、专业救援队伍投入救灾工作，积极帮助受灾地区转移受灾群众、运送发放救灾物资等。国务院国资委督促中央企业积极参与抢险救援、基础设施抢修恢复等工作，全力支援救灾工作。中央社会工作部统筹指导有关部门和单位，协调组织志愿服务力量参与灾害救助工作。军队有关单位根据国家有关部门和地方人民政府请求，组织协调解放军、武警部队、民兵参与救灾，协助受灾地区人民政府做好灾害救助工作。

（6）安置受灾群众。应急管理部会同有关部门指导受灾地区统筹安置受灾群众，加强集中安置点管理服务，保障受灾群众基本生活。国家卫生健康委、国家疾控局及时组织医疗卫生队伍赴受灾地区协助开展医疗救治、灾后防疫和心理援助等卫生应急工作。

（7）恢复受灾地区秩序。公安部指导加强受灾地区社会治安和道路交通应急管理。国家发展改革委、农业农村部、商务部、市场监管总局、国家粮食和储备局等有关部门做好保障市场供应工作，防止价格大幅波动。应急管理部、国家发展改革委、工业和信息化部组织协调救灾物资装备、防护和消杀用品、药品和医疗器械等生产供应工作。金融监管总局指导做好受灾地区保险理赔和金融支持服务。

（8）抢修基础设施。住房城乡建设部指导灾后房屋建筑和市政基础设施工程的安全应急评估等工作。水利部指导受灾地区水利水电工程设施修复、蓄滞洪区运用及补偿、水利行业供水和村镇应急供水工作。国家能源局指导监管范围内的水电工程修复及电力应急保障等工作。

（9）提供技术支撑。工业和信息化部组织做好受灾地区应急通信保障工作。自然资源部及时提供受灾地区地理信息数据，组织受灾地区现场影像获取等应急测绘，开展灾情监测和空间分析，提供应急测绘保障服务。生态环境部及时监测因灾害导致的生态环境破坏、污染、变化等情况，开展受灾地区生态环境状况调查评估。

（10）启动救灾捐赠。应急管理部会同民政部组织开展全国性救灾捐赠活动，指导具有救灾宗旨的社会组织加强捐赠款物管理、分配和使用；会同外交部、海关总署等有关部门和单位办理外国政府、国际组织等对我中央政府的国际援助事宜。中国红十字会总会依法开展相关救灾工作，开展救灾募捐等活动。

（11）加强新闻宣传。中央宣传部统筹负责新闻宣传和舆论引导工作，指导有关部门和地方建立新闻发布与媒体采访服务管理机制，及时组织新闻发布会，协调指导各级媒体做好新闻宣传。中央网信办、广电总局等按职责组织做好新闻报道和舆论引导工作。

（12）开展损失评估。灾情稳定后，根据党中央、国务院关于灾害评估和恢复重建工作的统一部署，应急管理部会同国务院有关部门，指导受灾省（自治区、直辖市）人民政府组织开展灾害损失综合评估工作，按有关规定统一发布灾害损失情况。

（13）国家防灾减灾救灾委员会其他成员单位按照职责分工，做好有关工作。

（14）国家防灾减灾救灾委员会办公室及时汇总各部门开展灾害救助等工作情况并按程序向党中央、国务院报告。

5.2 二级响应

5.2.1 启动条件

发生重特大自然灾害，一次灾害过程出现或会商研判可能出现下列情况之一的，可启动二级响应：

（1）一省（自治区、直辖市）死亡和失踪100人以上200人以下（不含本数，下同）可启动响应，其相邻省（自治区、直辖市）死亡和失踪80人以上100人以下的可联动启动；

（2）一省（自治区、直辖市）紧急转移安置和需紧急生活救助100万人以上200万人以下；

（3）一省（自治区、直辖市）倒塌和严重损坏房屋20万间或 7 万户以上、30 万间或 10 万户以下；

（4）干旱灾害造成缺粮或缺水等生活困难，需政府救助人数占该省（自治区、直辖市）农牧业人口 25%以上 30%以下或 300 万人以上 400 万人以下。

5.2.2 启动程序

灾害发生后，国家防灾减灾救灾委员会办公室经分析评估，认定灾情达到启动条件，向国家防灾减灾救灾委员会提出启动二级响应的建议，国家防灾减灾救灾委员会副主任（应急管理部主要负责同志）报国家防灾减灾救灾委员会主任决定。

5.2.3 响应措施

国家防灾减灾救灾委员会副主任（应急管理部主要负责同志）组织协调国家层面灾害救助工作，指导支持受灾省（自治区、直辖市）灾害救助工作。国家防灾减灾救灾委员会及其成员单位采取以下措施：

（1）会商研判灾情和救灾形势，研究落实救灾支持政策和措施，重要情况及时向党中央、国务院报告。

（2）派出由有关部门组成的工作组，赴受灾地区指导灾害救助工作，核查灾情，慰问受灾群众。

（3）国家防灾减灾救灾委员会办公室及时掌握灾情和救灾工作动态信息，按照有关规定统一发布灾情，及时发布受灾地区需求。国家防灾减灾救灾委员会有关成员单位做好灾情、受灾地区需求、救灾工作动态等信息共享，每日向国家防灾减灾救灾委员会办公室报告有关情况。必要时，国家防灾减灾救灾委员会专家委员会组织专家开展灾情发展趋势及受灾地区需求评估。

（4）财政部会同应急管理部迅速启动中央救灾资金快速核拨机制，根据初步判断的灾情及时预拨中央自然灾害救灾资金。灾情稳定后，根据地方申请和应急管理部会同有关部门对灾情的核定情况进行清算，支持做好灾害救助工作。国家发展改革委及时下达灾后应急恢复重建中央预算内投资。应急管理部会同国家粮食和储备局紧急调拨中央生活类救灾物资，指导、监督基层救灾应急措施落实和救灾款物发放。交通运输、铁路、民航等部门和单位协调指导开展救灾物资、人员运输与重要通道快速修复等工作，充分发挥物流保通保畅工作机制作用，保障各类救灾物资运输畅通和人员及时转运。

（5）应急管理部迅速调派国家综合性消防救援队伍、专业救援队伍投入救灾工作，积极帮助受灾地区转移受灾群众、运送发放救灾物资等。军队有关单位根据国家有关部门和地方人民政府请求，组织协调解放军、武警部队、民兵参与救灾，协助受灾地区人民政府做好灾害救助工作。

（6）国家卫生健康委、国家疾控局根据需要，及时派出医疗卫生队伍赴受灾地区协助开展医疗救治、灾后防疫和心理援助等卫生应急工作。自然资源部及时提供受灾地区地理信息数据，组织受灾地区现场影像获取等应急测绘，开展灾情监测和空间分析，提供应急测绘保障服务。国务院国资委督促中央企业积极参与抢险救援、基础设施抢修恢复等工作。金融监管总局指导做好受灾地区保险理赔和金融支持服务。

（7）应急管理部会同民政部指导受灾省（自治区、直辖市）开展救灾捐赠活动。中央社会工作部统筹指导有关部门和单位，协调组织志愿服务力量参与灾害救助工作。中国红十字会总会依法开展相关救灾工作，开展救灾募捐等活动。

（8）中央宣传部统筹负责新闻宣传和舆论引导工作，指导有关部门和地方视情及时组织新闻发布会，协调指导各级媒体做好新闻宣传。中央网信办、广电总局等按职责组织做好新闻报道和舆论引导工作。

（9）灾情稳定后，受灾省（自治区、直辖市）人民政府组织开展灾害损失综合评估工作，及时将评估结果报送国家防灾减灾救灾委员会。国家防灾减灾救灾委员会办公室组织核定并按有关规定统一发布灾害损失情况。

（10）国家防灾减灾救灾委员会其他成员单位按照职责分工，做好有关工作。

（11）国家防灾减灾救灾委员会办公室及时汇总各部门开展灾害救助等工作情况并上报。

5.3 三级响应

5.3.1 启动条件

发生重特大自然灾害，一次灾害过程出现或会商研判可能出现下列情况之一的，可启动三级响应：

（1）一省（自治区、直辖市）死亡和失踪 50 人以上 100 人以下可启动响应，其相邻省（自治区、直辖市）死亡和失踪 40 人以上 50 人以下的可联动启动；

（2）一省（自治区、直辖市）紧急转移安置和需紧急生活救助 50 万人以上 100 万人以下；

（3）一省（自治区、直辖市）倒塌和严重损坏房屋 10 万间或 3 万户以上、20 万间或 7 万户以下；

（4）干旱灾害造成缺粮或缺水等生活困难，需政府救助人数占该省（自治区、直辖市）农牧业人口 20%以上 25%以下或 200 万人以上 300 万人以下。

5.3.2 启动程序

灾害发生后，国家防灾减灾救灾委员会办公室经分析评估，认定灾情达到启动条件，向国家防灾减灾救灾委员会提出启动三级响应的建议，国家防灾减灾救灾委员会副主任（应急管理部主要负责同志）决定启动三级响应，并向国家防灾减灾救灾委员会主任报告。

5.3.3 响应措施

国家防灾减灾救灾委员会副主任（应急管理部主要负责同

志）或其委托的国家防灾减灾救灾委员会办公室副主任（应急管理部分管负责同志）组织协调国家层面灾害救助工作，指导支持受灾省（自治区、直辖市）灾害救助工作。国家防灾减灾救灾委员会及其成员单位采取以下措施：

（1）国家防灾减灾救灾委员会办公室组织有关成员单位及受灾省（自治区、直辖市）分析灾情形势，研究落实救灾支持政策和措施，有关情况及时上报国家防灾减灾救灾委员会主任、副主任并通报有关成员单位。

（2）派出由有关部门组成的工作组，赴受灾地区指导灾害救助工作，核查灾情，慰问受灾群众。

（3）国家防灾减灾救灾委员会办公室及时掌握并按照有关规定统一发布灾情和救灾工作动态信息。

（4）财政部会同应急管理部迅速启动中央救灾资金快速核拨机制，根据初步判断的灾情及时预拨部分中央自然灾害救灾资金。灾情稳定后，根据地方申请和应急管理部会同有关部门对灾情的核定情况进行清算，支持做好灾害救助工作。国家发展改革委及时下达灾后应急恢复重建中央预算内投资。应急管理部会同国家粮食和储备局紧急调拨中央生活类救灾物资，指导、监督基层救灾应急措施落实和救灾款物发放。交通运输、铁路、民航等部门和单位协调指导开展救灾物资、人员运输与重要通道快速修复等工作，充分发挥物流保通保畅工作机制作用，保障各类救灾物资运输畅通和人员及时转运。

（5）应急管理部迅速调派国家综合性消防救援队伍、专业救援队伍投入救灾工作，积极帮助受灾地区转移受灾群众、运送发放救灾物资等。军队有关单位根据国家有关部门和地方人民政府请求，组织协调解放军、武警部队、民兵参与救灾，协助受灾地区人民政府做好灾害救助工作。

（6）国家卫生健康委、国家疾控局指导受灾省（自治区、直辖市）做好医疗救治、灾后防疫和心理援助等卫生应急工作。金融监管总局指导做好受灾地区保险理赔和金融支持服务。

（7）中央社会工作部统筹指导有关部门和单位，协调组织志愿服务力量参与灾害救助工作。中国红十字会总会依法开展相关救灾工作。受灾省（自治区、直辖市）根据需要规范有序组织开展救灾捐赠活动。

（8）灾情稳定后，应急管理部指导受灾省（自治区、直辖市）评估、核定灾害损失情况。

（9）国家防灾减灾救灾委员会其他成员单位按照职责分工，做好有关工作。

5.4 四级响应

5.4.1 启动条件

发生重特大自然灾害，一次灾害过程出现或会商研判可能出现下列情况之一的，可启动四级响应：

（1）一省（自治区、直辖市）死亡和失踪 20 人以上 50 人以下；

（2）一省（自治区、直辖市）紧急转移安置和需紧急生活救助 10 万人以上 50 万人以下；

（3）一省（自治区、直辖市）倒塌和严重损坏房屋 1 万间或 3000 户以上、10 万间或 3 万户以下；

（4）干旱灾害造成缺粮或缺水等生活困难，需政府救助人数占该省（自治区、直辖市）农牧业人口 15% 以上 20% 以下或 100 万人以上 200 万人以下。

5.4.2 启动程序

灾害发生后，国家防灾减灾救灾委员会办公室经分析评估，认定灾情达到启动条件，国家防灾减灾救灾委员会办公室副主任（应急管理部分管负责同志）决定启动四级响应，并向国家防灾减灾救灾委员会副主任（应急管理部主要负责同志）报告。

5.4.3 响应措施

国家防灾减灾救灾委员会办公室组织协调国家层面灾害救助工作，指导支持受灾省（自治区、直辖市）灾害救助工作。国家防灾减灾救灾委员会及其成员单位采取以下措施：

（1）国家防灾减灾救灾委员会办公室组织有关部门和单位分析灾情形势，研究落实救灾支持政策和措施，有关情况及时上报国家防灾减灾救灾委员会主任、副主任并通报有关成员单位。

（2）国家防灾减灾救灾委员会办公室派出工作组，赴受灾地区协助指导地方开展灾害救助工作，核查灾情，慰问受灾群众。必要时，可由有关部门组成联合工作组。

（3）国家防灾减灾救灾委员会办公室及时掌握并按照有关规定统一发布灾情和救灾工作动态信息。

（4）财政部会同应急管理部迅速启动中央救灾资金快速核拨机制，根据初步判断的灾情及时预拨部分中央自然灾害救灾资金。灾情稳定后，根据地方申请和应急管理部会同有关部门对灾情的核定情况进行清算，支持做好灾害救助工作。国家发展改革委及时下达灾后应急恢复重建中央预算内投资。应急管理部会同国家粮食和储备局紧急调拨中央生活类救灾物资，指导、监督基层救灾应急措施落实和救灾款物发放。交通运输、铁路、民航等部门和单位协调指导开展救灾物资、人员运输与重要通道快速修复等工作，充分发挥物流保通保畅工作机制作用，保障各类救灾物资运输畅通和人员及时转运。

（5）应急管理部迅速调派国家综合性消防救援队伍、专业救援队伍投入救灾工作，积极帮助受灾地区转移受灾群众、运送发放救灾物资等。军队有关单位根据国家有关部门和地方人民政府请求，组织协调解放军、武警部队、民兵参与救灾，协助受灾地区人民政府做好灾害救助工作。

（6）国家卫生健康委、国家疾控局指导受灾省（自治区、直辖市）做好医疗救治、灾后防疫和心理援助等卫生应急工作。

（7）国家防灾减灾救灾委员会其他成员单位按照职责分工，做好有关工作。

5.5 启动条件调整

对灾害发生在敏感地区、敏感时间或救助能力薄弱的革命老区、民族地区、边疆地区、欠发达地区等特殊情况，或灾害对受灾省（自治区、直辖市）经济社会造成重大影响时，相关应急响应启动条件可酌情降低。

5.6 响应联动

对已启动国家防汛抗旱防台风、地震、地质灾害、森林草原火灾应急响应的，国家防灾减灾救灾委员会办公室要强化灾情态势会商，必要时按照本预案规定启动国家自然灾害救助应急响应。

省（自治区、直辖市）启动三级以上省级自然灾害救助应急响应的，应及时向应急管理部报告。启动国家自然灾害救助应急响应后，国家防灾减灾救灾委员会办公室、应急管理部向相关省（自治区、直辖市）通报，所涉及省（自治区、直辖市）要立即启动省级自然灾害救助应急响应，并加强会商研判，根据灾情发展变化及时作出调整。

5.7 响应终止

救灾应急工作结束后，经研判，国家防灾减灾救灾委员会办公室提出建议，按启动响应的相应权限终止响应。

6 灾后救助

6.1 过渡期生活救助

6.1.1 灾害救助应急工作结束后，受灾地区应急管理部门及时组织将因灾房屋倒塌或严重损坏需恢复重建无房可住人员、因次生灾害威胁在外安置无法返家人员、因灾损失严重缺少生活来源人员等纳入过渡期生活救助范围。

6.1.2 对启动国家自然灾害救助应急响应的灾害，国家防灾减灾救灾委员会办公室、应急管理部要指导受灾地区应急管理部门统计摸排受灾群众过渡期生活救助需求情况，明确需救助人员规模，及时建立台账，并统计生活救助物资等需求。

6.1.3 根据省级财政、应急管理部门的资金申请以及需救助人员规模，财政部会同应急管理部按相关政策规定下达过渡期生活救助资金。应急管理部指导做好过渡期生活救助的人员核定、资金发放等工作，督促做好受灾群众过渡期基本生活保障工作。

6.1.4 国家防灾减灾救灾委员会办公室、应急管理部、财政部监督检查受灾地区过渡期生活救助政策和措施的落实情况，视情通报救助工作开展情况。

6.2 倒损住房恢复重建

6.2.1 因灾倒损住房恢复重建由受灾地区县级人民政府负责组织实施，提供资金支持，制定完善因灾倒损住房恢复重建补助资金管理有关标准规范，确保补助资金规范有序发放到受灾群众手中。

6.2.2 恢复重建资金等通过政府救助、社会互助、自行筹措、政策优惠等多种途径解决，并鼓励通过邻里帮工帮料、以工代赈等方式实施恢复重建。积极发挥商业保险经济补偿作用，发展城乡居民住宅地震巨灾保险、农村住房保险、灾害民生保险等相关保险，完善市场化筹集恢复重建资金机制，帮助解决受灾群众基本住房问题。

6.2.3 恢复重建规划和房屋设计要尊重群众意愿，加强全国自然灾害综合风险普查成果转化运用，因地制宜确定方案，科学安排项目选址，合理布局，避开地震断裂带、洪涝灾害高风险区、地质灾害隐患点等，避让地质灾害极高和高风险区。无法避让地质灾害极高和高风险区的，必须采取工程防治措施，提高抗灾设防能力，确保安全。

6.2.4 对启动国家自然灾害救助应急响应的灾害，应急管理部根据省级应急管理部门倒损住房核定情况，视情组织评估组，参考其他灾害管理部门评估数据，对因灾倒损住房情况进行综合评估，明确需恢复重建救助对象规模。

6.2.5 根据省级财政、应急管理部门的资金申请以及需恢复重建救助对象规模，财政部会同应急管理部按相关政策规定下达因灾倒损住房恢复重建补助资金。

6.2.6 倒损住房恢复重建工作结束后，地方应急管理部门应采取实地调查、抽样调查等方式，对本地因灾倒损住房恢复重建补助资金管理使用工作开展绩效评价，并将评价结果报上一级应急管理部门。应急管理部收到省级应急管理部门上报的本行政区域内绩效评价情况后，通过实地抽查等方式，对全国因灾倒损住房恢复重建补助资金管理使用工作进行绩效评价。

6.2.7 住房城乡建设部门负责倒损住房恢复重建的技术服务和指导，强化质量安全管理。自然资源部门负责做好灾后重建项目地质灾害危险性评估审查，根据评估结论指导地方做好必要的综合治理；做好国土空间规划、计划安排和土地整治，同时做好建房选址，加快用地、规划审批，简化审批手续。其他有关部门按照各自职责，制定优惠政策，支持做好住房恢复重建工作。

6.3 **冬春救助**

6.3.1 受灾地区人民政府负责解决受灾群众在灾害发生后的当年冬季、次年春季遇到的基本生活困难。国家防灾减灾救灾委员会办公室、应急管理部、财政部根据党中央、国务院有关部署加强统筹指导，地方各级应急管理部门、财政部门抓好落实。

6.3.2 国家防灾减灾救灾委员会办公室、应急管理部每年9月下旬开展受灾群众冬春生活困难情况调查，并会同省级应急管理部门开展受灾群众生活困难状况评估，核实情况，明确全国需救助人员规模。

6.3.3 受灾地区县级应急管理部门应在每年 10 月底前统计、评估本行政区域受灾群众当年冬季、次年春季的基本生活救助需求，核实救助人员，编制工作台账，制定救助工作方案，经本级党委和政府批准后组织实施，并报上一级应急管理部门备案。

6.3.4 根据省级财政、应急管理部门的资金申请以及全国需救助人员规模，财政部会同应急管理部按相关政策规定下达中央冬春救助资金，专项用于帮助解决受灾群众冬春基本生活困难。

6.3.5 地方各级应急管理部门会同有关部门组织调拨发放衣被等物资，应急管理部会同财政部、国家粮食和储备局根据地方申请视情调拨中央救灾物资予以支持。

7 保障措施

7.1 资金保障

7.1.1 县级以上地方党委和政府将灾害救助工作纳入国民经济和社会发展规划，建立健全与灾害救助需求相适应的资金、物资保障机制，将自然灾害救灾资金和灾害救助工作经费纳入财政预算。

7.1.2 中央财政每年综合考虑有关部门灾情预测和此前年度实际支出等因素，合理安排中央自然灾害救灾资金预算，支持地方党委和政府履行自然灾害救灾主体责任，用于组织开展重特大自然灾害救灾和受灾群众救助等工作。

7.1.3 财政部、应急管理部建立健全中央救灾资金快速核拨机制，根据灾情和救灾工作进展，按照及时快速、充分保障的原则预拨救灾资金，满足受灾地区灾害救助工作资金急需。灾情稳定后，及时对预拨资金进行清算。国家发展改革委及时下达灾后应急恢复重建中央预算内投资。

7.1.4 中央和地方各级人民政府根据经济社会发展水平、

自然灾害生活救助成本等因素，适时调整自然灾害救助政策和相关补助标准，着力解决好受灾群众急难愁盼问题。

7.2 物资保障

7.2.1 充分利用现有国家储备仓储资源，合理规划、建设中央救灾物资储备库；设区的市级及以上人民政府、灾害多发易发地区的县级人民政府、交通不便或灾害事故风险等级高地区的乡镇人民政府，应根据灾害特点、居民人口数量和分布等情况，按照布局合理、规模适度的原则，设立救灾物资储备库（点）。优化救灾物资储备库布局，完善救灾物资储备库的仓储条件、设施和功能，形成救灾物资储备网络。救灾物资储备库（点）建设应统筹考虑各行业应急处置、抢险救灾等方面需要。

7.2.2 制定救灾物资保障规划，科学合理确定储备品种和规模。省、市、县、乡级人民政府应参照中央应急物资品种要求，结合本地区灾害事故特点，储备能够满足本行政区域启动二级响应需求的救灾物资，并留有安全冗余。建立健全救灾物资采购和储备制度，每年根据应对重特大自然灾害需求，及时补充更新救灾物资。按照实物储备和能力储备相结合的原则，提升企业产能保障能力，优化救灾物资产能布局。依托国家应急资源管理平台，搭建重要救灾物资生产企业数据库。建立健全应急状态下集中生产调度和紧急采购供应机制，提升救灾物资保障的社会协同能力。

7.2.3 依托应急管理、粮食和储备等部门中央级、区域级、省级骨干库建立救灾物资调运配送中心。建立健全救灾物资紧急调拨和运输制度，配备运输车辆装备，优化仓储运输衔接，提升救灾物资前沿投送能力。充分发挥各级物流保通保畅工作机制作用，提高救灾物资装卸、流转效率。增强应急调运水平，与市场化程度高、集散能力强的物流企业建立战略合作，探索推进救灾物资集装单元化储运能力建设。

7.2.4 制定完善救灾物资品种目录和质量技术标准、储备库（点）建设和管理标准，加强救灾物资保障全过程信息化管理。建立健全救灾物资应急征用补偿机制。

7.3 通信和信息保障

7.3.1 工业和信息化部健全国家应急通信保障体系，增强通信网络容灾抗毁韧性，加强基层应急通信装备预置，提升受灾地区应急通信抢通、保通、畅通能力。

7.3.2 加强国家自然灾害灾情管理系统建设，指导地方基于应急宽带 VSAT 卫星网和战备应急短波网等建设、管理应急通信网络，确保中央和地方各级党委和政府、军队有关指挥机构及时准确掌握重大灾情。

7.3.3 充分利用现有资源、设备，完善灾情和数据共享平台，健全灾情共享机制，强化数据及时共享。加强灾害救助工作信息化建设。

7.4 装备和设施保障

7.4.1 国家防灾减灾救灾委员会有关成员单位应协调为基层配备灾害救助必需的设备和装备。县级以上地方党委和政府要配置完善调度指挥、会商研判、业务保障等设施设备和系统，为防灾重点区域和高风险乡镇、村组配备必要装备，提升基层自救互救能力。

7.4.2 县级以上地方党委和政府应根据发展规划、国土空间总体规划等，结合居民人口数量和分布等情况，统筹推进应急避难场所规划、建设和管理工作，明确相关技术标准，统筹利用学校、公园绿地、广场、文体场馆等公共设施和场地空间建设综合性应急避难场所，科学合理确定应急避难场所数量规模、等级类别、服务半径、设施设备物资配置指标等，并设置明显标志。灾害多发易发地区可规划建设专用应急避难场所。

7.4.3 灾情发生后，县级以上地方党委和政府要视情及时启用开放各类应急避难场所，科学设置受灾群众安置点，避开山洪、地质灾害隐患点及其他危险区域，避免次生灾害。同时，要加强安置点消防安全、卫生医疗、防疫消杀、食品安全、治安等保障，确保安置点安全有序。

7.5 人力资源保障

7.5.1 加强自然灾害各类专业救灾队伍建设、灾害管理人员队伍建设，提高灾害救助能力。支持、培育和发展相关社会组织、社会工作者和志愿者队伍，鼓励和引导其在救灾工作中发挥积极作用。

7.5.2 组织应急管理、自然资源、住房城乡建设、生态环境、交通运输、水利、农业农村、商务、卫生健康、林草、地震、消防救援、气象、电力、红十字会等方面专家，重点开展灾情会商、赴受灾地区现场评估及灾害管理的业务咨询工作。

7.5.3 落实灾害信息员培训制度，建立健全覆盖省、市、县、乡镇（街道）、村（社区）的灾害信息员队伍。村民委员会、居民委员会和企事业单位应设立专职或者兼职的灾害信息员。

7.6 社会动员保障

7.6.1 建立健全灾害救助协同联动机制，引导社会力量有序参与。

7.6.2 完善非灾区支援灾区、轻灾区支援重灾区的救助对口支援机制。

7.6.3 健全完善灾害应急救援救助平台，引导社会力量和公众通过平台开展相关活动，持续优化平台功能，不断提升平台能力。

7.6.4 科学组织、有效引导，充分发挥乡镇党委和政府、街道办事处、村民委员会、居民委员会、企事业单位、社会组织、社会工作者和志愿者在灾害救助中的作用。

7.7 科技保障

7.7.1 建立健全应急减灾卫星、气象卫星、海洋卫星、资源卫星、航空遥感等对地监测系统，发展地面应用系统和航空平台系统，建立基于遥感、地理信息系统、模拟仿真、计算机网络等技术的"天地空"一体化灾害监测预警、分析评估和应急决策支持系统。开展地方空间技术减灾应用示范和培训工作。

7.7.2 组织应急管理、自然资源、生态环境、交通运输、水利、农业农村、卫生健康、林草、地震、消防救援、气象等方面专家开展自然灾害综合风险普查，及时完善全国自然灾害风险和防治区划图，制定相关技术和管理标准。

7.7.3 支持鼓励高等院校、科研院所、企事业单位和社会组织开展灾害相关领域的科学研究，加强对全球先进应急装备的跟踪研究，加大技术装备开发、推广应用力度，建立合作机制，鼓励防灾减灾救灾政策理论研究。

7.7.4 利用空间与重大灾害国际宪章、联合国灾害管理与应急反应天基信息平台等国际合作机制，拓展灾害遥感信息资源渠道，加强国际合作。

7.7.5 开展国家应急广播相关技术、标准研究，建立健全国家应急广播体系，实现灾情预警预报和减灾救灾信息全面立体覆盖。通过国家突发事件预警信息发布系统及时向公众发布灾害预警信息，综合运用各类手段确保直达基层一线。

7.8 宣传和培训

进一步加强突发事件应急科普宣教工作，组织开展全国性防灾减灾救灾宣传活动，利用各种媒体宣传应急法律法规和灾害预防、避险、避灾、自救、互救、保险常识，组织好"全国防灾减灾日"、"国际减灾日"、"世界急救日"、"世界气象日"、"全国科普日"、"全国科技活动周"、"全国消防日"和"国际民防日"等活动，加强防灾减灾救灾科普宣传，提高公民防灾减灾救灾意识和能力。积极推进社区减灾活动，推动综合减灾示范社区建设，筑牢防灾减灾救灾人民防线。

组织开展对地方各级党委和政府分管负责人、灾害管理人员和专业救援队伍、社会工作者和志愿者的培训。

8 附　　则

8.1 术语解释

本预案所称自然灾害主要包括洪涝、干旱等水旱灾害，台风、风雹、低温冷冻、高温、雪灾、沙尘暴等气象灾害，地震灾害，崩塌、滑坡、泥石流等地质灾害，风暴潮、海浪、海啸、海冰等海洋灾害，森林草原火灾和重大生物灾害等。

8.2 责任与奖惩

各地区、各部门要切实压实责任，严格落实任务要求，对在灾害救助过程中表现突出、作出突出贡献的集体和个人，按照国家有关规定给予表彰奖励；对玩忽职守造成损失的，依据国家有关法律法规追究当事人责任，构成犯罪的，依法追究其刑事责任。

8.3 预案管理

8.3.1 本预案由应急管理部负责组织编制，报国务院批准后实施。预案实施过程中，应急管理部应结合重特大自然灾害应对处置情况，适时召集有关部门和专家开展复盘、评估，并根据灾害救助工作需要及时修订完善。

8.3.2 有关部门和单位可根据实际制定落实本预案任务的工作手册、行动方案等，确保责任落实到位。

8.3.3 地方各级党委和政府的防灾减灾救灾综合协调机构，应根据本预案修订本级自然灾害救助应急预案，省级预案报应急管理部备案。应急管理部加强对地方各级自然灾害救助应急预案的指导检查，督促地方动态完善预案。

8.3.4 国家防灾减灾救灾委员会办公室协调国家防灾减灾救灾委员会成员单位制定本预案宣传培训和演练计划，并定期组织演练。

8.3.5　本预案由国家防灾减灾救灾委员会办公室负责解释。

8.4　参照情形

发生自然灾害以外的其他类型突发事件，根据需要可参照本预案开展救助工作。

8.5　预案实施时间

本预案自印发之日起实施。

2.《突发事件应急预案管理办法》（2024年1月31日）

第一章　总　　则

第 1 条　为加强突发事件应急预案（以下简称应急预案）体系建设，规范应急预案管理，增强应急预案的针对性、实用性和可操作性，依据《中华人民共和国突发事件应对法》等法律、行政法规，制定本办法。

第 2 条　本办法所称应急预案，是指各级人民政府及其部门、基层组织、企事业单位和社会组织等为依法、迅速、科学、有序应对突发事件，最大程度减少突发事件及其造成的损害而预先制定的方案。

第 3 条　应急预案的规划、编制、审批、发布、备案、培训、宣传、演练、评估、修订等工作，适用本办法。

第 4 条　应急预案管理遵循统一规划、综合协调、分类指导、分级负责、动态管理的原则。

第 5 条　国务院统一领导全国应急预案体系建设和管理工作，县级以上地方人民政府负责领导本行政区域内应急预案体系建设和管理工作。

突发事件应对有关部门在各自职责范围内，负责本部门（行业、领域）应急预案管理工作；县级以上人民政府应急管理部门负责指导应急预案管理工作，综合协调应急预案衔接工作。

第 6 条　国务院应急管理部门统筹协调各地区各部门应急预

案数据库管理，推动实现应急预案数据共享共用。各地区各部门负责本行政区域、本部门（行业、领域）应急预案数据管理。

县级以上人民政府及其有关部门要注重运用信息化数字化智能化技术，推进应急预案管理理念、模式、手段、方法等创新，充分发挥应急预案牵引应急准备、指导处置救援的作用。

第二章 分类与内容

第 7 条 按照制定主体划分，应急预案分为政府及其部门应急预案、单位和基层组织应急预案两大类。

政府及其部门应急预案包括总体应急预案、专项应急预案、部门应急预案等。

单位和基层组织应急预案包括企事业单位、村民委员会、居民委员会、社会组织等编制的应急预案。

第 8 条 总体应急预案是人民政府组织应对突发事件的总体制度安排。

总体应急预案围绕突发事件事前、事中、事后全过程，主要明确应对工作的总体要求、事件分类分级、预案体系构成、组织指挥体系与职责，以及风险防控、监测预警、处置救援、应急保障、恢复重建、预案管理等内容。

第 9 条 专项应急预案是人民政府为应对某一类型或某几种类型突发事件，或者针对重要目标保护、重大活动保障、应急保障等重要专项工作而预先制定的涉及多个部门职责的方案。

部门应急预案是人民政府有关部门根据总体应急预案、专项应急预案和部门职责，为应对本部门（行业、领域）突发事件，或者针对重要目标保护、重大活动保障、应急保障等涉及部门工作而预先制定的方案。

第 10 条 针对突发事件应对的专项和部门应急预案，主要规定县级以上人民政府或有关部门相关突发事件应对工作的组织指挥体系和专项工作安排，不同层级预案内容各有侧重，涉及相邻或相关地方人民政府、部门、单位任务的应当沟通一致后明确。

国家层面专项和部门应急预案侧重明确突发事件的应对原则、组织指挥机制、预警分级和事件分级标准、响应分级、信息报告要求、应急保障措施等，重点规范国家层面应对行动，同时体现政策性和指导性。

省级专项和部门应急预案侧重明确突发事件的组织指挥机制、监测预警、分级响应及响应行动、队伍物资保障及市县级人民政府职责等，重点规范省级层面应对行动，同时体现指导性和实用性。

市县级专项和部门应急预案侧重明确突发事件的组织指挥机制、风险管控、监测预警、信息报告、组织自救互救、应急处置措施、现场管控、队伍物资保障等内容，重点规范市（地）级和县级层面应对行动，落实相关任务，细化工作流程，体现应急处置的主体职责和针对性、可操作性。

第11条　为突发事件应对工作提供通信、交通运输、医学救援、物资装备、能源、资金以及新闻宣传、秩序维护、慈善捐赠、灾害救助等保障功能的专项和部门应急预案侧重明确组织指挥机制、主要任务、资源布局、资源调用或应急响应程序、具体措施等内容。

针对重要基础设施、生命线工程等重要目标保护的专项和部门应急预案，侧重明确关键功能和部位、风险隐患及防范措施、监测预警、信息报告、应急处置和紧急恢复、应急联动等内容。

第12条　重大活动主办或承办机构应当结合实际情况组织编制重大活动保障应急预案，侧重明确组织指挥体系、主要任务、安全风险及防范措施、应急联动、监测预警、信息报告、应急处置、人员疏散撤离组织和路线等内容。

第13条　相邻或相关地方人民政府及其有关部门可以联合制定应对区域性、流域性突发事件的联合应急预案，侧重明确地方人民政府及其部门间信息通报、组织指挥体系对接、处置措施衔接、应急资源保障等内容。

第14条 国家有关部门和超大特大城市人民政府可以结合行业（地区）风险评估实际，制定巨灾应急预案，统筹本部门（行业、领域）、本地区巨灾应对工作。

第15条 乡镇（街道）应急预案重点规范乡镇（街道）层面应对行动，侧重明确突发事件的预警信息传播、任务分工、处置措施、信息收集报告、现场管理、人员疏散与安置等内容。

村（社区）应急预案侧重明确风险点位、应急响应责任人、预警信息传播与响应、人员转移避险、应急处置措施、应急资源调用等内容。

乡镇（街道）、村（社区）应急预案的形式、要素和内容等，可结合实际灵活确定，力求简明实用，突出人员转移避险，体现先期处置特点。

第16条 单位应急预案侧重明确应急响应责任人、风险隐患监测、主要任务、信息报告、预警和应急响应、应急处置措施、人员疏散转移、应急资源调用等内容。

大型企业集团可根据相关标准规范和实际工作需要，建立本集团应急预案体系。

安全风险单一、危险性小的生产经营单位，可结合实际简化应急预案要素和内容。

第17条 应急预案涉及的有关部门、单位等可以结合实际编制应急工作手册，内容一般包括应急响应措施、处置工作程序、应急救援队伍、物资装备、联络人员和电话等。

应急救援队伍、保障力量等应当结合实际情况，针对需要参与突发事件应对的具体任务编制行动方案，侧重明确应急响应、指挥协同、力量编成、行动设想、综合保障、其他有关措施等具体内容。

第三章 规划与编制

第18条 国务院应急管理部门会同有关部门编制应急预案制修订工作计划,报国务院批准后实施。县级以上地方人民政府应急管理部门应当会同有关部门,针对本行政区域多发易发突发事件、主要风险等,编制本行政区域应急预案制修订工作计划,报本级人民政府批准后实施,并抄送上一级人民政府应急管理部门。

县级以上人民政府有关部门可以结合实际制定本部门(行业、领域)应急预案编制计划,并抄送同级应急管理部门。县级以上地方人民政府有关部门应急预案编制计划同时抄送上一级相应部门。

应急预案编制计划应当根据国民经济和社会发展规划、突发事件应对工作实际,适时予以调整。

第19条 县级以上人民政府总体应急预案由本级人民政府应急管理部门组织编制,专项应急预案由本级人民政府相关类别突发事件应对牵头部门组织编制。县级以上人民政府部门应急预案、乡级人民政府、单位和基层组织等应急预案由有关制定单位组织编制。

第20条 应急预案编制部门和单位根据需要组成应急预案编制工作小组,吸收有关部门和单位人员、有关专家及有应急处置工作经验的人员参加。编制工作小组组长由应急预案编制部门或单位有关负责人担任。

第21条 编制应急预案应当依据有关法律、法规、规章和标准,紧密结合实际,在开展风险评估、资源调查、案例分析的基础上进行。

风险评估主要是识别突发事件风险及其可能产生的后果和次生(衍生)灾害事件,评估可能造成的危害程度和影响范围等。

资源调查主要是全面调查本地区、本单位应对突发事件可用的应急救援队伍、物资装备、场所和通过改造可以利用的应急资源状况，合作区域内可以请求援助的应急资源状况，重要基础设施容灾保障及备用状况，以及可以通过潜力转换提供应急资源的状况，为制定应急响应措施提供依据。必要时，也可根据突发事件应对需要，对本地区相关单位和居民所掌握的应急资源情况进行调查。

案例分析主要是对典型突发事件的发生演化规律、造成的后果和处置救援等情况进行复盘研究，必要时构建突发事件情景，总结经验教训，明确应对流程、职责任务和应对措施，为制定应急预案提供参考借鉴。

第22条 政府及其有关部门在应急预案编制过程中，应当广泛听取意见，组织专家论证，做好与相关应急预案及国防动员实施预案的衔接。涉及其他单位职责的，应当书面征求意见。必要时，向社会公开征求意见。

单位和基层组织在应急预案编制过程中，应根据法律法规要求或实际需要，征求相关公民、法人或其他组织的意见。

第四章 审批、发布、备案

第23条 应急预案编制工作小组或牵头单位应当将应急预案送审稿、征求意见情况、编制说明等有关材料报送应急预案审批单位。因保密等原因需要发布应急预案简本的，应当将应急预案简本一并报送审批。

第24条 应急预案审核内容主要包括：

（一）预案是否符合有关法律、法规、规章和标准等规定；

（二）预案是否符合上位预案要求并与有关预案有效衔接；

（三）框架结构是否清晰合理，主体内容是否完备；

（四）组织指挥体系与责任分工是否合理明确，应急响应级别设计是否合理，应对措施是否具体简明、管用可行；

（五）各方面意见是否一致；

（六）其他需要审核的内容。

第25条　国家总体应急预案按程序报党中央、国务院审批，以党中央、国务院名义印发。专项应急预案由预案编制牵头部门送应急管理部衔接协调后，报国务院审批，以国务院办公厅或者有关应急指挥机构名义印发。部门应急预案由部门会议审议决定、以部门名义印发，涉及其他部门职责的可与有关部门联合印发；必要时，可以由国务院办公厅转发。

地方各级人民政府总体应急预案按程序报本级党委和政府审批，以本级党委和政府名义印发。专项应急预案按程序送本级应急管理部门衔接协调，报本级人民政府审批，以本级人民政府办公厅（室）或者有关应急指挥机构名义印发。部门应急预案审批印发程序按照本级人民政府和上级有关部门的应急预案管理规定执行。

重大活动保障应急预案、巨灾应急预案由本级人民政府或其部门审批，跨行政区域联合应急预案审批由相关人民政府或其授权的部门协商确定，并参照专项应急预案或部门应急预案管理。

单位和基层组织应急预案须经本单位或基层组织主要负责人签发，以本单位或基层组织名义印发，审批方式根据所在地人民政府及有关行业管理部门规定和实际情况确定。

第26条　应急预案审批单位应当在应急预案印发后的20个工作日内，将应急预案正式印发文本（含电子文本）及编制说明，依照下列规定向有关单位备案并抄送有关部门：

（一）县级以上地方人民政府总体应急预案报上一级人民政府备案，径送上一级人民政府应急管理部门，同时抄送上一级人民政府有关部门；

（二）县级以上地方人民政府专项应急预案报上一级人民政府相应牵头部门备案，同时抄送上一级人民政府应急管理部门和有关部门；

（三）部门应急预案报本级人民政府备案，径送本级应急管理部门，同时抄送本级有关部门；

（四）联合应急预案按所涉及区域，依据专项应急预案或部门应急预案有关规定备案，同时抄送本地区上一级或共同上一级人民政府应急管理部门和有关部门；

（五）涉及需要与所在地人民政府联合应急处置的中央单位应急预案，应当报所在地县级人民政府备案，同时抄送本级应急管理部门和突发事件应对牵头部门；

（六）乡镇（街道）应急预案报上一级人民政府备案，径送上一级人民政府应急管理部门，同时抄送上一级人民政府有关部门。村（社区）应急预案报乡镇（街道）备案；

（七）中央企业集团总体应急预案报应急管理部备案，抄送企业主管机构、行业主管部门、监管部门；有关专项应急预案向国家突发事件应对牵头部门备案，抄送应急管理部、企业主管机构、行业主管部门、监管部门等有关单位。中央企业集团所属单位、权属企业的总体应急预案按管理权限报所在地人民政府应急管理部门备案，抄送企业主管机构、行业主管部门、监管部门；专项应急预案按管理权限报所在地行业监管部门备案，抄送应急管理部门和有关企业主管机构、行业主管部门。

第27条 国务院履行应急预案备案管理职责的部门和省级人民政府应当建立应急预案备案管理制度。县级以上地方人民政府有关部门落实有关规定，指导、督促有关单位做好应急预案备案工作。

第28条 政府及其部门应急预案应当在正式印发后20个工作日内向社会公开。单位和基层组织应急预案应当在正式印发后20个工作日内向本单位以及可能受影响的其他单位和地区公开。

第五章 培训、宣传、演练

第29条 应急预案发布后，其编制单位应做好组织实施和解读工作，并跟踪应急预案落实情况，了解有关方面和社会公众的意见建议。

第30条　应急预案编制单位应当通过编发培训材料、举办培训班、开展工作研讨等方式，对与应急预案实施密切相关的管理人员、专业救援人员等进行培训。

各级人民政府及其有关部门应将应急预案培训作为有关业务培训的重要内容，纳入领导干部、公务员等日常培训内容。

第31条　对需要公众广泛参与的非涉密的应急预案，编制单位应当充分利用互联网、广播、电视、报刊等多种媒体广泛宣传，制作通俗易懂、好记管用的宣传普及材料，向公众免费发放。

第32条　应急预案编制单位应当建立应急预案演练制度，通过采取形式多样的方式方法，对应急预案所涉及的单位、人员、装备、设施等组织演练。通过演练发现问题、解决问题，进一步修改完善应急预案。

专项应急预案、部门应急预案每3年至少进行一次演练。

地震、台风、风暴潮、洪涝、山洪、滑坡、泥石流、森林草原火灾等自然灾害易发区域所在地人民政府，重要基础设施和城市供水、供电、供气、供油、供热等生命线工程经营管理单位，矿山、金属冶炼、建筑施工单位和易燃易爆物品、化学品、放射性物品等危险物品生产、经营、使用、储存、运输、废弃处置单位，公共交通工具、公共场所和医院、学校等人员密集场所的经营单位或者管理单位等，应当有针对性地组织开展应急预案演练。

第33条　应急预案演练组织单位应当加强演练评估，主要内容包括：演练的执行情况，应急预案的实用性和可操作性，指挥协调和应急联动机制运行情况，应急人员的处置情况，演练所用设备装备的适用性，对完善应急预案、应急准备、应急机制、应急措施等方面的意见和建议等。

各地区各有关部门加强对本行政区域、本部门（行业、领域）应急预案演练的评估指导。根据需要，应急管理部门会同有关部门组织对下级人民政府及其有关部门组织的应急预案演练情况进行评估指导。

鼓励委托第三方专业机构进行应急预案演练评估。

第六章　评估与修订

第34条　应急预案编制单位应当建立应急预案定期评估制度，分析应急预案内容的针对性、实用性和可操作性等，实现应急预案的动态优化和科学规范管理。

县级以上地方人民政府及其有关部门应急预案原则上每3年评估一次。应急预案的评估工作，可以委托第三方专业机构组织实施。

第35条　有下列情形之一的，应当及时修订应急预案：

（一）有关法律、法规、规章、标准、上位预案中的有关规定发生重大变化的；

（二）应急指挥机构及其职责发生重大调整的；

（三）面临的风险发生重大变化的；

（四）重要应急资源发生重大变化的；

（五）在突发事件实际应对和应急演练中发现问题需要作出重大调整的；

（六）应急预案制定单位认为应当修订的其他情况。

第36条　应急预案修订涉及组织指挥体系与职责、应急处置程序、主要处置措施、突发事件分级标准等重要内容的，修订工作应参照本办法规定的应急预案编制、审批、备案、发布程序组织进行。仅涉及其他内容的，修订程序可根据情况适当简化。

第37条　各级人民政府及其部门、企事业单位、社会组织、公民等，可以向有关应急预案编制单位提出修订建议。

第七章　保障措施

第38条　各级人民政府及其有关部门、各有关单位要指定专门机构和人员负责相关具体工作，将应急预案规划、编制、审批、发布、备案、培训、宣传、演练、评估、修订等所需经费纳入预算统筹安排。

第39条　国务院有关部门应加强对本部门（行业、领域）应急预案管理工作的指导和监督，并根据需要编写应急预案编制指南。县级以上地方人民政府及其有关部门应对本行政区域、本部门（行业、领域）应急预案管理工作加强指导和监督。

第八章　附　　则

第40条　国务院有关部门、地方各级人民政府及其有关部门、大型企业集团等可根据实际情况，制定相关应急预案管理实施办法。

第41条　法律、法规、规章另有规定的从其规定，确需保密的应急预案按有关规定执行。

第42条　本办法由国务院应急管理部门负责解释。

第43条　本办法自印发之日起施行。

第二十七条　应急预案衔接

县级以上人民政府应急管理部门指导突发事件应急预案体系建设，综合协调应急预案衔接工作，增强有关应急预案的衔接性和实效性。

第二十八条　应急预案制定依据与内容

应急预案应当根据本法和其他有关法律、法规的规定，针对突发事件的性质、特点和可能造成的社会危害，具体规定突发事件应对管理工作的组织指挥体系与职责和突发事件的预防与预警机制、处置程序、应急保障措施以及事后恢复与重建措施等内容。

应急预案制定机关应当广泛听取有关部门、单位、专家和社会各方面意见，增强应急预案的针对性和可操作性，并根据实际需要、情势变化、应急演练中发现的问题等及时对应急预案作出修订。

应急预案的制定、修订、备案等工作程序和管理办法由国务院规定。

● 法　律

1. 《粮食安全保障法》（2023年12月29日）

第48条　国务院发展改革、粮食和储备主管部门会同有关部门制定全国的粮食应急预案，报请国务院批准。省、自治区、直辖市人民政府应当根据本行政区域的实际情况，制定本行政区域的粮食应急预案。

设区的市级、县级人民政府粮食应急预案的制定，由省、自治区、直辖市人民政府决定。

2. 《海洋环境保护法》（2023年10月24日）

第28条　国家根据防止海洋环境污染的需要，制定国家重大海上污染事件应急预案，建立健全海上溢油污染等应急机制，保障应对工作的必要经费。

国家建立重大海上溢油应急处置部际联席会议制度。国务院交通运输主管部门牵头组织编制国家重大海上溢油应急处置预案并组织实施。

国务院生态环境主管部门负责制定全国海洋石油勘探开发海上溢油污染事件应急预案并组织实施。

国家海事管理机构负责制定全国船舶重大海上溢油污染事件应急预案，报国务院生态环境主管部门、国务院应急管理部门备案。

沿海县级以上地方人民政府及其有关部门应当制定有关应急预案，在发生海洋突发环境事件时，及时启动应急预案，采取有效措施，解除或者减轻危害。

可能发生海洋突发环境事件的单位，应当按照有关规定，制定本单位的应急预案，配备应急设备和器材，定期组织开展应急演练；应急预案应当向依照本法规定行使海洋环境监督管理权的部门和机构备案。

第70条　勘探开发海洋油气资源，应当按照有关规定编制油气污染应急预案，报国务院生态环境主管部门海域派出机构备案。

第85条　港口、码头、装卸站和船舶修造拆解单位所在地县级以上地方人民政府应当统筹规划建设船舶污染物等的接收、转运、处理处置设施，建立相应的接收、转运、处理处置多部门联合监管制度。

沿海县级以上地方人民政府负责对其管理海域的渔港和渔业船舶停泊点及周边区域污染防治的监督管理，规范生产生活污水和渔业垃圾回收处置，推进污染防治设备建设和环境清理整治。

港口、码头、装卸站和船舶修造拆解单位应当按照有关规定配备足够的用于处理船舶污染物、废弃物的接收设施，使该设施处于良好状态并有效运行。

装卸油类等污染危害性货物的港口、码头、装卸站和船舶应当编制污染应急预案，并配备相应的污染应急设备和器材。

第94条　违反本法规定，有下列行为之一，由依照本法规定行使海洋环境监督管理权的部门或者机构责令改正，处以罚款：

（一）未依法公开排污信息或者弄虚作假的；

（二）因发生事故或者其他突发性事件，造成或者可能造成海洋环境污染、生态破坏事件，未按照规定通报或者报告的；

（三）未按照有关规定制定应急预案并备案，或者未按照有关规定配备应急设备、器材的；

（四）因发生事故或者其他突发性事件，造成或者可能造成海洋环境污染、生态破坏事件，未立即采取有效措施或者逃逸的；

（五）未采取必要应对措施，造成海洋生态灾害危害扩大的。

有前款第一项行为的，处二万元以上二十万元以下的罚款，拒不改正的，责令限制生产、停产整治；有前款第二项行为的，处五万元以上五十万元以下的罚款，对直接负责的主管人员和其他直接责任人员处一万元以上十万元以下的罚款，并可以暂扣或者吊销相关任职资格许可；有前款第三项行为的，处二万元以上二十万元以下的罚款；有前款第四项、第五项行为之一的，处二十万元以上二百万元以下的罚款。

3.《**安全生产法**》（2021 年 6 月 10 日）

第 40 条 生产经营单位对重大危险源应当登记建档，进行定期检测、评估、监控，并制定应急预案，告知从业人员和相关人员在紧急情况下应当采取的应急措施。

生产经营单位应当按照国家有关规定将本单位重大危险源及有关安全措施、应急措施报有关地方人民政府应急管理部门和有关部门备案。有关地方人民政府应急管理部门和有关部门应当通过相关信息系统实现信息共享。

第 101 条 生产经营单位有下列行为之一的，责令限期改正，处十万元以下的罚款；逾期未改正的，责令停产停业整顿，并处十万元以上二十万元以下的罚款，对其直接负责的主管人员和其他直接责任人员处二万元以上五万元以下的罚款；构成犯罪的，依照刑法有关规定追究刑事责任：

（一）生产、经营、运输、储存、使用危险物品或者处置废弃危险物品，未建立专门安全管理制度、未采取可靠的安全措施的；

（二）对重大危险源未登记建档，未进行定期检测、评估、监控，未制定应急预案，或者未告知应急措施的；

（三）进行爆破、吊装、动火、临时用电以及国务院应急管理部门会同国务院有关部门规定的其他危险作业，未安排专门人员进行现场安全管理的；

（四）未建立安全风险分级管控制度或者未按照安全风险分级采取相应管控措施的；

（五）未建立事故隐患排查治理制度，或者重大事故隐患排查治理情况未按照规定报告的。

4.《数据安全法》（2021年6月10日）

第23条　国家建立数据安全应急处置机制。发生数据安全事件，有关主管部门应当依法启动应急预案，采取相应的应急处置措施，防止危害扩大，消除安全隐患，并及时向社会发布与公众有关的警示信息。

第二十九条　应急体系建设规划

县级以上人民政府应当将突发事件应对工作纳入国民经济和社会发展规划。县级以上人民政府有关部门应当制定突发事件应急体系建设规划。

● 行政法规及文件

1.《自然灾害救助条例》（2019年3月2日）

第4条　县级以上人民政府应当将自然灾害救助工作纳入国民经济和社会发展规划，建立健全与自然灾害救助需求相适应的资金、物资保障机制，将人民政府安排的自然灾害救助资金和自然灾害救助工作经费纳入财政预算。

2.《森林防火条例》（2008年12月1日）

第8条　县级以上人民政府应当将森林防火基础设施建设纳

入国民经济和社会发展规划,将森林防火经费纳入本级财政预算。

第三十条　国土空间规划等考虑预防和处置突发事件

国土空间规划等规划应当符合预防、处置突发事件的需要,统筹安排突发事件应对工作所必需的设备和基础设施建设,合理确定应急避难、封闭隔离、紧急医疗救治等场所,实现日常使用和应急使用的相互转换。

● **行政法规及文件**

1. **《自然灾害救助条例》**(2019年3月2日)

第11条　县级以上地方人民政府应当根据当地居民人口数量和分布等情况,利用公园、广场、体育场馆等公共设施,统筹规划设立应急避难场所,并设置明显标志。

启动自然灾害预警响应或者应急响应,需要告知居民前往应急避难场所的,县级以上地方人民政府或者人民政府的自然灾害救助应急综合协调机构应当通过广播、电视、手机短信、电子显示屏、互联网等方式,及时公告应急避难场所的具体地址和到达路径。

第13条　县级以上人民政府或者人民政府的自然灾害救助应急综合协调机构应当根据自然灾害预警预报启动预警响应,采取下列一项或者多项措施:

(一)向社会发布规避自然灾害风险的警告,宣传避险常识和技能,提示公众做好自救互救准备;

(二)开放应急避难场所,疏散、转移易受自然灾害危害的人员和财产,情况紧急时,实行有组织的避险转移;

(三)加强对易受自然灾害危害的乡村、社区以及公共场所的安全保障;

（四）责成应急管理等部门做好基本生活救助的准备。

2.《森林防火条例》（2008年12月1日）

第37条　发生森林火灾，有关部门应当按照森林火灾应急预案和森林防火指挥机构的统一指挥，做好扑救森林火灾的有关工作。

气象主管机构应当及时提供火灾地区天气预报和相关信息，并根据天气条件适时开展人工增雨作业。

交通运输主管部门应当优先组织运送森林火灾扑救人员和扑救物资。

通信主管部门应当组织提供应急通信保障。

民政部门应当及时设置避难场所和救灾物资供应点，紧急转移并妥善安置灾民，开展受灾群众救助工作。

公安机关应当维护治安秩序，加强治安管理。

商务、卫生等主管部门应当做好物资供应、医疗救护和卫生防疫等工作。

3.《草原防火条例》（2008年11月29日）

第30条　县级以上人民政府有关部门应当按照草原火灾应急预案的分工，做好相应的草原火灾应急工作。

气象主管机构应当做好气象监测和预报工作，及时向当地人民政府提供气象信息，并根据天气条件适时实施人工增雨。

民政部门应当及时设置避难场所和救济物资供应点，开展受灾群众救助工作。

卫生主管部门应当做好医疗救护、卫生防疫工作。

铁路、交通、航空等部门应当优先运送救灾物资、设备、药物、食品。

通信主管部门应当组织提供应急通信保障。

公安部门应当及时查处草原火灾案件，做好社会治安维护工作。

4. 《地质灾害防治条例》（2003年11月24日）

第31条　县级以上人民政府有关部门应当按照突发性地质灾害应急预案的分工，做好相应的应急工作。

国土资源主管部门应当会同同级建设、水利、交通等部门尽快查明地质灾害发生原因、影响范围等情况，提出应急治理措施，减轻和控制地质灾害灾情。

民政、卫生、食品药品监督管理、商务、公安部门，应当及时设置避难场所和救济物资供应点，妥善安排灾民生活，做好医疗救护、卫生防疫、药品供应、社会治安工作；气象主管机构应当做好气象服务保障工作；通信、航空、铁路、交通部门应当保证地质灾害应急的通信畅通和救灾物资、设备、药物、食品的运送。

第三十一条　应急避难场所标准体系

国务院应急管理部门会同卫生健康、自然资源、住房城乡建设等部门统筹、指导全国应急避难场所的建设和管理工作，建立健全应急避难场所标准体系。县级以上地方人民政府负责本行政区域内应急避难场所的规划、建设和管理工作。

● 法　律

1. 《无障碍环境建设法》（2023年6月28日）

第47条　应急避难场所的管理人在制定以及实施工作预案时，应当考虑残疾人、老年人的无障碍需求，视情况设置语音、大字、闪光等提示装置，完善无障碍服务功能。

2. 《防震减灾法》（2008年12月27日）

第41条　城乡规划应当根据地震应急避难的需要，合理确定应急疏散通道和应急避难场所，统筹安排地震应急避难所必需的交通、供水、供电、排污等基础设施建设。

第50条　地震灾害发生后，抗震救灾指挥机构应当立即组

织有关部门和单位迅速查清受灾情况,提出地震应急救援力量的配置方案,并采取以下紧急措施:

(一)迅速组织抢救被压埋人员,并组织有关单位和人员开展自救互救;

(二)迅速组织实施紧急医疗救护,协调伤员转移和接收与救治;

(三)迅速组织抢修毁损的交通、铁路、水利、电力、通信等基础设施;

(四)启用应急避难场所或者设置临时避难场所,设置救济物资供应点,提供救济物品、简易住所和临时住所,及时转移和安置受灾群众,确保饮用水消毒和水质安全,积极开展卫生防疫,妥善安排受灾群众生活;

(五)迅速控制危险源,封锁危险场所,做好次生灾害的排查与监测预警工作,防范地震可能引发的火灾、水灾、爆炸、山体滑坡和崩塌、泥石流、地面塌陷,或者剧毒、强腐蚀性、放射性物质大量泄漏等次生灾害以及传染病疫情的发生;

(六)依法采取维持社会秩序、维护社会治安的必要措施。

第75条 县级以上人民政府依法加强对防震减灾规划和地震应急预案的编制与实施、地震应急避难场所的设置与管理、地震灾害紧急救援队伍的培训、防震减灾知识宣传教育和地震应急救援演练等工作的监督检查。

县级以上人民政府有关部门应当加强对地震应急救援、地震灾后过渡性安置和恢复重建的物资的质量安全的监督检查。

● 行政法规及文件

3.《"十四五"国家应急体系规划》(2021年12月30日)

五、防范化解重大风险,织密灾害事故的防控网络

(一)注重风险源头防范管控。

加强风险评估。以第一次全国自然灾害综合风险普查为基

准，编制自然灾害风险和防治区划图。加强地震构造环境精细探测和重点地区与城市活动断层探察。推进城镇周边火灾风险调查。健全安全风险评估管理制度，推动重点行业领域企业建立安全风险管理体系，全面开展城市安全风险评估，定期开展重点区域、重大工程和大型油气储存设施等安全风险评估，制定落实风险管控措施。开展全国工业园区应急资源和能力全面调查，指导推动各地建设工业园区应急资源数据库。

科学规划布局。探索建立自然灾害红线约束机制。强化自然灾害风险区划与各级各类规划融合，完善规划安全风险评估会商机制。加强超大特大城市治理中的风险防控，统筹县域城镇和村庄规划建设，严格控制区域风险等级及风险容量，推进实施地质灾害避险搬迁工程，加快形成有效防控重大安全风险的空间格局和生产生活方式布局。将城市防灾减灾救灾基础设施用地需求纳入当地土地利用年度计划并予以优先保障。完善应急避难场所规划布局，健全避难场所建设标准和后评价机制，严禁随意变更应急避难场所和应急基础设施的使用性质。

第三十二条　突发事件风险评估体系

国家建立健全突发事件风险评估体系，对可能发生的突发事件进行综合性评估，有针对性地采取有效防范措施，减少突发事件的发生，最大限度减轻突发事件的影响。

● 行政法规及文件

1. 《煤矿安全生产条例》（2024年1月24日）

第4条　煤矿企业应当履行安全生产主体责任，加强安全生产管理，建立健全并落实全员安全生产责任制和安全生产规章制度，加大对安全生产资金、物资、技术、人员的投入保障力度，改善安全生产条件，加强安全生产标准化、信息化建设，构建安全风险分级管控和隐患排查治理双重预防机制，健全风险防范化解机制，提高安全生产水平，确保安全生产。

煤矿企业主要负责人（含实际控制人，下同）是本企业安全生产第一责任人，对本企业安全生产工作全面负责。其他负责人对职责范围内的安全生产工作负责。

第18条　煤矿企业主要负责人对本企业安全生产工作负有下列职责：

（一）建立健全并落实全员安全生产责任制，加强安全生产标准化建设；

（二）组织制定并实施安全生产规章制度和作业规程、操作规程；

（三）组织制定并实施安全生产教育和培训计划；

（四）保证安全生产投入的有效实施；

（五）组织建立并落实安全风险分级管控和隐患排查治理双重预防工作机制，督促、检查安全生产工作，及时消除事故隐患；

（六）组织制定并实施生产安全事故应急救援预案；

（七）及时、如实报告煤矿生产安全事故。

第19条　煤矿企业应当设置安全生产管理机构并配备专职安全生产管理人员。安全生产管理机构和安全生产管理人员负有下列安全生产职责：

（一）组织或者参与拟订安全生产规章制度、作业规程、操作规程和生产安全事故应急救援预案；

（二）组织或者参与安全生产教育和培训，如实记录安全生产教育和培训情况；

（三）组织开展安全生产法律法规宣传教育；

（四）组织开展安全风险辨识评估，督促落实重大安全风险管控措施；

（五）制止和纠正违章指挥、强令冒险作业、违反规程的行为，发现威胁安全的紧急情况时，有权要求立即停止危险区域内的作业，撤出作业人员；

（六）检查安全生产状况，及时排查事故隐患，对事故隐患排查治理情况进行统计分析，提出改进安全生产管理的建议；

（七）组织或者参与应急救援演练；

（八）督促落实安全生产整改措施。

煤矿企业应当配备主要技术负责人，建立健全并落实技术管理体系。

第 35 条　煤矿企业应当建立安全风险分级管控制度，开展安全风险辨识评估，按照安全风险分级采取相应的管控措施。

煤矿企业应当建立健全事故隐患排查治理制度，采取技术、管理措施，及时发现并消除事故隐患。事故隐患排查治理情况应当如实记录，并定期向从业人员通报。重大事故隐患排查治理情况的书面报告经煤矿企业负责人签字后，每季度报县级以上地方人民政府负有煤矿安全生产监督管理职责的部门和所在地矿山安全监察机构。

煤矿企业应当加强对所属煤矿的安全管理，定期对所属煤矿进行安全检查。

2.《自然灾害救助条例》（2019 年 3 月 2 日）

第 8 条　县级以上地方人民政府及其有关部门应当根据有关法律、法规、规章，上级人民政府及其有关部门的应急预案以及本行政区域的自然灾害风险调查情况，制定相应的自然灾害救助应急预案。

自然灾害救助应急预案应当包括下列内容：

（一）自然灾害救助应急组织指挥体系及其职责；

（二）自然灾害救助应急队伍；

（三）自然灾害救助应急资金、物资、设备；

（四）自然灾害的预警预报和灾情信息的报告、处理；

（五）自然灾害救助应急响应的等级和相应措施；

（六）灾后应急救助和居民住房恢复重建措施。

第 13 条 县级以上人民政府或者人民政府的自然灾害救助应急综合协调机构应当根据自然灾害预警预报启动预警响应，采取下列一项或者多项措施：

（一）向社会发布规避自然灾害风险的警告，宣传避险常识和技能，提示公众做好自救互救准备；

（二）开放应急避难场所，疏散、转移易受自然灾害危害的人员和财产，情况紧急时，实行有组织的避险转移；

（三）加强对易受自然灾害危害的乡村、社区以及公共场所的安全保障；

（四）责成应急管理等部门做好基本生活救助的准备。

3.《地震监测管理条例》（2011 年 1 月 8 日）

第二章 地震监测台网的规划和建设

第 8 条 全国地震监测台网，由国家地震监测台网、省级地震监测台网和市、县地震监测台网组成。

专用地震监测台网和有关单位、个人建设的社会地震监测台站（点）是全国地震监测台网的补充。

第 9 条 编制地震监测台网规划，应当坚持布局合理、资源共享的原则，并与土地利用总体规划和城乡规划相协调。

第 10 条 全国地震监测台网总体规划和国家地震监测台网规划，由国务院地震工作主管部门根据全国地震监测预报方案商国务院有关部门制定，并负责组织实施。

省级地震监测台网规划，由省、自治区、直辖市人民政府负责管理地震工作的部门或者机构，根据全国地震监测台网总体规划和本行政区域地震监测预报方案制定，报本级人民政府批准后实施。

市、县地震监测台网规划，由市、县人民政府负责管理地震工作的部门或者机构，根据省级地震监测台网规划制定，报本级人民政府批准后实施。

第11条　省级地震监测台网规划和市、县地震监测台网规划需要变更的，应当报原批准机关批准。

第12条　全国地震监测台网和专用地震监测台网的建设，应当遵守法律、法规和国家有关标准，符合国家规定的固定资产投资项目建设程序，保证台网建设质量。

全国地震监测台网的建设，应当依法实行招投标。

第13条　建设全国地震监测台网和专用地震监测台网，应当按照国务院地震工作主管部门的规定，采用符合国家标准、行业标准或者有关地震监测的技术要求的设备和软件。

第14条　下列建设工程应当建设专用地震监测台网：

（一）坝高100米以上、库容5亿立方米以上，且可能诱发5级以上地震的水库；

（二）受地震破坏后可能引发严重次生灾害的油田、矿山、石油化工等重大建设工程。

第15条　核电站、水库大坝、特大桥梁、发射塔等重大建设工程应当按照国家有关规定，设置强震动监测设施。

第16条　建设单位应当将专用地震监测台网、强震动监测设施的建设情况，报所在地省、自治区、直辖市人民政府负责管理地震工作的部门或者机构备案。

第17条　国家鼓励利用废弃的油井、矿井和人防工程进行地震监测。

利用废弃的油井、矿井和人防工程进行地震监测的，应当采取相应的安全保障措施。

第18条　全国地震监测台网的建设资金和运行经费，按照事权和财权相统一的原则，由中央和地方财政承担。

专用地震监测台网、强震动监测设施的建设资金和运行经费，由建设单位承担。

第三十三条　安全防范措施

县级人民政府应当对本行政区域内容易引发自然灾害、事故灾难和公共卫生事件的危险源、危险区域进行调查、登记、风险评估，定期进行检查、监控，并责令有关单位采取安全防范措施。

省级和设区的市级人民政府应当对本行政区域内容易引发特别重大、重大突发事件的危险源、危险区域进行调查、登记、风险评估，组织进行检查、监控，并责令有关单位采取安全防范措施。

县级以上地方人民政府应当根据情况变化，及时调整危险源、危险区域的登记。登记的危险源、危险区域及其基础信息，应当按照国家有关规定接入突发事件信息系统，并及时向社会公布。

● **法　律**

1. 《**防震减灾法**》（2008年12月27日）

第32条　国务院地震工作主管部门和县级以上地方人民政府负责管理地震工作的部门或者机构，应当对发生地震灾害的区域加强地震监测，在地震现场设立流动观测点，根据震情的发展变化，及时对地震活动趋势作出分析、判定，为余震防范工作提供依据。

国务院地震工作主管部门和县级以上地方人民政府负责管理地震工作的部门或者机构、地震监测台网的管理单位，应当及时收集、保存有关地震的资料和信息，并建立完整的档案。

● **行政法规及文件**

2. 《**自然灾害救助条例**》（2019年3月2日）

第14条　自然灾害发生并达到自然灾害救助应急预案启动条件的，县级以上人民政府或者人民政府的自然灾害救助应急综合协调机构应当及时启动自然灾害救助应急响应，采取下列一项或者多项措施：

（一）立即向社会发布政府应对措施和公众防范措施；

（二）紧急转移安置受灾人员；

（三）紧急调拨、运输自然灾害救助应急资金和物资，及时向受灾人员提供食品、饮用水、衣被、取暖、临时住所、医疗防疫等应急救助，保障受灾人员基本生活；

（四）抚慰受灾人员，处理遇难人员善后事宜；

（五）组织受灾人员开展自救互救；

（六）分析评估灾情趋势和灾区需求，采取相应的自然灾害救助措施；

（七）组织自然灾害救助捐赠活动。

对应急救助物资，各交通运输主管部门应当组织优先运输。

3.《生产安全事故应急条例》（2019年2月17日）

第5条 县级以上人民政府及其负有安全生产监督管理职责的部门和乡、镇人民政府以及街道办事处等地方人民政府派出机关，应当针对可能发生的生产安全事故的特点和危害，进行风险辨识和评估，制定相应的生产安全事故应急救援预案，并依法向社会公布。

生产经营单位应当针对本单位可能发生的生产安全事故的特点和危害，进行风险辨识和评估，制定相应的生产安全事故应急救援预案，并向本单位从业人员公布。

第7条 县级以上人民政府负有安全生产监督管理职责的部门应当将其制定的生产安全事故应急救援预案报送本级人民政府备案；易燃易爆物品、危险化学品等危险物品的生产、经营、储存、运输单位，矿山、金属冶炼、城市轨道交通运营、建筑施工单位，以及宾馆、商场、娱乐场所、旅游景区等人员密集场所经营单位，应当将其制定的生产安全事故应急救援预案按照国家有关规定报送县级以上人民政府负有安全生产监督管理职责的部门备案，并依法向社会公布。

第8条　县级以上地方人民政府以及县级以上人民政府负有安全生产监督管理职责的部门，乡、镇人民政府以及街道办事处等地方人民政府派出机关，应当至少每2年组织1次生产安全事故应急救援预案演练。

易燃易爆物品、危险化学品等危险物品的生产、经营、储存、运输单位，矿山、金属冶炼、城市轨道交通运营、建筑施工单位，以及宾馆、商场、娱乐场所、旅游景区等人员密集场所经营单位，应当至少每半年组织1次生产安全事故应急救援预案演练，并将演练情况报送所在地县级以上地方人民政府负有安全生产监督管理职责的部门。

县级以上地方人民政府负有安全生产监督管理职责的部门应当对本行政区域内前款规定的重点生产经营单位的生产安全事故应急救援预案演练进行抽查；发现演练不符合要求的，应当责令限期改正。

第9条　县级以上人民政府应当加强对生产安全事故应急救援队伍建设的统一规划、组织和指导。

县级以上人民政府负有安全生产监督管理职责的部门根据生产安全事故应急工作的实际需要，在重点行业、领域单独建立或者依托有条件的生产经营单位、社会组织共同建立应急救援队伍。

国家鼓励和支持生产经营单位和其他社会力量建立提供社会化应急救援服务的应急救援队伍。

第三十四条　及时调处矛盾纠纷

县级人民政府及其有关部门、乡级人民政府、街道办事处、居民委员会、村民委员会应当及时调解处理可能引发社会安全事件的矛盾纠纷。

第三十五条　安全管理制度

所有单位应当建立健全安全管理制度，定期开展危险源辨识评估，制定安全防范措施；定期检查本单位各项安全防范措施的落实情况，及时消除事故隐患；掌握并及时处理本单位存在的可能引发社会安全事件的问题，防止矛盾激化和事态扩大；对本单位可能发生的突发事件和采取安全防范措施的情况，应当按照规定及时向所在地人民政府或者有关部门报告。

● 法　律

1.《**安全生产法**》（2021 年 6 月 10 日）

第 25 条　生产经营单位的安全生产管理机构以及安全生产管理人员履行下列职责：

（一）组织或者参与拟订本单位安全生产规章制度、操作规程和生产安全事故应急救援预案；

（二）组织或者参与本单位安全生产教育和培训，如实记录安全生产教育和培训情况；

（三）组织开展危险源辨识和评估，督促落实本单位重大危险源的安全管理措施；

（四）组织或者参与本单位应急救援演练；

（五）检查本单位的安全生产状况，及时排查生产安全事故隐患，提出改进安全生产管理的建议；

（六）制止和纠正违章指挥、强令冒险作业、违反操作规程的行为；

（七）督促落实本单位安全生产整改措施。

生产经营单位可以设置专职安全生产分管负责人，协助本单位主要负责人履行安全生产管理职责。

第 39 条　生产、经营、运输、储存、使用危险物品或者处置废弃危险物品的,由有关主管部门依照有关法律、法规的规定和国家标准或者行业标准审批并实施监督管理。

生产经营单位生产、经营、运输、储存、使用危险物品或者处置废弃危险物品,必须执行有关法律、法规和国家标准或者行业标准,建立专门的安全管理制度,采取可靠的安全措施,接受有关主管部门依法实施的监督管理。

第43条　生产经营单位进行爆破、吊装、动火、临时用电以及国务院应急管理部门会同国务院有关部门规定的其他危险作业,应当安排专门人员进行现场安全管理,确保操作规程的遵守和安全措施的落实。

第101条　生产经营单位有下列行为之一的,责令限期改正,处十万元以下的罚款;逾期未改正的,责令停产停业整顿,并处十万元以上二十万元以下的罚款,对其直接负责的主管人员和其他直接责任人员处二万元以上五万元以下的罚款;构成犯罪的,依照刑法有关规定追究刑事责任:

(一)生产、经营、运输、储存、使用危险物品或者处置废弃危险物品,未建立专门安全管理制度、未采取可靠的安全措施的;

(二)对重大危险源未登记建档,未进行定期检测、评估、监控,未制定应急预案,或者未告知应急措施的;

(三)进行爆破、吊装、动火、临时用电以及国务院应急管理部门会同国务院有关部门规定的其他危险作业,未安排专门人员进行现场安全管理的;

(四)未建立安全风险分级管控制度或者未按照安全风险分级采取相应管控措施的;

(五)未建立事故隐患排查治理制度,或者重大事故隐患排查治理情况未按照规定报告的。

● **行政法规及文件**

2.《煤矿安全生产条例》(2024年1月24日)

第34条 在煤矿进行石门揭煤、探放水、巷道贯通、清理煤仓、强制放顶、火区密闭和启封、动火以及国家矿山安全监察机构规定的其他危险作业，应当采取专门安全技术措施，并安排专门人员进行现场安全管理。

第35条 煤矿企业应当建立安全风险分级管控制度，开展安全风险辨识评估，按照安全风险分级采取相应的管控措施。

煤矿企业应当建立健全事故隐患排查治理制度，采取技术、管理措施，及时发现并消除事故隐患。事故隐患排查治理情况应当如实记录，并定期向从业人员通报。重大事故隐患排查治理情况的书面报告经煤矿企业负责人签字后，每季度报县级以上地方人民政府负有煤矿安全生产监督管理职责的部门和所在地矿山安全监察机构。

煤矿企业应当加强对所属煤矿的安全管理，定期对所属煤矿进行安全检查。

第62条 煤矿企业有下列行为之一的，依照《中华人民共和国安全生产法》有关规定予以处罚：

（一）未按照规定设置安全生产管理机构并配备安全生产管理人员的；

（二）主要负责人和安全生产管理人员未按照规定经考核合格并持续保持相应水平和能力的；

（三）未按照规定进行安全生产教育和培训，未按照规定如实告知有关的安全生产事项，或者未如实记录安全生产教育和培训情况的；

（四）特种作业人员未按照规定经专门的安全作业培训并取得相应资格，上岗作业的；

（五）进行危险作业，未采取专门安全技术措施并安排专门人员进行现场安全管理的；

（六）未按照规定建立并落实安全风险分级管控制度和事故隐患排查治理制度的，或者重大事故隐患排查治理情况未按照规定报告的；

（七）未按照规定制定生产安全事故应急救援预案或者未定期组织演练的。

● 案例指引

尚某国等重大劳动安全事故案①

裁判要旨

司法实践中，当工厂、矿山、林场、建筑企业或者其他企业、事业单位发生重大伤亡事故或者造成其他严重后果，当重大责任事故罪与重大劳动安全事故罪的客观方面和主体都出现上述竞合时，应当按照下列原则处理：

1. 在完全是由于安全生产设施或者安全生产条件不符合国家规定的情况下进行生产、作业，因而发生重大伤亡事故或者造成其他严重后果的情况下，应当以重大劳动安全事故罪定罪量刑。因为这是立法规定的典型重大劳动安全事故犯罪，即使这种行为本身也是一种违反有关安全管理规定的行为，从罪名评价的最相符合性考虑，一般不以重大责任事故罪认定。

2. 在安全生产设施或者安全生产条件不符合国家规定的情况下，在生产、作业中又违反具体的安全管理规定，因而发生重大伤亡事故或者造成其他严重后果的，应区分不同情况选择较为妥当的罪名定罪量刑。（1）当二罪中某一罪的情节明显重于另一罪时，应按情节较重的罪名定罪量刑。（2）当二罪的情节基本相当的情况下，对于实际控制人、投资人，他们对安全生产设施或者安全生产条件是

---

① 《尚某国等重大劳动安全事故案》（入库编号 2023-04-1-060-003），载人民法院案例库，2024 年 7 月 2 日访问。

否符合国家规定负有直接责任，在无法查清对生产、作业是否负有组织、指挥或者管理职责时，以重大劳动安全事故罪定罪量刑。如果对生产、作业同时负有组织、指挥或者管理职责时，我们认为，为了司法实践的统一，一般仍以重大劳动安全事故罪定罪为宜，而将"在生产、作业中违反有关安全管理的规定"的行为作为从重处罚的情节；对于负责人、管理人员，他们既对生产、作业负有组织、指挥或者管理职责，又对安全生产设施或者安全生产条件是否符合国家规定负有直接责任。出于同样的考虑，对他们一般也以重大劳动安全事故罪定罪为宜，而将"在生产、作业中违反有关安全管理的规定"的行为作为从重处罚的情节。对于"对安全生产设施或者安全生产条件负有管理、维护职责的电工、瓦斯检查工等人员"，亦参照上述原则处理。

上述情况处理的考虑是，在构成重大劳动安全事故罪的前提下又构成重大责任事故罪，由于二罪的法定刑是相同的，"安全生产设施或者安全生产条件不符合国家规定"和"在生产、作业中违反有关安全管理的规定"的罪责也不好区分轻重，无法重罪吸收轻罪。而审判中只能定一个罪名，因此，从维护司法统一的角度考虑提出上述原则。再则，如果以重大责任事故罪定罪就无法全面评价"安全生产设施或者安全生产条件不符合国家规定"的罪责，因为重大责任事故罪并不以"安全生产设施或者安全生产条件不符合国家规定"为前提。以重大劳动安全事故罪定罪，将"在生产、作业中违反有关安全管理的规定"的行为作为从重处罚的情节，可以做到两种罪责兼顾评价。但是，当出现法律规定的"强令他人违章冒险作业"的情况时，由于法律有特别规定且法定刑较重，应以强令他人违章冒险作业罪定罪量刑。

第三十六条 矿山和危险物品单位预防义务

矿山、金属冶炼、建筑施工单位和易燃易爆物品、危险化学品、放射性物品等危险物品的生产、经营、运输、储存、使用单位，应当制定具体应急预案，配备必要的应急救援器材、设备和物资，并对生产经营场所、有危险物品的建筑物、构筑物及周边环境开展隐患排查，及时采取措施管控风险和消除隐患，防止发生突发事件。

● 法　律

1.《安全生产法》（2021 年 6 月 10 日）

第 40 条　生产经营单位对重大危险源应当登记建档，进行定期检测、评估、监控，并制定应急预案，告知从业人员和相关人员在紧急情况下应当采取的应急措施。

生产经营单位应当按照国家有关规定将本单位重大危险源及有关安全措施、应急措施报有关地方人民政府应急管理部门和有关部门备案。有关地方人民政府应急管理部门和有关部门应当通过相关信息系统实现信息共享。

第 101 条　生产经营单位有下列行为之一的，责令限期改正，处十万元以下的罚款；逾期未改正的，责令停产停业整顿，并处十万元以上二十万元以下的罚款，对其直接负责的主管人员和其他直接责任人员处二万元以上五万元以下的罚款；构成犯罪的，依照刑法有关规定追究刑事责任：

（一）生产、经营、运输、储存、使用危险物品或者处置废弃危险物品，未建立专门安全管理制度、未采取可靠的安全措施的；

（二）对重大危险源未登记建档，未进行定期检测、评估、监控，未制定应急预案，或者未告知应急措施的；

（三）进行爆破、吊装、动火、临时用电以及国务院应急管理部门会同国务院有关部门规定的其他危险作业，未安排专门人

员进行现场安全管理的;

（四）未建立安全风险分级管控制度或者未按照安全风险分级采取相应管控措施的;

（五）未建立事故隐患排查治理制度，或者重大事故隐患排查治理情况未按照规定报告的。

● 行政法规及文件

2. 《生产安全事故应急条例》（2019年2月17日）

第4条　生产经营单位应当加强生产安全事故应急工作，建立、健全生产安全事故应急工作责任制，其主要负责人对本单位的生产安全事故应急工作全面负责。

第5条　县级以上人民政府及其负有安全生产监督管理职责的部门和乡、镇人民政府以及街道办事处等地方人民政府派出机关，应当针对可能发生的生产安全事故的特点和危害，进行风险辨识和评估，制定相应的生产安全事故应急救援预案，并依法向社会公布。

生产经营单位应当针对本单位可能发生的生产安全事故的特点和危害，进行风险辨识和评估，制定相应的生产安全事故应急救援预案，并向本单位从业人员公布。

第15条　生产经营单位应当对从业人员进行应急教育和培训，保证从业人员具备必要的应急知识，掌握风险防范技能和事故应急措施。

第16条　国务院负有安全生产监督管理职责的部门应当按照国家有关规定建立生产安全事故应急救援信息系统，并采取有效措施，实现数据互联互通、信息共享。

生产经营单位可以通过生产安全事故应急救援信息系统办理生产安全事故应急救援预案备案手续，报送应急救援预案演练情况和应急救援队伍建设情况；但依法需要保密的除外。

● 案例指引

江西省遂川县生态环境局诉某和财保荆门公司等机动车交通事故责任纠纷案①

裁判要旨

1. 危险货物运输机动车发生交通事故造成环境污染损害的，生态环境部门等单位在应急处置涉案安全事故过程中所产生的事故应急环境监测等相关应急救援费用属于《中华人民共和国保险法》第五十七条规定的"保险事故发生后，被保险人为防止或者减少保险标的的损失所支付的必要的、合理的费用"。即属于危险货物运输机动车交通事故造成的财产损失，应由交通事故的侵权人承担赔偿责任，生态环境部门等单位有权向事故损害赔偿责任主体主张赔偿，案涉机动车保险人应当按保险合同约定承担保险理赔责任。

2. 保险合同载明的免责条款中的"污染"与地震等事由并列，应当解释为与地震等同一级别的不可抗力情形而导致损害后果的污染事件。如果"污染"系因投保车辆交通事故等人为因素导致，明显非"污染"免责条款中表述的具有不可抗力性质的"污染"情形。保险合同同时将该"污染"解释为非不可抗力性质的污染，与投保人的投保目的相悖，在保险人与投保人存在理解分歧的情况下，保险人以此主张免责的，依法不予支持。

3. 投保人先后向不同的保险人投保车辆综合商业险，其中成立在后的保险合同约定了绝对免赔条款的，因该约定符合投保人的保险利益需求，且既未加重成立在前保险合同保险人的保险义务，也未约定由其先行赔付，故未损害其合法权益，成立在前保险合同保险人应当按照其与投保人的合同约定履行义务。成立在后保险合同中的绝对免赔条款的风险应当由被保险人承担，故应当认定免赔条

---

① 《江西省遂川县生态环境局诉某和财保荆门公司等机动车交通事故责任纠纷案》（入库编号 2023-11-2-374-001），载人民法院案例库，2024年7月2日访问。

款系合同双方真实意思表示，未违反法律禁止性规定，未加重、损害第三人的权益，合法有效。

4. 投保人投保机动车强制保险的同时，向两个以上保险人投保不同车辆综合商业险的，保险事故发生后，机动车强制保险优先赔偿，强制保险赔偿不足部分，应当由商业保险按各自保险限额比例赔偿。保险人主张特定商业保险先予赔偿的，依法不予支持。

第三十七条　人员密集场所经营单位或者管理单位的预防义务

公共交通工具、公共场所和其他人员密集场所的经营单位或者管理单位应当制定具体应急预案，为交通工具和有关场所配备报警装置和必要的应急救援设备、设施，注明其使用方法，并显著标明安全撤离的通道、路线，保证安全通道、出口的畅通。

有关单位应当定期检测、维护其报警装置和应急救援设备、设施，使其处于良好状态，确保正常使用。

第三十八条　应对管理培训制度

县级以上人民政府应当建立健全突发事件应对管理培训制度，对人民政府及其有关部门负有突发事件应对管理职责的工作人员以及居民委员会、村民委员会有关人员定期进行培训。

● **行政法规及文件**

1. 《自然灾害救助条例》（2019年3月2日）

第12条　县级以上地方人民政府应当加强自然灾害救助人员的队伍建设和业务培训，村民委员会、居民委员会和企业事业单位应当设立专职或者兼职的自然灾害信息员。

2. 《生产安全事故应急条例》（2019年2月17日）

第11条　应急救援队伍的应急救援人员应当具备必要的专

业知识、技能、身体素质和心理素质。

应急救援队伍建立单位或者兼职应急救援人员所在单位应当按照国家有关规定对应急救援人员进行培训；应急救援人员经培训合格后，方可参加应急救援工作。

应急救援队伍应当配备必要的应急救援装备和物资，并定期组织训练。

第15条 生产经营单位应当对从业人员进行应急教育和培训，保证从业人员具备必要的应急知识，掌握风险防范技能和事故应急措施。

第30条 生产经营单位未制定生产安全事故应急救援预案、未定期组织应急救援预案演练、未对从业人员进行应急教育和培训，生产经营单位的主要负责人在本单位发生生产安全事故时不立即组织抢救的，由县级以上人民政府负有安全生产监督管理职责的部门依照《中华人民共和国安全生产法》有关规定追究法律责任。

3. 《突发公共卫生事件应急条例》（2011年1月8日）

第11条 全国突发事件应急预案应当包括以下主要内容：

（一）突发事件应急处理指挥部的组成和相关部门的职责；

（二）突发事件的监测与预警；

（三）突发事件信息的收集、分析、报告、通报制度；

（四）突发事件应急处理技术和监测机构及其任务；

（五）突发事件的分级和应急处理工作方案；

（六）突发事件预防、现场控制，应急设施、设备、救治药品和医疗器械以及其他物资和技术的储备与调度；

（七）突发事件应急处理专业队伍的建设和培训。

第18条 县级以上地方人民政府卫生行政主管部门，应当定期对医疗卫生机构和人员开展突发事件应急处理相关知识、技能的培训，定期组织医疗卫生机构进行突发事件应急演练，推广最新知识和先进技术。

第三十九条　应急救援队伍

国家综合性消防救援队伍是应急救援的综合性常备骨干力量，按照国家有关规定执行综合应急救援任务。县级以上人民政府有关部门可以根据实际需要设立专业应急救援队伍。

县级以上人民政府及其有关部门可以建立由成年志愿者组成的应急救援队伍。乡级人民政府、街道办事处和有条件的居民委员会、村民委员会可以建立基层应急救援队伍，及时、就近开展应急救援。单位应当建立由本单位职工组成的专职或者兼职应急救援队伍。

国家鼓励和支持社会力量建立提供社会化应急救援服务的应急救援队伍。社会力量建立的应急救援队伍参与突发事件应对工作应当服从履行统一领导职责或者组织处置突发事件的人民政府、突发事件应急指挥机构的统一指挥。

县级以上人民政府应当推动专业应急救援队伍与非专业应急救援队伍联合培训、联合演练，提高合成应急、协同应急的能力。

● 法　律

1. 《消防救援衔条例》（2018 年 10 月 26 日）

第一章　总　　则

第 1 条　为了加强国家综合性消防救援队伍正规化、专业化、职业化建设，增强消防救援人员的责任感、荣誉感和组织纪律性，有利于国家综合性消防救援队伍的指挥、管理和依法履行职责，根据宪法，制定本条例。

第 2 条　国家综合性消防救援队伍实行消防救援衔制度。

消防救援衔授予对象为纳入国家行政编制、由国务院应急管理部门统一领导管理的综合性消防救援队伍在职人员。

第 3 条　消防救援衔是表明消防救援人员身份、区分消防救援人员等级的称号和标志,是国家给予消防救援人员的荣誉和相应待遇的依据。

第4条 消防救援衔高的人员对消防救援衔低的人员,消防救援衔高的为上级。消防救援衔高的人员在职务上隶属于消防救援衔低的人员时,担任领导职务或者领导职务高的为上级。

第5条 国务院应急管理部门主管消防救援衔工作。

第二章 消防救援衔等级的设置

第6条 消防救援衔按照管理指挥人员、专业技术人员和消防员分别设置。

第7条 管理指挥人员消防救援衔设下列三等十一级:

(一)总监、副总监、助理总监;

(二)指挥长:高级指挥长、一级指挥长、二级指挥长、三级指挥长;

(三)指挥员:一级指挥员、二级指挥员、三级指挥员、四级指挥员。

第8条 专业技术人员消防救援衔设下列二等八级,在消防救援衔前冠以"专业技术":

(一)指挥长:高级指挥长、一级指挥长、二级指挥长、三级指挥长;

(二)指挥员:一级指挥员、二级指挥员、三级指挥员、四级指挥员。

第9条 消防员消防救援衔设下列三等八级:

(一)高级消防员:一级消防长、二级消防长、三级消防长;

(二)中级消防员:一级消防士、二级消防士;

(三)初级消防员:三级消防士、四级消防士、预备消防士。

第三章 消防救援衔等级的编制

第10条 管理指挥人员按照下列职务等级编制消防救援衔:

(一)国务院应急管理部门正职:总监;

（二）国务院应急管理部门消防救援队伍领导指挥机构、森林消防队伍领导指挥机构正职：副总监；

（三）国务院应急管理部门消防救援队伍领导指挥机构、森林消防队伍领导指挥机构副职：助理总监；

（四）总队级正职：高级指挥长；

（五）总队级副职：一级指挥长；

（六）支队级正职：二级指挥长；

（七）支队级副职：三级指挥长；

（八）大队级正职：一级指挥员；

（九）大队级副职：二级指挥员；

（十）站（中队）级正职：三级指挥员；

（十一）站（中队）级副职：四级指挥员。

第 11 条 专业技术人员按照下列职务等级编制消防救援衔：

（一）高级专业技术职务：高级指挥长至三级指挥长；

（二）中级专业技术职务：一级指挥长至二级指挥员；

（三）初级专业技术职务：三级指挥长至四级指挥员。

第 12 条 消防员按照下列工作年限编制消防救援衔：

（一）工作满二十四年的：一级消防长；

（二）工作满二十年的：二级消防长；

（三）工作满十六年的：三级消防长；

（四）工作满十二年的：一级消防士；

（五）工作满八年的：二级消防士；

（六）工作满五年的：三级消防士；

（七）工作满二年的：四级消防士；

（八）工作二年以下的：预备消防士。

第四章 消防救援衔的首次授予

第 13 条 授予消防救援衔，以消防救援人员现任职务、德才表现、学历学位、任职时间和工作年限为依据。

第14条　初任管理指挥人员、专业技术人员，按照下列规定首次授予消防救援衔：

（一）从普通高等学校毕业生中招录，取得大学专科、本科学历的，授予四级指挥员消防救援衔；取得硕士学位的研究生，授予三级指挥员消防救援衔；取得博士学位的研究生，授予一级指挥员消防救援衔；

（二）从消防员选拔任命为管理指挥人员、专业技术人员的，按照所任命的职务等级授予相应的消防救援衔；

（三）从国家机关或者其他救援队伍调入的，或者从符合条件的社会人员中招录的，按照所任命的职务等级授予相应的消防救援衔。

第15条　初任消防员，按照下列规定首次授予消防救援衔：

（一）从高中毕业生、普通高等学校在校生或者毕业生中招录的，授予预备消防士；

（二）从退役士兵中招录的，其服役年限计入工作时间，按照本条例第十二条的规定，授予相应的消防救援衔；

（三）从其他救援队伍或者具备专业技能的社会人员中招录的，根据其从事相关专业工作时间，比照国家综合性消防救援队伍中同等条件人员，授予相应的消防救援衔。

第16条　首次授予管理指挥人员、专业技术人员消防救援衔，按照下列规定的权限予以批准：

（一）授予总监、副总监、助理总监，由国务院总理批准；

（二）授予高级指挥长、一级指挥长、二级指挥长，由国务院应急管理部门正职领导批准；

（三）授予三级指挥长、一级指挥员，报省、自治区、直辖市人民政府应急管理部门同意后由总队级单位正职领导批准，其中森林消防队伍人员由国务院应急管理部门森林消防队伍领导指挥机构正职领导批准；

（四）授予二级指挥员、三级指挥员、四级指挥员，由总队级单位正职领导批准。

第17条 首次授予消防员消防救援衔，按照下列规定的权限予以批准：

（一）授予一级消防长、二级消防长、三级消防长，由国务院应急管理部门消防救援队伍领导指挥机构、森林消防队伍领导指挥机构正职领导批准；

（二）授予一级消防士、二级消防士、三级消防士、四级消防士、预备消防士，由总队级单位正职领导批准。

第五章 消防救援衔的晋级

第18条 消防救援衔一般根据职务等级调整情况或者工作年限逐级晋升。

消防救援人员晋升上一级消防救援衔，应当胜任本职工作，遵纪守法，廉洁奉公，作风正派。

消防救援人员经培训合格后，方可晋升上一级消防救援衔。

第19条 管理指挥人员、专业技术人员的消防救援衔晋升，一般与其职务等级晋升一致。

消防员的消防救援衔晋升，按照本条例第十二条的规定执行。通过全国普通高等学校招生统一考试、取得全日制大学专科以上学历的消防员晋升消防救援衔，其按照规定学制在普通高等学校学习的时间视同工作时间，但不计入工龄。

第20条 管理指挥人员、专业技术人员消防救援衔晋升，按照下列规定的权限予以批准：

（一）晋升为总监、副总监、助理总监，由国务院总理批准；

（二）晋升为高级指挥长、一级指挥长，由国务院应急管理部门正职领导批准；

（三）晋升为二级指挥长，报省、自治区、直辖市人民政府应急管理部门同意后由总队级单位正职领导批准，其中森林消防队伍人员由国务院应急管理部门森林消防队伍领导指挥机构正职领导批准；

（四）晋升为三级指挥长、一级指挥员，由总队级单位正职领导批准；

（五）晋升为二级指挥员、三级指挥员，由支队级单位正职领导批准。

第21条 消防员消防救援衔晋升，按照下列规定的权限予以批准：

（一）晋升为一级消防长、二级消防长、三级消防长，由国务院应急管理部门消防救援队伍领导指挥机构、森林消防队伍领导指挥机构正职领导批准；

（二）晋升为一级消防士、二级消防士，由总队级单位正职领导批准；

（三）晋升为三级消防士、四级消防士，由支队级单位正职领导批准。

第22条 消防救援人员在消防救援工作中做出重大贡献、德才表现突出的，其消防救援衔可以提前晋升。

第六章 消防救援衔的保留、降级和取消

第23条 消防救援人员退休后，其消防救援衔予以保留。

消防救援人员按照国家规定退出消防救援队伍，或者调离、辞职、被辞退的，其消防救援衔不予保留。

第24条 消防救援人员因不胜任现任职务被调任下级职务的，其消防救援衔应当调整至相应衔级，调整的批准权限与原衔级的批准权限相同。

第25条 消防救援人员受到降级、撤职处分的，应当相应降低消防救援衔，降级的批准权限与原衔级的批准权限相同。

消防救援衔降级不适用于四级指挥员和预备消防士。

第26条 消防救援人员受到开除处分的，以及因犯罪被依法判处剥夺政治权利或者有期徒刑以上刑罚的，其消防救援衔相应取消。

消防救援人员退休后犯罪的，适用前款规定。

第七章　附　　则

第 27 条　消防救援衔标志式样和佩带办法，由国务院制定。

第 28 条　本条例自 2018 年 10 月 27 日起施行。

● 部门规章及文件

2.《矿山救援规程》（2024 年 4 月 28 日）

（全文参见本书附录）

第四十条　应急救援人员人身保险和资格要求

地方各级人民政府、县级以上人民政府有关部门、有关单位应当为其组建的应急救援队伍购买人身意外伤害保险，配备必要的防护装备和器材，防范和减少应急救援人员的人身伤害风险。

专业应急救援人员应当具备相应的身体条件、专业技能和心理素质，取得国家规定的应急救援职业资格，具体办法由国务院应急管理部门会同国务院有关部门制定。

第四十一条　解放军、武警和民兵专门训练

中国人民解放军、中国人民武装警察部队和民兵组织应当有计划地组织开展应急救援的专门训练。

第四十二条　应急知识宣传普及和应急演练

县级人民政府及其有关部门、乡级人民政府、街道办事处应当组织开展面向社会公众的应急知识宣传普及活动和必要的应急演练。

居民委员会、村民委员会、企业事业单位、社会组织应当根据所在地人民政府的要求，结合各自的实际情况，开展面向居民、村民、职工等的应急知识宣传普及活动和必要的应急演练。

● 法　律

1.《安全生产法》（2021年6月10日）

第13条　各级人民政府及其有关部门应当采取多种形式，加强对有关安全生产的法律、法规和安全生产知识的宣传，增强全社会的安全生产意识。

第77条　新闻、出版、广播、电影、电视等单位有进行安全生产公益宣传教育的义务，有对违反安全生产法律、法规的行为进行舆论监督的权利。

2.《数据安全法》（2021年6月10日）

第9条　国家支持开展数据安全知识宣传普及，提高全社会的数据安全保护意识和水平，推动有关部门、行业组织、科研机构、企业、个人等共同参与数据安全保护工作，形成全社会共同维护数据安全和促进发展的良好环境。

3.《防震减灾法》（2008年12月27日）

第7条　各级人民政府应当组织开展防震减灾知识的宣传教育，增强公民的防震减灾意识，提高全社会的防震减灾能力。

第14条　防震减灾规划的内容应当包括：震情形势和防震减灾总体目标，地震监测台网建设布局，地震灾害预防措施，地震应急救援措施，以及防震减灾技术、信息、资金、物资等保障措施。

编制防震减灾规划，应当对地震重点监视防御区的地震监测台网建设、震情跟踪、地震灾害预防措施、地震应急准备、防震减灾知识宣传教育等作出具体安排。

第44条 县级人民政府及其有关部门和乡、镇人民政府、城市街道办事处等基层组织,应当组织开展地震应急知识的宣传普及活动和必要的地震应急救援演练,提高公民在地震灾害中自救互救的能力。

机关、团体、企业、事业等单位,应当按照所在地人民政府的要求,结合各自实际情况,加强对本单位人员的地震应急知识宣传教育,开展地震应急救援演练。

学校应当进行地震应急知识教育,组织开展必要的地震应急救援演练,培养学生的安全意识和自救互救能力。

新闻媒体应当开展地震灾害预防和应急、自救互救知识的公益宣传。

国务院地震工作主管部门和县级以上地方人民政府负责管理地震工作的部门或者机构,应当指导、协助、督促有关单位做好防震减灾知识的宣传教育和地震应急救援演练等工作。

第75条 县级以上人民政府依法加强对防震减灾规划和地震应急预案的编制与实施、地震应急避难场所的设置与管理、地震灾害紧急救援队伍的培训、防震减灾知识宣传教育和地震应急救援演练等工作的监督检查。

县级以上人民政府有关部门应当加强对地震应急救援、地震灾后过渡性安置和恢复重建的物资的质量安全的监督检查。

● 行政法规及文件

3. **《自然灾害救助条例》**(2019年3月2日)

第6条 各级人民政府应当加强防灾减灾宣传教育,提高公民的防灾避险意识和自救互救能力。

村民委员会、居民委员会、企业事业单位应当根据所在地人民政府的要求,结合各自的实际情况,开展防灾减灾应急知识的宣传普及活动。

第13条 县级以上人民政府或者人民政府的自然灾害救助

应急综合协调机构应当根据自然灾害预警预报启动预警响应，采取下列一项或者多项措施：

（一）向社会发布规避自然灾害风险的警告，宣传避险常识和技能，提示公众做好自救互救准备；

（二）开放应急避难场所，疏散、转移易受自然灾害危害的人员和财产，情况紧急时，实行有组织的避险转移；

（三）加强对易受自然灾害危害的乡村、社区以及公共场所的安全保障；

（四）责成应急管理等部门做好基本生活救助的准备。

4.《突发公共卫生事件应急条例》（2011 年 1 月 8 日）

第 34 条　突发事件应急处理指挥部根据突发事件应急处理的需要，可以对食物和水源采取控制措施。

县级以上地方人民政府卫生行政主管部门应当对突发事件现场等采取控制措施，宣传突发事件防治知识，及时对易受感染的人群和其他易受损害的人群采取应急接种、预防性投药、群体防护等措施。

第 40 条　传染病暴发、流行时，街道、乡镇以及居民委员会、村民委员会应当组织力量，团结协作，群防群治，协助卫生行政主管部门和其他有关部门、医疗卫生机构做好疫情信息的收集和报告、人员的分散隔离、公共卫生措施的落实工作，向居民、村民宣传传染病防治的相关知识。

第四十三条　学校的应急教育和演练义务

各级各类学校应当把应急教育纳入教育教学计划，对学生及教职工开展应急知识教育和应急演练，培养安全意识，提高自救与互救能力。

教育主管部门应当对学校开展应急教育进行指导和监督，应急管理等部门应当给予支持。

第四十四条　经费保障

各级人民政府应当将突发事件应对工作所需经费纳入本级预算，并加强资金管理，提高资金使用绩效。

● 法　律

1.《安全生产法》（2021年6月10日）

第8条　国务院和县级以上地方各级人民政府应当根据国民经济和社会发展规划制定安全生产规划，并组织实施。安全生产规划应当与国土空间规划等相关规划相衔接。

各级人民政府应当加强安全生产基础设施建设和安全生产监管能力建设，所需经费列入本级预算。

县级以上地方各级人民政府应当组织有关部门建立完善安全风险评估与论证机制，按照安全风险管控要求，进行产业规划和空间布局，并对位置相邻、行业相近、业态相似的生产经营单位实施重大安全风险联防联控。

2.《防洪法》（2016年7月2日）

第50条　中央财政应当安排资金，用于国家确定的重要江河、湖泊的堤坝遭受特大洪涝灾害时的抗洪抢险和水毁防洪工程修复。省、自治区、直辖市人民政府应当在本级财政预算中安排资金，用于本行政区域内遭受特大洪涝灾害地区的抗洪抢险和水毁防洪工程修复。

3.《防震减灾法》（2008年12月27日）

第4条　县级以上人民政府应当加强对防震减灾工作的领导，将防震减灾工作纳入本级国民经济和社会发展规划，所需经费列入财政预算。

第18条　国家对地震监测台网实行统一规划，分级、分类管理。

国务院地震工作主管部门和县级以上地方人民政府负责管理

地震工作的部门或者机构，按照国务院有关规定，制定地震监测台网规划。

全国地震监测台网由国家级地震监测台网、省级地震监测台网和市、县级地震监测台网组成，其建设资金和运行经费列入财政预算。

第42条　地震重点监视防御区的县级以上地方人民政府应当根据实际需要，在本级财政预算和物资储备中安排抗震救灾资金、物资。

第四十五条　应急物资储备保障制度和目录

国家按照集中管理、统一调拨、平时服务、灾时应急、采储结合、节约高效的原则，建立健全应急物资储备保障制度，动态更新应急物资储备品种目录，完善重要应急物资的监管、生产、采购、储备、调拨和紧急配送体系，促进安全应急产业发展，优化产业布局。

国家储备物资品种目录、总体发展规划，由国务院发展改革部门会同国务院有关部门拟订。国务院应急管理等部门依据职责制定应急物资储备规划、品种目录，并组织实施。应急物资储备规划应当纳入国家储备总体发展规划。

● 行政法规及文件

1. 《国家自然灾害救助应急预案》（2024年1月20日）

　　7.2　物资保障

　　7.2.1　充分利用现有国家储备仓储资源，合理规划、建设中央救灾物资储备库；设区的市级及以上人民政府、灾害多发易发地区的县级人民政府、交通不便或灾害事故风险等级高地区的乡镇人民政府，应根据灾害特点、居民人口数量和分布等情况，按照布局合理、规模适度的原则，设立救灾物资储备库（点）。

优化救灾物资储备库布局，完善救灾物资储备库的仓储条件、设施和功能，形成救灾物资储备网络。救灾物资储备库（点）建设应统筹考虑各行业应急处置、抢险救灾等方面需要。

7.2.2 制定救灾物资保障规划，科学合理确定储备品种和规模。省、市、县、乡级人民政府应参照中央应急物资品种要求，结合本地区灾害事故特点，储备能够满足本行政区域启动二级响应需求的救灾物资，并留有安全冗余。建立健全救灾物资采购和储备制度，每年根据应对重特大自然灾害需求，及时补充更新救灾物资。按照实物储备和能力储备相结合的原则，提升企业产能保障能力，优化救灾物资产能布局。依托国家应急资源管理平台，搭建重要救灾物资生产企业数据库。建立健全应急状态下集中生产调度和紧急采购供应机制，提升救灾物资保障的社会协同能力。

7.2.3 依托应急管理、粮食和储备等部门中央级、区域级、省级骨干库建立救灾物资调运配送中心。建立健全救灾物资紧急调拨和运输制度，配备运输车辆装备，优化仓储运输衔接，提升救灾物资前沿投送能力。充分发挥各级物流保通保畅工作机制作用，提高救灾物资装卸、流转效率。增强应急调运水平，与市场化程度高、集散能力强的物流企业建立战略合作，探索推进救灾物资集装单元化储运能力建设。

7.2.4 制定完善救灾物资品种目录和质量技术标准、储备库（点）建设和管理标准，加强救灾物资保障全过程信息化管理。建立健全救灾物资应急征用补偿机制。

2.《自然灾害救助条例》（2019 年 3 月 2 日）

第 10 条 国家建立自然灾害救助物资储备制度，由国务院应急管理部门分别会同国务院财政部门、发展改革部门、工业和信息化部门、粮食和物资储备部门制定全国自然灾害救助物资储备规划和储备库规划，并组织实施。其中，由国务院粮食和物资储备部门会同相关部门制定中央救灾物资储备库规划，并组织实施。

设区的市级以上人民政府和自然灾害多发、易发地区的县级人民政府应当根据自然灾害特点、居民人口数量和分布等情况，按照布局合理、规模适度的原则，设立自然灾害救助物资储备库。

第四十六条　应急救援物资、装备等生产、供应和储备

设区的市级以上人民政府和突发事件易发、多发地区的县级人民政府应当建立应急救援物资、生活必需品和应急处置装备的储备保障制度。

县级以上地方人民政府应当根据本地区的实际情况和突发事件应对工作的需要，依法与有条件的企业签订协议，保障应急救援物资、生活必需品和应急处置装备的生产、供给。有关企业应当根据协议，按照县级以上地方人民政府要求，进行应急救援物资、生活必需品和应急处置装备的生产、供给，并确保符合国家有关产品质量的标准和要求。

国家鼓励公民、法人和其他组织储备基本的应急自救物资和生活必需品。有关部门可以向社会公布相关物资、物品的储备指南和建议清单。

● 行政法规及文件

1.《生产安全事故应急条例》（2019年2月17日）

第11条　应急救援队伍的应急救援人员应当具备必要的专业知识、技能、身体素质和心理素质。

应急救援队伍建立单位或者兼职应急救援人员所在单位应当按照国家有关规定对应急救援人员进行培训；应急救援人员经培训合格后，方可参加应急救援工作。

应急救援队伍应当配备必要的应急救援装备和物资,并定期组织训练。

第13条　县级以上地方人民政府应当根据本行政区域内可能发生的生产安全事故的特点和危害,储备必要的应急救援装备和物资,并及时更新和补充。

易燃易爆物品、危险化学品等危险物品的生产、经营、储存、运输单位,矿山、金属冶炼、城市轨道交通运营、建筑施工单位,以及宾馆、商场、娱乐场所、旅游景区等人员密集场所经营单位,应当根据本单位可能发生的生产安全事故的特点和危害,配备必要的灭火、排水、通风以及危险物品稀释、掩埋、收集等应急救援器材、设备和物资,并进行经常性维护、保养,保证正常运转。

第31条　生产经营单位未对应急救援器材、设备和物资进行经常性维护、保养,导致发生严重生产安全事故或者生产安全事故危害扩大,或者在本单位发生生产安全事故后未立即采取相应的应急救援措施,造成严重后果的,由县级以上人民政府负有安全生产监督管理职责的部门依照《中华人民共和国突发事件应对法》有关规定追究法律责任。

2.《国家突发环境事件应急预案》(2014年12月29日)

6.2　物资与资金保障

国务院有关部门按照职责分工,组织做好环境应急救援物资紧急生产、储备调拨和紧急配送工作,保障支援突发环境事件应急处置和环境恢复治理工作的需要。县级以上地方人民政府及其有关部门要加强应急物资储备,鼓励支持社会化应急物资储备,保障应急物资、生活必需品的生产和供给。环境保护主管部门要加强对当地环境应急物资储备信息的动态管理。

突发环境事件应急处置所需经费首先由事件责任单位承担。县级以上地方人民政府对突发环境事件应急处置工作提供资金保障。

3. 《破坏性地震应急条例》（2011 年 1 月 8 日）

第 20 条　在临震应急期，有关地方人民政府有权在本行政区域内紧急调用物资、设备、人员和占用场地，任何组织或者个人都不得阻拦；调用物资、设备或者占用场地的，事后应当及时归还或者给予补偿。

第 25 条　交通、铁路、民航等部门应当尽快恢复被损毁的道路、铁路、水港、空港和有关设施，并优先保证抢险救援人员、物资的运输和灾民的疏散。其他部门有交通运输工具的，应当无条件服从抗震救灾指挥部的征用或者调用。

第 29 条　民政部门应当迅速设置避难场所和救济物资供应点，提供救济物品等，保障灾民的基本生活，做好灾民的转移和安置工作。其他部门应当支持、配合民政部门妥善安置灾民。

第 31 条　石油、化工、水利、电力、建设等部门和单位以及危险品生产、储运等单位，应当按照各自的职责，对可能发生或者已经发生次生灾害的地点和设施采取紧急处置措施，并加强监视、控制，防止灾害扩展。

公安消防机构应当严密监视灾区火灾的发生；出现火灾时，应当组织力量抢救人员和物资，并采取有效防范措施，防止火势扩大、蔓延。

第四十七条　应急运输保障

国家建立健全应急运输保障体系，统筹铁路、公路、水运、民航、邮政、快递等运输和服务方式，制定应急运输保障方案，保障应急物资、装备和人员及时运输。

县级以上地方人民政府和有关主管部门应当根据国家应急运输保障方案，结合本地区实际做好应急调度和运力保障，确保运输通道和客货运枢纽畅通。

国家发挥社会力量在应急运输保障中的积极作用。社会力量参与突发事件应急运输保障，应当服从突发事件应急指挥机构的统一指挥。

● 行政法规及文件

1. **《自然灾害救助条例》**（2019年3月2日）

第14条　自然灾害发生并达到自然灾害救助应急预案启动条件的，县级以上人民政府或者人民政府的自然灾害救助应急综合协调机构应当及时启动自然灾害救助应急响应，采取下列一项或者多项措施：

（一）立即向社会发布政府应对措施和公众防范措施；

（二）紧急转移安置受灾人员；

（三）紧急调拨、运输自然灾害救助应急资金和物资，及时向受灾人员提供食品、饮用水、衣被、取暖、临时住所、医疗防疫等应急救助，保障受灾人员基本生活；

（四）抚慰受灾人员，处理遇难人员善后事宜；

（五）组织受灾人员开展自救互救；

（六）分析评估灾情趋势和灾区需求，采取相应的自然灾害救助措施；

（七）组织自然灾害救助捐赠活动。

对应急救助物资，各交通运输主管部门应当组织优先运输。

2. **《生产安全事故应急条例》**（2019年2月17日）

第23条　生产安全事故发生地人民政府应当为应急救援人员提供必需的后勤保障，并组织通信、交通运输、医疗卫生、气象、水文、地质、电力、供水等单位协助应急救援。

第四十八条　能源应急保障

国家建立健全能源应急保障体系，提高能源安全保障能力，确保受突发事件影响地区的能源供应。

第四十九条　应急通信和广播保障

国家建立健全应急通信、应急广播保障体系，加强应急通信系统、应急广播系统建设，确保突发事件应对工作的通信、广播安全畅通。

● 行政法规及文件

1.《自然灾害救助条例》（2019年3月2日）

第9条　县级以上人民政府应当建立健全自然灾害救助应急指挥技术支撑系统，并为自然灾害救助工作提供必要的交通、通信等装备。

2.《破坏性地震应急条例》（2011年1月8日）

第13条　破坏性地震应急预案应当包括下列主要内容：

（一）应急机构的组成和职责；

（二）应急通信保障；

（三）抢险救援的人员、资金、物资准备；

（四）灾害评估准备；

（五）应急行动方案。

第26条　通信部门应当尽快恢复被破坏的通信设施，保证抗震救灾通信畅通。其他部门有通信设施的，应当优先为破坏性地震应急工作服务。

第五十条　卫生应急体系

国家建立健全突发事件卫生应急体系，组织开展突发事件中的医疗救治、卫生学调查处置和心理援助等卫生应急工作，有效控制和消除危害。

● 行政法规及文件

1. 《生产安全事故应急条例》（2019年2月17日）

第23条 生产安全事故发生地人民政府应当为应急救援人员提供必需的后勤保障，并组织通信、交通运输、医疗卫生、气象、水文、地质、电力、供水等单位协助应急救援。

2. 《破坏性地震应急条例》（2011年1月8日）

第28条 卫生部门应当立即组织急救队伍，利用各种医疗设施或者建立临时治疗点，抢救伤员，及时检查、监测灾区的饮用水源、食品等，采取有效措施防止和控制传染病的暴发流行，并向受灾人员提供精神、心理卫生方面的帮助。医药部门应当及时提供救灾所需药品。其他部门应当配合卫生、医药部门，做好卫生防疫以及伤亡人员的抢救、处理工作。

第五十一条　急救医疗服务网络建设

县级以上人民政府应当加强急救医疗服务网络的建设，配备相应的医疗救治物资、设施设备和人员，提高医疗卫生机构应对各类突发事件的救治能力。

● 行政法规及文件

1. 《突发公共卫生事件应急条例》（2011年1月8日）

第17条 县级以上各级人民政府应当加强急救医疗服务网络的建设，配备相应的医疗救治药物、技术、设备和人员，提高医疗卫生机构应对各类突发事件的救治能力。

设区的市级以上地方人民政府应当设置与传染病防治工作需要相适应的传染病专科医院，或者指定具备传染病防治条件和能力的医疗机构承担传染病防治任务。

2. 《国家安全生产事故灾难应急预案》（2006年1月22日）

6.2.4 医疗卫生保障

县级以上各级人民政府应当加强急救医疗服务网络的建设，配备相应的医疗救治药物、技术、设备和人员，提高医疗卫生机构应对安全生产事故灾难的救治能力。

第五十二条　鼓励社会力量支持

国家鼓励公民、法人和其他组织为突发事件应对工作提供物资、资金、技术支持和捐赠。

接受捐赠的单位应当及时公开接受捐赠的情况和受赠财产的使用、管理情况，接受社会监督。

● **行政法规及文件**

《自然灾害救助条例》（2019年3月2日）

第5条　村民委员会、居民委员会以及红十字会、慈善会和公募基金会等社会组织，依法协助人民政府开展自然灾害救助工作。

国家鼓励和引导单位和个人参与自然灾害救助捐赠、志愿服务等活动。

第24条　自然灾害救助款物专款（物）专用，无偿使用。

定向捐赠的款物，应当按照捐赠人的意愿使用。政府部门接受的捐赠人无指定意向的款物，由县级以上人民政府应急管理部门统筹安排用于自然灾害救助；社会组织接受的捐赠人无指定意向的款物，由社会组织按照有关规定用于自然灾害救助。

第26条　受灾地区人民政府应急管理、财政等部门和有关社会组织应当通过报刊、广播、电视、互联网，主动向社会公开所接受的自然灾害救助款物和捐赠款物的来源、数量及其使用情况。

受灾地区村民委员会、居民委员会应当公布救助对象及其接受救助款物数额和使用情况。

第27条　各级人民政府应当建立健全自然灾害救助款物和捐赠款物的监督检查制度，并及时受理投诉和举报。

第28条　县级以上人民政府监察机关、审计机关应当依法对自然灾害救助款物和捐赠款物的管理使用情况进行监督检查，应急管理、财政等部门和有关社会组织应当予以配合。

第五十三条　紧急救援、人道救助和应急慈善

红十字会在突发事件中，应当对伤病人员和其他受害者提供紧急救援和人道救助，并协助人民政府开展与其职责相关的其他人道主义服务活动。有关人民政府应当给予红十字会支持和资助，保障其依法参与应对突发事件。

慈善组织在发生重大突发事件时开展募捐和救助活动，应当在有关人民政府的统筹协调、有序引导下依法进行。有关人民政府应当通过提供必要的需求信息、政府购买服务等方式，对慈善组织参与应对突发事件、开展应急慈善活动予以支持。

● 法　律

《慈善法》（2023年12月29日）

第70条　发生重大突发事件需要迅速开展救助时，履行统一领导职责或者组织处置突发事件的人民政府应当依法建立协调机制，明确专门机构、人员，提供需求信息，及时有序引导慈善组织、志愿者等社会力量开展募捐和救助活动。

第71条　国家鼓励慈善组织、慈善行业组织建立应急机制，

加强信息共享、协商合作，提高慈善组织运行和慈善资源使用的效率。

在发生重大突发事件时，鼓励慈善组织、志愿者等在有关人民政府的协调引导下依法开展或者参与慈善活动。

第72条　为应对重大突发事件开展公开募捐的，应当及时分配或者使用募得款物，在应急处置与救援阶段至少每五日公开一次募得款物的接收情况，及时公开分配、使用情况。

第73条　为应对重大突发事件开展公开募捐，无法在募捐活动前办理募捐方案备案的，应当在活动开始后十日内补办备案手续。

第92条　国家对开展扶贫济困、参与重大突发事件应对、参与重大国家战略的慈善活动，实行特殊的优惠政策。

第111条　慈善组织开展募捐活动有下列情形之一的，由县级以上人民政府民政部门予以警告，责令停止募捐活动；责令退还违法募集的财产，无法退还的，由民政部门予以收缴，转给其他慈善组织用于慈善目的；情节严重的，吊销公开募捐资格证书或者登记证书并予以公告，公开募捐资格证书被吊销的，五年内不得再次申请：

（一）通过虚构事实等方式欺骗、诱导募捐对象实施捐赠的；

（二）向单位或者个人摊派或者变相摊派的；

（三）妨碍公共秩序、企业生产经营或者居民生活的；

（四）与不具有公开募捐资格的组织或者个人合作，违反本法第二十六条规定的；

（五）通过互联网开展公开募捐，违反本法第二十七条规定的；

（六）为应对重大突发事件开展公开募捐，不及时分配、使用募得款物的。

第五十四条　救援资金和物资管理

有关单位应当加强应急救援资金、物资的管理，提高使用效率。

任何单位和个人不得截留、挪用、私分或者变相私分应急救援资金、物资。

● **行政法规及文件**

《国家安全生产事故灾难应急预案》（2006年1月22日）

6.2.5　物资保障

国务院有关部门和县级以上人民政府及其有关部门、企业，应当建立应急救援设施、设备、救治药品和医疗器械等储备制度，储备必要的应急物资和装备。

各专业应急救援机构根据实际情况，负责监督应急物资的储备情况、掌握应急物资的生产加工能力储备情况。

6.2.6　资金保障

生产经营单位应当做好事故应急救援必要的资金准备。安全生产事故灾难应急救援资金首先由事故责任单位承担，事故责任单位暂时无力承担的，由当地政府协调解决。国家处置安全生产事故灾难所需工作经费按照《财政应急保障预案》的规定解决。

第五十五条　巨灾风险保险体系

国家发展保险事业，建立政府支持、社会力量参与、市场化运作的巨灾风险保险体系，并鼓励单位和个人参加保险。

● **部门规章及文件**

《中央企业应急管理暂行办法》（2013年2月28日）

第24条　中央企业应当充分发挥保险在突发事件预防、处置和恢复重建等方面的作用，大力推进意外伤害保险和责任保险制度建设，完善对专业和兼职应急队伍的工伤保险制度。

第五十六条　技术应用、人才培养和研究开发

国家加强应急管理基础科学、重点行业领域关键核心技术的研究，加强互联网、云计算、大数据、人工智能等现代技术手段在突发事件应对工作中的应用，鼓励、扶持有条件的教学科研机构、企业培养应急管理人才和科技人才，研发、推广新技术、新材料、新设备和新工具，提高突发事件应对能力。

● 部门规章及文件

《中央企业应急管理暂行办法》（2013年2月28日）

第25条　中央企业应当积极推进科技支撑体系建设，紧密跟踪国内外先进应急理论、技术发展，针对企业应急工作的重点和难点，加强与科研机构的联合攻关，积极研发和使用突发事件预防、监测、预警、应急处置与救援的新技术、新设备。

第五十七条　专家咨询论证制度

县级以上人民政府及其有关部门应当建立健全突发事件专家咨询论证制度，发挥专业人员在突发事件应对工作中的作用。

● 行政法规及文件

1.《生产安全事故应急条例》（2019年2月17日）

第11条　应急救援队伍的应急救援人员应当具备必要的专业知识、技能、身体素质和心理素质。

应急救援队伍建立单位或者兼职应急救援人员所在单位应当按照国家有关规定对应急救援人员进行培训；应急救援人员经培

训合格后，方可参加应急救援工作。

应急救援队伍应当配备必要的应急救援装备和物资，并定期组织训练。

2. 《**突发公共卫生事件应急条例**》（2011年1月8日）

第26条　突发事件发生后，卫生行政主管部门应当组织专家对突发事件进行综合评估，初步判断突发事件的类型，提出是否启动突发事件应急预案的建议。

第29条　省级以上人民政府卫生行政主管部门或者其他有关部门指定的突发事件应急处理专业技术机构，负责突发事件的技术调查、确证、处置、控制和评价工作。

第35条　参加突发事件应急处理的工作人员，应当按照预案的规定，采取卫生防护措施，并在专业人员的指导下进行工作。

第36条　国务院卫生行政主管部门或者其他有关部门指定的专业技术机构，有权进入突发事件现场进行调查、采样、技术分析和检验，对地方突发事件的应急处理工作进行技术指导，有关单位和个人应当予以配合；任何单位和个人不得以任何理由予以拒绝。

3. 《**核电厂核事故应急管理条例**》（2011年1月8日）

第18条　核电厂的核事故应急机构和省级人民政府指定的部门应当适时组织不同专业和不同规模的核事故应急演习。

在核电厂首次装料前，核电厂的核事故应急机构和省级人民政府指定的部门应当组织场内、场外核事故应急演习。

4. 《**地质灾害防治条例**》（2003年11月24日）

第22条　国家对从事地质灾害危险性评估的单位实行资质管理制度。地质灾害危险性评估单位应当具备下列条件，经省级以上人民政府国土资源主管部门资质审查合格，取得国土资源主管部门颁发的相应等级的资质证书后，方可在资质等级许可的范围内从事地质灾害危险性评估业务：

（一）有独立的法人资格；

（二）有一定数量的工程地质、环境地质和岩土工程等相应专业的技术人员；

（三）有相应的技术装备。

地质灾害危险性评估单位进行评估时，应当对建设工程遭受地质灾害危害的可能性和该工程建设中、建成后引发地质灾害的可能性做出评价，提出具体的预防治理措施，并对评估结果负责。

第四章　监测与预警

第五十八条　突发事件监测制度

国家建立健全突发事件监测制度。

县级以上人民政府及其有关部门应当根据自然灾害、事故灾难和公共卫生事件的种类和特点，建立健全基础信息数据库，完善监测网络，划分监测区域，确定监测点，明确监测项目，提供必要的设备、设施，配备专职或者兼职人员，对可能发生的突发事件进行监测。

● 行政法规及文件

《突发公共卫生事件应急条例》（2011年1月8日）

第14条　国家建立统一的突发事件预防控制体系。

县级以上地方人民政府应当建立和完善突发事件监测与预警系统。

县级以上各级人民政府卫生行政主管部门，应当指定机构负责开展突发事件的日常监测，并确保监测与预警系统的正常运行。

第15条　监测与预警工作应当根据突发事件的类别，制定监测计划,科学分析、综合评价监测数据。对早期发现的潜在隐患以及可能发生的突发事件,应当依照本条例规定的报告程序和时限及时报告。

第20条 突发事件监测机构、医疗卫生机构和有关单位发现有本条例第十九条规定情形之一的,应当在2小时内向所在地县级人民政府卫生行政主管部门报告;接到报告的卫生行政主管部门应当在2小时内向本级人民政府报告,并同时向上级人民政府卫生行政主管部门和国务院卫生行政主管部门报告。

县级人民政府应当在接到报告后2小时内向设区的市级人民政府或者上一级人民政府报告;设区的市级人民政府应当在接到报告后2小时内向省、自治区、直辖市人民政府报告。

第五十九条　突发事件信息系统

国务院建立全国统一的突发事件信息系统。

县级以上地方人民政府应当建立或者确定本地区统一的突发事件信息系统,汇集、储存、分析、传输有关突发事件的信息,并与上级人民政府及其有关部门、下级人民政府及其有关部门、专业机构、监测网点和重点企业的突发事件信息系统实现互联互通,加强跨部门、跨地区的信息共享与情报合作。

● 行政法规及文件

1. 《突发公共卫生事件应急条例》(2011年1月8日)

第11条 全国突发事件应急预案应当包括以下主要内容:

(一)突发事件应急处理指挥部的组成和相关部门的职责;

(二)突发事件的监测与预警;

(三)突发事件信息的收集、分析、报告、通报制度;

(四)突发事件应急处理技术和监测机构及其任务;

(五)突发事件的分级和应急处理工作方案;

（六）突发事件预防、现场控制，应急设施、设备、救治药品和医疗器械以及其他物资和技术的储备与调度；

（七）突发事件应急处理专业队伍的建设和培训。

第19条 国家建立突发事件应急报告制度。

国务院卫生行政主管部门制定突发事件应急报告规范，建立重大、紧急疫情信息报告系统。

有下列情形之一的，省、自治区、直辖市人民政府应当在接到报告1小时内，向国务院卫生行政主管部门报告：

（一）发生或者可能发生传染病暴发、流行的；

（二）发生或者发现不明原因的群体性疾病的；

（三）发生传染病菌种、毒种丢失的；

（四）发生或者可能发生重大食物和职业中毒事件的。

国务院卫生行政主管部门对可能造成重大社会影响的突发事件，应当立即向国务院报告。

第25条 国家建立突发事件的信息发布制度。

国务院卫生行政主管部门负责向社会发布突发事件的信息。必要时，可以授权省、自治区、直辖市人民政府卫生行政主管部门向社会发布本行政区域内突发事件的信息。

信息发布应当及时、准确、全面。

第40条 传染病暴发、流行时，街道、乡镇以及居民委员会、村民委员会应当组织力量，团结协作，群防群治，协助卫生行政主管部门和其他有关部门、医疗卫生机构做好疫情信息的收集和报告、人员的分散隔离、公共卫生措施的落实工作，向居民、村民宣传传染病防治的相关知识。

● 部门规章及文件

2.《**公共互联网网络安全突发事件应急预案**》（2017年11月14日）

7.4 手段建设

工业和信息化部规划建设统一的公共互联网网络安全应急指

挥平台，汇集、存储、分析有关突发事件的信息，开展应急指挥调度。指导基础电信企业、大型互联网企业、域名机构和网络安全专业机构等单位规划建设本单位突发事件信息系统，并与工业和信息化部应急指挥平台实现互联互通。

第六十条　突发事件信息收集制度

县级以上人民政府及其有关部门、专业机构应当通过多种途径收集突发事件信息。

县级人民政府应当在居民委员会、村民委员会和有关单位建立专职或者兼职信息报告员制度。

公民、法人或者其他组织发现发生突发事件，或者发现可能发生突发事件的异常情况，应当立即向所在地人民政府、有关主管部门或者指定的专业机构报告。接到报告的单位应当按照规定立即核实处理，对于不属于其职责的，应当立即移送相关单位核实处理。

● 行政法规及文件

《突发公共卫生事件应急条例》（2011年1月8日）

第11条　全国突发事件应急预案应当包括以下主要内容：

（一）突发事件应急处理指挥部的组成和相关部门的职责；

（二）突发事件的监测与预警；

（三）突发事件信息的收集、分析、报告、通报制度；

（四）突发事件应急处理技术和监测机构及其任务；

（五）突发事件的分级和应急处理工作方案；

（六）突发事件预防、现场控制，应急设施、设备、救治药品和医疗器械以及其他物资和技术的储备与调度；

（七）突发事件应急处理专业队伍的建设和培训。

第15条　监测与预警工作应当根据突发事件的类别，制定监测计划，科学分析、综合评价监测数据。对早期发现的潜在隐患以及可能发生的突发事件，应当依照本条例规定的报告程序和时限及时报告。

> **第六十一条** 突发事件信息报告制度
>
> 　　地方各级人民政府应当按照国家有关规定向上级人民政府报送突发事件信息。县级以上人民政府有关主管部门应当向本级人民政府相关部门通报突发事件信息，并报告上级人民政府主管部门。专业机构、监测网点和信息报告员应当及时向所在地人民政府及其有关主管部门报告突发事件信息。
>
> 　　有关单位和人员报送、报告突发事件信息，应当做到及时、客观、真实，不得迟报、谎报、瞒报、漏报，不得授意他人迟报、谎报、瞒报，不得阻碍他人报告。

● **行政法规及文件**

1.《**突发公共卫生事件应急条例**》（2011年1月8日）

　　第19条 国家建立突发事件应急报告制度。

　　国务院卫生行政主管部门制定突发事件应急报告规范，建立重大、紧急疫情信息报告系统。

　　有下列情形之一的，省、自治区、直辖市人民政府应当在接到报告1小时内，向国务院卫生行政主管部门报告：

　　（一）发生或者可能发生传染病暴发、流行的；

　　（二）发生或者发现不明原因的群体性疾病的；

　　（三）发生传染病菌种、毒种丢失的；

　　（四）发生或者可能发生重大食物和职业中毒事件的。

　　国务院卫生行政主管部门对可能造成重大社会影响的突发事件，应当立即向国务院报告。

第21条　任何单位和个人对突发事件，不得隐瞒、缓报、谎报或者授意他人隐瞒、缓报、谎报。

第22条　接到报告的地方人民政府、卫生行政主管部门依照本条例规定报告的同时，应当立即组织力量对报告事项调查核实、确证，采取必要的控制措施，并及时报告调查情况。

● 部门规章及文件

2.《公共互联网网络安全突发事件应急预案》（2017年11月14日）

4.1　事件监测

基础电信企业、域名机构、互联网企业应当对本单位网络和系统的运行状况进行密切监测，一旦发生本预案规定的网络安全突发事件，应当立即通过电话等方式向部应急办和相关省（自治区、直辖市）通信管理局报告，不得迟报、谎报、瞒报、漏报。

网络安全专业机构、网络安全企业应当通过多种途径监测、收集已经发生的公共互联网网络安全突发事件信息，并及时向部应急办和相关省（自治区、直辖市）通信管理局报告。

报告突发事件信息时，应当说明事件发生时间、初步判定的影响范围和危害、已采取的应急处置措施和有关建议。

4.2　预警监测

基础电信企业、域名机构、互联网企业、网络安全专业机构、网络安全企业应当通过多种途径监测、收集漏洞、病毒、网络攻击最新动向等网络安全隐患和预警信息，对发生突发事件的可能性及其可能造成的影响进行分析评估；认为可能发生特别重大或重大突发事件的，应当立即向部应急办报告；认为可能发生较大或一般突发事件的，应当立即向相关省（自治区、直辖市）通信管理局报告。

第六十二条　**突发事件信息评估制度**

县级以上地方人民政府应当及时汇总分析突发事件隐患和监测信息，必要时组织相关部门、专业技术人员、专家学者进行会商，对发生突发事件的可能性及其可能造成的影响进行评估；认为可能发生重大或者特别重大突发事件的，应当立即向上级人民政府报告，并向上级人民政府有关部门、当地驻军和可能受到危害的毗邻或者相关地区的人民政府通报，及时采取预防措施。

● 部门规章及文件

1.《文化市场突发事件应急管理办法（试行）》（2012年8月14日）

第八条　各级执法部门应当加强文化市场日常检查，对突发事件隐患和预警信息进行风险评估和预测，认为可能发生突发事件的，应当采取预防措施或者通报相关部门。

2.《文化市场突发事件应急预案（试行）》（2012年8月14日）

5.2　预警系统

文化市场突发事件应急工作领导小组应当注重安全信息的收集与上报，对突发事件隐患和预警信息进行风险评估和预测，认为可能发生突发事件的，应当采取必要的防范措施，同时向同级人民政府和上级文化市场突发事件应急工作领导小组报告，并通报相关部门。

各级执法部门应当督促文化市场经营场所、经营活动主体配备预警通讯和广播设备，对可能发生的突发事件进行预警。

| 第六十三条 | 突发事件预警制度 |

> 国家建立健全突发事件预警制度。
> 可以预警的自然灾害、事故灾难和公共卫生事件的预警级别，按照突发事件发生的紧急程度、发展势态和可能造成的危害程度分为一级、二级、三级和四级，分别用红色、橙色、黄色和蓝色标示，一级为最高级别。
> 预警级别的划分标准由国务院或者国务院确定的部门制定。

● 部门规章及文件

1. 《危险化学品重大危险源监督管理暂行规定》（2015年5月27日）

第8条 危险化学品单位应当对重大危险源进行安全评估并确定重大危险源等级。危险化学品单位可以组织本单位的注册安全工程师、技术人员或者聘请有关专家进行安全评估，也可以委托具有相应资质的安全评价机构进行安全评估。

依照法律、行政法规的规定，危险化学品单位需要进行安全评价的，重大危险源安全评估可以与本单位的安全评价一起进行，以安全评价报告代替安全评估报告，也可以单独进行重大危险源安全评估。

重大危险源根据其危险程度，分为一级、二级、三级和四级，一级为最高级别。重大危险源分级方法由本规定附件1列示。

2. 《高速公路交通应急管理程序规定》（2008年12月3日）

第9条 根据道路交通中断造成车辆滞留的影响范围和严重程度，高速公路应急响应从高到低分为一级、二级、三级和四级应急响应级别。各级公安机关应当完善高速公路交通管理应急预案体系，根据职权制定相应级别的应急预案，在应急预案中分别对交通事故、危险化学品泄漏、恶劣天气、自然灾害等不同突发情况做出具体规定。

第六十四条　预警信息发布、报告和通报

可以预警的自然灾害、事故灾难或者公共卫生事件即将发生或者发生的可能性增大时，县级以上地方人民政府应当根据有关法律、行政法规和国务院规定的权限和程序，发布相应级别的警报，决定并宣布有关地区进入预警期，同时向上一级人民政府报告，必要时可以越级上报；具备条件的，应当进行网络直报或者自动速报；同时向当地驻军和可能受到危害的毗邻或者相关地区的人民政府通报。

发布警报应当明确预警类别、级别、起始时间、可能影响的范围、警示事项、应当采取的措施、发布单位和发布时间等。

● 部门规章及文件

《交通运输突发事件应急管理规定》（2011年11月14日）

第三十条　县级以上地方人民政府宣布进入预警期后，交通运输主管部门应当根据预警级别和可能发生的交通运输突发事件的特点，采取下列措施：

（一）启动相应的交通运输突发事件应急预案；

（二）根据需要启动应急协作机制，加强与相关部门的协调沟通；

（三）按照所属地方人民政府和上级交通运输主管部门的要求，指导交通运输企业采取相关预防措施；

（四）加强对突发事件发生、发展情况的跟踪监测，加强值班和信息报告；

（五）按照地方人民政府的授权，发布相关信息，宣传避免、减轻危害的常识，提出采取特定措施避免或者减轻危害的建议、劝告；

（六）组织应急救援队伍和相关人员进入待命状态，调集应急处置所需的运力和装备，检测用于疏运转移的交通运输工具和应急通信设备，确保其处于良好状态；

（七）加强对交通运输枢纽、重点通航建筑物、重点场站、重点港口、码头、重点运输线路及航道的巡查维护；

（八）法律、法规或者所属地方人民政府提出的其他应急措施。

第六十五条　预警信息发布

国家建立健全突发事件预警发布平台，按照有关规定及时、准确向社会发布突发事件预警信息。

广播、电视、报刊以及网络服务提供者、电信运营商应当按照国家有关规定，建立突发事件预警信息快速发布通道，及时、准确、无偿播发或者刊载突发事件预警信息。

公共场所和其他人员密集场所，应当指定专门人员负责突发事件预警信息接收和传播工作，做好相关设备、设施维护，确保突发事件预警信息及时、准确接收和传播。

● 行政法规及文件

1.《国务院办公厅关于推动疾病预防控制事业高质量发展的指导意见》（2023 年 12 月 25 日）

（七）提升监测预警和检验检测能力。加快建立疾控部门牵头，跨部门、跨区域、军地互通，以传染病多渠道监测、风险评估和预测预警为重点的多点触发、反应快速、权威高效的监测预警体系和机制。优化传染病疫情和突发公共卫生事件网络直报工作，完善临床监测、病原监测、病媒监测等专业监测，健全和畅通医疗机构报告、医务人员直接报告、科研发现报告、检验检测机构报告、群众个人报告、舆情监测等信息渠道，实现卫生健康、疾控、教育、民政、生态环境、农业农村、海关、市场监管、气象、移民、林草、中医药、药监等部门的联动监测和信息共享。建立健全包括疾控机构、医疗机构、高等院校、科研院所、海关国际旅行卫生保健中心以及检验检测机构在内的公共卫生实验室网络。加快疾控机构实验室标准化建设。

● 部门规章及文件

2.《水利部办公厅关于印发 2022 年度山洪灾害防御能力提升项目建设工作要求的通知》（2022 年 4 月 26 日）

提升山洪灾害预警信息共享能力。建立与应急、气象等部门的监测预报预警信息共享机制，在现有山洪灾害监测预警平台功能基础上，完善与有关部门监测预警信息共享功能。按照《水利部办公厅、工业和信息化部办公厅关于依托移动通信网络发布山洪灾害预警信息工作的通知》（办防〔2020〕102 号），推进依托"三大运营商"和各地突发事件预警发布系统实现山洪灾害预警信息靶向发布和多渠道发布。采用"移动互联网+"、北斗等技术，探索与地图服务商共享信息或开发手机端服务应用模块等方式，进一步提升预警信息社会化服务能力。

第六十六条　三级、四级预警措施

发布三级、四级警报，宣布进入预警期后，县级以上地方人民政府应当根据即将发生的突发事件的特点和可能造成的危害，采取下列措施：

（一）启动应急预案；

（二）责令有关部门、专业机构、监测网点和负有特定职责的人员及时收集、报告有关信息，向社会公布反映突发事件信息的渠道，加强对突发事件发生、发展情况的监测、预报和预警工作；

（三）组织有关部门和机构、专业技术人员、有关专家学者，随时对突发事件信息进行分析评估，预测发生突发事件可能性的大小、影响范围和强度以及可能发生的突发事件的级别；

（四）定时向社会发布与公众有关的突发事件预测信息和分析评估结果，并对相关信息的报道工作进行管理；

（五）及时按照有关规定向社会发布可能受到突发事件危害的警告，宣传避免、减轻危害的常识，公布咨询或者求助电话等联络方式和渠道。

第六十七条　一级、二级预警措施

发布一级、二级警报，宣布进入预警期后，县级以上地方人民政府除采取本法第六十六条规定的措施外，还应当针对即将发生的突发事件的特点和可能造成的危害，采取下列一项或者多项措施：

（一）责令应急救援队伍、负有特定职责的人员进入待命状态，并动员后备人员做好参加应急救援和处置工作的准备；

（二）调集应急救援所需物资、设备、工具，准备应急设施和应急避难、封闭隔离、紧急医疗救治等场所，并确保其处于良好状态、随时可以投入正常使用；

（三）加强对重点单位、重要部位和重要基础设施的安全保卫，维护社会治安秩序；

（四）采取必要措施，确保交通、通信、供水、排水、供电、供气、供热、医疗卫生、广播电视、气象等公共设施的安全和正常运行；

（五）及时向社会发布有关采取特定措施避免或者减轻危害的建议、劝告；

（六）转移、疏散或者撤离易受突发事件危害的人员并予以妥善安置，转移重要财产；

（七）关闭或者限制使用易受突发事件危害的场所，控制或者限制容易导致危害扩大的公共场所的活动；

（八）法律、法规、规章规定的其他必要的防范性、保护性措施。

第六十八条　预警期保障措施

发布警报，宣布进入预警期后，县级以上人民政府应当对重要商品和服务市场情况加强监测，根据实际需要及时保障供应、稳定市场。必要时，国务院和省、自治区、直辖市人民政府可以按照《中华人民共和国价格法》等有关法律规定采取相应措施。

● 法　律

《价格法》（1997年12月29日）

第14条　经营者不得有下列不正当价格行为：

（一）相互串通，操纵市场价格，损害其他经营者或者消费者的合法权益；

（二）在依法降价处理鲜活商品、季节性商品、积压商品等商品外，为了排挤竞争对手或者独占市场，以低于成本的价格倾销，扰乱正常的生产经营秩序，损害国家利益或者其他经营者的合法权益；

（三）捏造、散布涨价信息，哄抬价格，推动商品价格过高上涨的；

（四）利用虚假的或者使人误解的价格手段，诱骗消费者或者其他经营者与其进行交易；

（五）提供相同商品或者服务，对具有同等交易条件的其他经营者实行价格歧视；

（六）采取抬高等级或者压低等级等手段收购、销售商品或者提供服务，变相提高或者压低价格；

（七）违反法律、法规的规定牟取暴利；

（八）法律、行政法规禁止的其他不正当价格行为。

第18条　下列商品和服务价格，政府在必要时可以实行政府指导价或者政府定价：

（一）与国民经济发展和人民生活关系重大的极少数商品价格；

（二）资源稀缺的少数商品价格；

（三）自然垄断经营的商品价格；

（四）重要的公用事业价格；

（五）重要的公益性服务价格。

第30条　当重要商品和服务价格显著上涨或者有可能显著上涨，国务院和省、自治区、直辖市人民政府可以对部分价格采取限定差价率或者利润率、规定限价、实行提价申报制度和调价备案制度等干预措施。

省、自治区、直辖市人民政府采取前款规定的干预措施，应当报国务院备案。

第31条　当市场价格总水平出现剧烈波动等异常状态时，国务院可以在全国范围内或者部分区域内采取临时集中定价权限、部分或者全面冻结价格的紧急措施。

第32条　依照本法第三十条、第三十一条的规定实行干预措施、紧急措施的情形消除后，应当及时解除干预措施、紧急措施。

第六十九条 社会安全事件信息报告制度

对即将发生或者已经发生的社会安全事件，县级以上地方人民政府及其有关主管部门应当按照规定向上一级人民政府及其有关主管部门报告，必要时可以越级上报，具备条件的，应当进行网络直报或者自动速报。

第七十条 预警调整和解除

发布突发事件警报的人民政府应当根据事态的发展，按照有关规定适时调整预警级别并重新发布。

有事实证明不可能发生突发事件或者危险已经解除的，发布警报的人民政府应当立即宣布解除警报，终止预警期，并解除已经采取的有关措施。

● 行政法规及文件

《国家突发环境事件应急预案》（2014年12月29日）

3.2.4 预警级别调整和解除

发布突发环境事件预警信息的地方人民政府或有关部门，应当根据事态发展情况和采取措施的效果适时调整预警级别；当判断不可能发生突发环境事件或者危险已经消除时，宣布解除预警，适时终止相关措施。

第五章 应急处置与救援

第七十一条 应急响应制度

国家建立健全突发事件应急响应制度。

突发事件的应急响应级别，按照突发事件的性质、特点、可能造成的危害程度和影响范围等因素分为一级、二级、三级和四级，一级为最高级别。

突发事件应急响应级别划分标准由国务院或者国务院确定的部门制定。县级以上人民政府及其有关部门应当在突发事件应急预案中确定应急响应级别。

● 行政法规及文件

《突发事件应急预案管理办法》（2024 年 1 月 31 日）

第 24 条　应急预案审核内容主要包括：

（一）预案是否符合有关法律、法规、规章和标准等规定；

（二）预案是否符合上位预案要求并与有关预案有效衔接；

（三）框架结构是否清晰合理，主体内容是否完备；

（四）组织指挥体系与责任分工是否合理明确，应急响应级别设计是否合理，应对措施是否具体简明、管用可行；

（五）各方面意见是否一致；

（六）其他需要审核的内容。

第七十二条　应急处置机制

突发事件发生后，履行统一领导职责或者组织处置突发事件的人民政府应当针对其性质、特点、危害程度和影响范围等，立即启动应急响应，组织有关部门，调动应急救援队伍和社会力量，依照法律、法规、规章和应急预案的规定，采取应急处置措施，并向上级人民政府报告；必要时，可以设立现场指挥部，负责现场应急处置与救援，统一指挥进入突发事件现场的单位和个人。

启动应急响应，应当明确响应事项、级别、预计期限、应急处置措施等。

履行统一领导职责或者组织处置突发事件的人民政府，应当建立协调机制，提供需求信息，引导志愿服务组织和志愿者等社会力量及时有序参与应急处置与救援工作。

● 行政法规及文件

《突发事件应急预案管理办法》（2024年1月31日）

第32条 应急预案编制单位应当建立应急预案演练制度，通过采取形式多样的方式方法，对应急预案所涉及的单位、人员、装备、设施等组织演练。通过演练发现问题、解决问题，进一步修改完善应急预案。

专项应急预案、部门应急预案每3年至少进行一次演练。

地震、台风、风暴潮、洪涝、山洪、滑坡、泥石流、森林草原火灾等自然灾害易发区域所在地人民政府，重要基础设施和城市供水、供电、供气、供油、供热等生命线工程经营管理单位，矿山、金属冶炼、建筑施工单位和易燃易爆物品、化学品、放射性物品等危险物品生产、经营、使用、储存、运输、废弃处置单位，公共交通工具、公共场所和医院、学校等人员密集场所的经营单位或者管理单位等，应当有针对性地组织开展应急预案演练。

第七十三条 自然灾害、事故灾难和公共卫生事件应急处置措施

自然灾害、事故灾难或者公共卫生事件发生后，履行统一领导职责的人民政府应当采取下列一项或者多项应急处置措施：

（一）组织营救和救治受害人员，转移、疏散、撤离并妥善安置受到威胁的人员以及采取其他救助措施；

（二）迅速控制危险源，标明危险区域，封锁危险场所，划定警戒区，实行交通管制、限制人员流动、封闭管理以及其他控制措施；

（三）立即抢修被损坏的交通、通信、供水、排水、供电、供气、供热、医疗卫生、广播电视、气象等公共设施，向受到危害的人员提供避难场所和生活必需品，实施医疗救护和卫生防疫以及其他保障措施；

（四）禁止或者限制使用有关设备、设施，关闭或者限制使用有关场所，中止人员密集的活动或者可能导致危害扩大的生产经营活动以及采取其他保护措施；

（五）启用本级人民政府设置的财政预备费和储备的应急救援物资，必要时调用其他急需物资、设备、设施、工具；

（六）组织公民、法人和其他组织参加应急救援和处置工作，要求具有特定专长的人员提供服务；

（七）保障食品、饮用水、药品、燃料等基本生活必需品的供应；

（八）依法从严惩处囤积居奇、哄抬价格、牟取暴利、制假售假等扰乱市场秩序的行为，维护市场秩序；

（九）依法从严惩处哄抢财物、干扰破坏应急处置工作等扰乱社会秩序的行为，维护社会治安；

（十）开展生态环境应急监测，保护集中式饮用水水源地等环境敏感目标，控制和处置污染物；

（十一）采取防止发生次生、衍生事件的必要措施。

● 行政法规及文件

1. 《突发事件应急预案管理办法》(2024年1月31日)

第10条 针对突发事件应对的专项和部门应急预案,主要规定县级以上人民政府或有关部门相关突发事件应对工作的组织指挥体系和专项工作安排,不同层级预案内容各有侧重,涉及相邻或相关地方人民政府、部门、单位任务的应当沟通一致后明确。

国家层面专项和部门应急预案侧重明确突发事件的应对原则、组织指挥机制、预警分级和事件分级标准、响应分级、信息报告要求、应急保障措施等,重点规范国家层面应对行动,同时体现政策性和指导性。

省级专项和部门应急预案侧重明确突发事件的组织指挥机制、监测预警、分级响应及响应行动、队伍物资保障及市县级人民政府职责等,重点规范省级层面应对行动,同时体现指导性和实用性。

市县级专项和部门应急预案侧重明确突发事件的组织指挥机制、风险管控、监测预警、信息报告、组织自救互救、应急处置措施、现场管控、队伍物资保障等内容,重点规范市(地)级和县级层面应对行动,落实相关任务,细化工作流程,体现应急处置的主体职责和针对性、可操作性。

第15条 乡镇(街道)应急预案重点规范乡镇(街道)层面应对行动,侧重明确突发事件的预警信息传播、任务分工、处置措施、信息收集报告、现场管理、人员疏散与安置等内容。

村(社区)应急预案侧重明确风险点位、应急响应责任人、预警信息传播与响应、人员转移避险、应急处置措施、应急资源调用等内容。

乡镇(街道)、村(社区)应急预案的形式、要素和内容等,可结合实际灵活确定,力求简明实用,突出人员转移避险,体现先期处置特点。

第16条　单位应急预案侧重明确应急响应责任人、风险隐患监测、主要任务、信息报告、预警和应急响应、应急处置措施、人员疏散转移、应急资源调用等内容。

大型企业集团可根据相关标准规范和实际工作需要，建立本集团应急预案体系。

安全风险单一、危险性小的生产经营单位，可结合实际简化应急预案要素和内容。

2.《国家突发公共卫生事件应急预案》(2006年2月26日)

4　突发公共卫生事件的应急反应和终止

4.1　应急反应原则

发生突发公共卫生事件时，事发地的县级、市（地）级、省级人民政府及其有关部门按照分级响应的原则，作出相应级别应急反应。同时，要遵循突发公共卫生事件发生发展的客观规律，结合实际情况和预防控制工作的需要，及时调整预警和反应级别，以有效控制事件，减少危害和影响。要根据不同类别突发公共卫生事件的性质和特点，注重分析事件的发展趋势，对事态和影响不断扩大的事件，应及时升级预警和反应级别；对范围局限、不会进一步扩散的事件，应相应降低反应级别，及时撤销预警。

国务院有关部门和地方各级人民政府及有关部门对在学校、区域性或全国性重要活动期间等发生的突发公共卫生事件，要高度重视，可相应提高报告和反应级别，确保迅速、有效控制突发公共卫生事件，维护社会稳定。

突发公共卫生事件应急处理要采取边调查、边处理、边抢救、边核实的方式，以有效措施控制事态发展。

事发地之外的地方各级人民政府卫生行政部门接到突发公共卫生事件情况通报后，要及时通知相应的医疗卫生机构，组织做好应急处理所需的人员与物资准备，采取必要的预防控制措施，防止突发公共卫生事件在本行政区域内发生，并服从上一级人民政府卫生行政部门的统一指挥和调度，支援突发公共卫生事件发生地区的应急处理工作。

第七十四条　社会安全事件应急处置措施

社会安全事件发生后，组织处置工作的人民政府应当立即启动应急响应，组织有关部门针对事件的性质和特点，依照有关法律、行政法规和国家其他有关规定，采取下列一项或者多项应急处置措施：

（一）强制隔离使用器械相互对抗或者以暴力行为参与冲突的当事人，妥善解决现场纠纷和争端，控制事态发展；

（二）对特定区域内的建筑物、交通工具、设备、设施以及燃料、燃气、电力、水的供应进行控制；

（三）封锁有关场所、道路，查验现场人员的身份证件，限制有关公共场所内的活动；

（四）加强对易受冲击的核心机关和单位的警卫，在国家机关、军事机关、国家通讯社、广播电台、电视台、外国驻华使领馆等单位附近设置临时警戒线；

（五）法律、行政法规和国务院规定的其他必要措施。

第七十五条　严重影响国民经济运行的突发事件应急处置机制

发生突发事件，严重影响国民经济正常运行时，国务院或者国务院授权的有关主管部门可以采取保障、控制等必要的应急措施，保障人民群众的基本生活需要，最大限度地减轻突发事件的影响。

第七十六条　应急协作机制和救援帮扶制度

　　履行统一领导职责或者组织处置突发事件的人民政府及其有关部门，必要时可以向单位和个人征用应急救援所需设备、设施、场地、交通工具和其他物资，请求其他地方人民政府及其有关部门提供人力、物力、财力或者技术支援，要求生产、供应生活必需品和应急救援物资的企业组织生产、保证供给，要求提供医疗、交通等公共服务的组织提供相应的服务。

　　履行统一领导职责或者组织处置突发事件的人民政府和有关主管部门，应当组织协调运输经营单位，优先运送处置突发事件所需物资、设备、工具、应急救援人员和受到突发事件危害的人员。

　　履行统一领导职责或者组织处置突发事件的人民政府及其有关部门，应当为受突发事件影响无人照料的无民事行为能力人、限制民事行为能力人提供及时有效帮助；建立健全联系帮扶应急救援人员家庭制度，帮助解决实际困难。

● 行政法规及文件

《突发事件应急预案管理办法》（2024年1月31日）

　　第10条　针对突发事件应对的专项和部门应急预案，主要规定县级以上人民政府或有关部门相关突发事件应对工作的组织指挥体系和专项工作安排，不同层级预案内容各有侧重，涉及相邻或相关地方人民政府、部门、单位任务的应当沟通一致后明确。

　　国家层面专项和部门应急预案侧重明确突发事件的应对原则、组织指挥机制、预警分级和事件分级标准、响应分级、信息报告要求、应急保障措施等，重点规范国家层面应对行动，同时体现政策性和指导性。

　　省级专项和部门应急预案侧重明确突发事件的组织指挥机制、监测预警、分级响应及响应行动、队伍物资保障及市县级人民政府职责等，重点规范省级层面应对行动，同时体现指导性和实用性。

市县级专项和部门应急预案侧重明确突发事件的组织指挥机制、风险管控、监测预警、信息报告、组织自救互救、应急处置措施、现场管控、队伍物资保障等内容，重点规范市（地）级和县级层面应对行动，落实相关任务，细化工作流程，体现应急处置的主体职责和针对性、可操作性。

第11条　为突发事件应对工作提供通信、交通运输、医学救援、物资装备、能源、资金以及新闻宣传、秩序维护、慈善捐赠、灾害救助等保障功能的专项和部门应急预案侧重明确组织指挥机制、主要任务、资源布局、资源调用或应急响应程序、具体措施等内容。

针对重要基础设施、生命线工程等重要目标保护的专项和部门应急预案，侧重明确关键功能和部位、风险隐患及防范措施、监测预警、信息报告、应急处置和紧急恢复、应急联动等内容。

第七十七条　群众性基层自治组织组织自救与互助

突发事件发生地的居民委员会、村民委员会和其他组织应当按照当地人民政府的决定、命令，进行宣传动员，组织群众开展自救与互救，协助维护社会秩序；情况紧急的，应当立即组织群众开展自救与互救等先期处置工作。

● 法　律

1.《国防动员法》（2010年2月26日）

第47条　战争灾害发生时，当地人民政府应当迅速启动应急救助机制，组织力量抢救伤员、安置灾民、保护财产，尽快消除战争灾害后果，恢复正常生产生活秩序。

遭受战争灾害的人员和组织应当及时采取自救、互救措施，减少战争灾害造成的损失。

2.《防震减灾法》(2008年12月27日)

第44条 县级人民政府及其有关部门和乡、镇人民政府、城市街道办事处等基层组织，应当组织开展地震应急知识的宣传普及活动和必要的地震应急救援演练，提高公民在地震灾害中自救互救的能力。

机关、团体、企业、事业等单位，应当按照所在地人民政府的要求，结合各自实际情况，加强对本单位人员的地震应急知识宣传教育，开展地震应急救援演练。

学校应当进行地震应急知识教育，组织开展必要的地震应急救援演练，培养学生的安全意识和自救互救能力。

新闻媒体应当开展地震灾害预防和应急、自救互救知识的公益宣传。

国务院地震工作主管部门和县级以上地方人民政府负责管理地震工作的部门或者机构，应当指导、协助、督促有关单位做好防震减灾知识的宣传教育和地震应急救援演练等工作。

第50条 地震灾害发生后，抗震救灾指挥机构应当立即组织有关部门和单位迅速查清受灾情况，提出地震应急救援力量的配置方案，并采取以下紧急措施：

（一）迅速组织抢救被压埋人员，并组织有关单位和人员开展自救互救；

（二）迅速组织实施紧急医疗救护，协调伤员转移和接收与救治；

（三）迅速组织抢修毁损的交通、铁路、水利、电力、通信等基础设施；

（四）启用应急避难场所或者设置临时避难场所，设置救济物资供应点，提供救济物品、简易住所和临时住所，及时转移和安置受灾群众，确保饮用水消毒和水质安全，积极开展卫生防疫，妥善安排受灾群众生活；

（五）迅速控制危险源，封锁危险场所，做好次生灾害的排查与监测预警工作，防范地震可能引发的火灾、水灾、爆炸、山体滑坡和崩塌、泥石流、地面塌陷，或者剧毒、强腐蚀性、放射性物质大量泄漏等次生灾害以及传染病疫情的发生；

（六）依法采取维持社会秩序、维护社会治安的必要措施。

第七十八条　突发事件有关单位的应急职责

受到自然灾害危害或者发生事故灾难、公共卫生事件的单位，应当立即组织本单位应急救援队伍和工作人员营救受害人员，疏散、撤离、安置受到威胁的人员，控制危险源，标明危险区域，封锁危险场所，并采取其他防止危害扩大的必要措施，同时向所在地县级人民政府报告；对因本单位的问题引发的或者主体是本单位人员的社会安全事件，有关单位应当按照规定上报情况，并迅速派出负责人赶赴现场开展劝解、疏导工作。

突发事件发生地的其他单位应当服从人民政府发布的决定、命令，配合人民政府采取的应急处置措施，做好本单位的应急救援工作，并积极组织人员参加所在地的应急救援和处置工作。

● 行政法规及文件

《突发事件应急预案管理办法》（2024年1月31日）

第16条　单位应急预案侧重明确应急响应责任人、风险隐患监测、主要任务、信息报告、预警和应急响应、应急处置措施、人员疏散转移、应急资源调用等内容。

大型企业集团可根据相关标准规范和实际工作需要，建立本集团应急预案体系。

安全风险单一、危险性小的生产经营单位，可结合实际简化应急预案要素和内容。

第 17 条　应急预案涉及的有关部门、单位等可以结合实际编制应急工作手册，内容一般包括应急响应措施、处置工作程序、应急救援队伍、物资装备、联络人员和电话等。

应急救援队伍、保障力量等应当结合实际情况，针对需要参与突发事件应对的具体任务编制行动方案，侧重明确应急响应、指挥协同、力量编成、行动设想、综合保障、其他有关措施等具体内容。

第七十九条　突发事件发生地的公民应当履行的义务

突发事件发生地的个人应当依法服从人民政府、居民委员会、村民委员会或者所属单位的指挥和安排，配合人民政府采取的应急处置措施，积极参加应急救援工作，协助维护社会秩序。

● 法　律

《气象法》（2016 年 11 月 7 日）

第 27 条　县级以上人民政府应当加强气象灾害监测、预警系统建设，组织有关部门编制气象灾害防御规划，并采取有效措施，提高防御气象灾害的能力。有关组织和个人应当服从人民政府的指挥和安排，做好气象灾害防御工作。

第八十条　城乡社区组织应急工作机制

国家支持城乡社区组织健全应急工作机制，强化城乡社区综合服务设施和信息平台应急功能，加强与突发事件信息系统数据共享，增强突发事件应急处置中保障群众基本生活和服务群众能力。

● 行政法规及文件

《突发事件应急预案管理办法》（2024年1月31日）

第6条　国务院应急管理部门统筹协调各地区各部门应急预案数据库管理，推动实现应急预案数据共享共用。各地区各部门负责本行政区域、本部门（行业、领域）应急预案数据管理。

县级以上人民政府及其有关部门要注重运用信息化数字化智能化技术，推进应急预案管理理念、模式、手段、方法等创新，充分发挥应急预案牵引应急准备、指导处置救援的作用。

第八十一条　心理援助工作

国家采取措施，加强心理健康服务体系和人才队伍建设，支持引导心理健康服务人员和社会工作者对受突发事件影响的各类人群开展心理健康教育、心理评估、心理疏导、心理危机干预、心理行为问题诊治等心理援助工作。

● 法　律

1. 《基本医疗卫生与健康促进法》（2019年12月28日）

第28条　国家发展精神卫生事业，建设完善精神卫生服务体系，维护和增进公民心理健康，预防、治疗精神障碍。

国家采取措施，加强心理健康服务体系和人才队伍建设，促进心理健康教育、心理评估、心理咨询与心理治疗服务的有效衔接，设立为公众提供公益服务的心理援助热线，加强未成年人、残疾人和老年人等重点人群心理健康服务。

2. 《安全生产法》（2021年6月10日）

第44条　生产经营单位应当教育和督促从业人员严格执行本单位的安全生产规章制度和安全操作规程；并向从业人员如实告知作业场所和工作岗位存在的危险因素、防范措施以及事故应急措施。

生产经营单位应当关注从业人员的身体、心理状况和行为习惯，加强对从业人员的心理疏导、精神慰藉，严格落实岗位安全生产责任，防范从业人员行为异常导致事故发生。

第八十二条　遗体处置及遗物保管

对于突发事件遇难人员的遗体，应当按照法律和国家有关规定，科学规范处置，加强卫生防疫，维护逝者尊严。对于逝者的遗物应当妥善保管。

● 法　律

1.《民法典》（2020 年 5 月 28 日）

第 1007 条　禁止以任何形式买卖人体细胞、人体组织、人体器官、遗体。

违反前款规定的买卖行为无效。

● 行政法规及文件

2.《国务院办公厅关于加强传染病防治人员安全防护的意见》（2015 年 1 月 6 日）

五、做好医疗废物处置、患者遗体处理及相关人员防护

严格落实《医疗废物管理条例》规定，切实做好医疗废物集中无害化处置，落实医疗废物收集、运送、贮存、处置的全过程管理。各地要加强医疗废物集中处置单位建设，确保医疗废物出口通畅。医疗卫生机构和医疗废物集中处置单位要建立健全医疗废物管理责任制，严格执行转移联单制度，防止医疗废物流失。禁止任何单位和个人非法转让、买卖医疗废物。按规定对传染病患者遗体进行卫生处理，对死者生前居住场所进行消毒，对确诊或疑似传染病患者尸体解剖查验过程中产生的医疗废物进行规范处理，并做好工作人员的安全防护。

第八十三条　政府及部门信息收集与个人信息保护

> 县级以上人民政府及其有关部门根据突发事件应对工作需要，在履行法定职责所必需的范围和限度内，可以要求公民、法人和其他组织提供应急处置与救援需要的信息。公民、法人和其他组织应当予以提供，法律另有规定的除外。县级以上人民政府及其有关部门对获取的相关信息，应当严格保密，并依法保护公民的通信自由和通信秘密。

● 宪　法

1.《宪法》（2018年3月11日）

第40条　中华人民共和国公民的通信自由和通信秘密受法律的保护。除因国家安全或者追查刑事犯罪的需要，由公安机关或者检察机关依照法律规定的程序对通信进行检查外，任何组织或者个人不得以任何理由侵犯公民的通信自由和通信秘密。

● 法　律

2.《个人信息保护法》（2021年8月20日）

第6条　处理个人信息应当具有明确、合理的目的，并应当与处理目的直接相关，采取对个人权益影响最小的方式。

收集个人信息，应当限于实现处理目的的最小范围，不得过度收集个人信息。

第13条　符合下列情形之一的，个人信息处理者方可处理个人信息：

（一）取得个人的同意；

（二）为订立、履行个人作为一方当事人的合同所必需，或者按照依法制定的劳动规章制度和依法签订的集体合同实施人力资源管理所必需；

（三）为履行法定职责或者法定义务所必需；

（四）为应对突发公共卫生事件，或者紧急情况下为保护自然人的生命健康和财产安全所必需；

（五）为公共利益实施新闻报道、舆论监督等行为，在合理的范围内处理个人信息；

（六）依照本法规定在合理的范围内处理个人自行公开或者其他已经合法公开的个人信息；

（七）法律、行政法规规定的其他情形。

依照本法其他有关规定，处理个人信息应当取得个人同意，但是有前款第二项至第七项规定情形的，不需取得个人同意。

第34条 国家机关为履行法定职责处理个人信息，应当依照法律、行政法规规定的权限、程序进行，不得超出履行法定职责所必需的范围和限度。

> **第八十四条** 有关单位、个人获取信息及使用限制
>
> 在突发事件应急处置中，有关单位和个人因依照本法规定配合突发事件应对工作或者履行相关义务，需要获取他人个人信息的，应当依照法律规定的程序和方式取得并确保信息安全，不得非法收集、使用、加工、传输他人个人信息，不得非法买卖、提供或者公开他人个人信息。

● 法 律

《个人信息保护法》（2021年8月20日）

第10条 任何组织、个人不得非法收集、使用、加工、传输他人个人信息，不得非法买卖、提供或者公开他人个人信息；不得从事危害国家安全、公共利益的个人信息处理活动。

第13条 符合下列情形之一的，个人信息处理者方可处理个人信息：

（一）取得个人的同意；

（二）为订立、履行个人作为一方当事人的合同所必需，或

者按照依法制定的劳动规章制度和依法签订的集体合同实施人力资源管理所必需；

（三）为履行法定职责或者法定义务所必需；

（四）为应对突发公共卫生事件，或者紧急情况下为保护自然人的生命健康和财产安全所必需；

（五）为公共利益实施新闻报道、舆论监督等行为，在合理的范围内处理个人信息；

（六）依照本法规定在合理的范围内处理个人自行公开或者其他已经合法公开的个人信息；

（七）法律、行政法规规定的其他情形。

依照本法其他有关规定，处理个人信息应当取得个人同意，但是有前款第二项至第七项规定情形的，不需取得个人同意。

第34条　国家机关为履行法定职责处理个人信息，应当依照法律、行政法规规定的权限、程序进行，不得超出履行法定职责所必需的范围和限度。

第八十五条　信息用途、销毁和处理

因依法履行突发事件应对工作职责或者义务获取的个人信息，只能用于突发事件应对，并在突发事件应对工作结束后予以销毁。确因依法作为证据使用或者调查评估需要留存或者延期销毁的，应当按照规定进行合法性、必要性、安全性评估，并采取相应保护和处理措施，严格依法使用。

● 法　律

《个人信息保护法》（2021年8月20日）

第5条　处理个人信息应当遵循合法、正当、必要和诚信原则，不得通过误导、欺诈、胁迫等方式处理个人信息。

第6条　处理个人信息应当具有明确、合理的目的，并应当

与处理目的直接相关，采取对个人权益影响最小的方式。

收集个人信息，应当限于实现处理目的的最小范围，不得过度收集个人信息。

第13条 符合下列情形之一的，个人信息处理者方可处理个人信息：

（一）取得个人的同意；

（二）为订立、履行个人作为一方当事人的合同所必需，或者按照依法制定的劳动规章制度和依法签订的集体合同实施人力资源管理所必需；

（三）为履行法定职责或者法定义务所必需；

（四）为应对突发公共卫生事件，或者紧急情况下为保护自然人的生命健康和财产安全所必需；

（五）为公共利益实施新闻报道、舆论监督等行为，在合理的范围内处理个人信息；

（六）依照本法规定在合理的范围内处理个人自行公开或者其他已经合法公开的个人信息；

（七）法律、行政法规规定的其他情形。

依照本法其他有关规定，处理个人信息应当取得个人同意，但是有前款第二项至第七项规定情形的，不需取得个人同意。

第28条 敏感个人信息是一旦泄露或者非法使用，容易导致自然人的人格尊严受到侵害或者人身、财产安全受到危害的个人信息，包括生物识别、宗教信仰、特定身份、医疗健康、金融账户、行踪轨迹等信息，以及不满十四周岁未成年人的个人信息。

只有在具有特定的目的和充分的必要性，并采取严格保护措施的情形下，个人信息处理者方可处理敏感个人信息。

第34条 国家机关为履行法定职责处理个人信息，应当依照法律、行政法规规定的权限、程序进行，不得超出履行法定职责所必需的范围和限度。

第51条　个人信息处理者应当根据个人信息的处理目的、处理方式、个人信息的种类以及对个人权益的影响、可能存在的安全风险等，采取下列措施确保个人信息处理活动符合法律、行政法规的规定，并防止未经授权的访问以及个人信息泄露、篡改、丢失：

（一）制定内部管理制度和操作规程；

（二）对个人信息实行分类管理；

（三）采取相应的加密、去标识化等安全技术措施；

（四）合理确定个人信息处理的操作权限，并定期对从业人员进行安全教育和培训；

（五）制定并组织实施个人信息安全事件应急预案；

（六）法律、行政法规规定的其他措施。

第56条　个人信息保护影响评估应当包括下列内容：

（一）个人信息的处理目的、处理方式等是否合法、正当、必要；

（二）对个人权益的影响及安全风险；

（三）所采取的保护措施是否合法、有效并与风险程度相适应。

个人信息保护影响评估报告和处理情况记录应当至少保存三年。

第六章　事后恢复与重建

第八十六条　应急响应解除

突发事件的威胁和危害得到控制或者消除后，履行统一领导职责或者组织处置突发事件的人民政府应当宣布解除应急响应，停止执行依照本法规定采取的应急处置措施，同时采取或者继续实施必要措施，防止发生自然灾害、事故灾难、公共卫生事件的次生、衍生事件或者重新引发社会安全事件，组织受影响地区尽快恢复社会秩序。

第八十七条　影响、损失评估与恢复重建

> 突发事件应急处置工作结束后，履行统一领导职责的人民政府应当立即组织对突发事件造成的影响和损失进行调查评估，制定恢复重建计划，并向上一级人民政府报告。
>
> 受突发事件影响地区的人民政府应当及时组织和协调应急管理、卫生健康、公安、交通、铁路、民航、邮政、电信、建设、生态环境、水利、能源、广播电视等有关部门恢复社会秩序，尽快修复被损坏的交通、通信、供水、排水、供电、供气、供热、医疗卫生、水利、广播电视等公共设施。

● **法　律**

1. 《黄河保护法》（2022年10月30日）

第13条　国家加强黄河流域自然灾害的预防与应急准备、监测与预警、应急处置与救援、事后恢复与重建体系建设，维护相关工程和设施安全，控制、减轻和消除自然灾害引起的危害。

国务院生态环境主管部门应当会同国务院有关部门和黄河流域省级人民政府，建立健全黄河流域突发生态环境事件应急联动工作机制，与国家突发事件应急体系相衔接，加强对黄河流域突发生态环境事件的应对管理。

出现严重干旱、省际或者重要控制断面流量降至预警流量、水库运行故障、重大水污染事故等情形，可能造成供水危机、黄河断流时，黄河流域管理机构应当组织实施应急调度。

● **行政法规及文件**

2. 《突发事件应急预案管理办法》（2024年1月31日）

第8条　总体应急预案是人民政府组织应对突发事件的总体制度安排。

总体应急预案围绕突发事件事前、事中、事后全过程，主要明确应对工作的总体要求、事件分类分级、预案体系构成、组织

指挥体系与职责,以及风险防控、监测预警、处置救援、应急保障、恢复重建、预案管理等内容。

第八十八条　支援恢复重建

受突发事件影响地区的人民政府开展恢复重建工作需要上一级人民政府支持的,可以向上一级人民政府提出请求。上一级人民政府应当根据受影响地区遭受的损失和实际情况,提供资金、物资支持和技术指导,组织协调其他地区和有关方面提供资金、物资和人力支援。

第八十九条　扶持优惠和善后工作

国务院根据受突发事件影响地区遭受损失的情况,制定扶持该地区有关行业发展的优惠政策。

受突发事件影响地区的人民政府应当根据本地区遭受的损失和采取应急处置措施的情况,制定救助、补偿、抚慰、抚恤、安置等善后工作计划并组织实施,妥善解决因处置突发事件引发的矛盾纠纷。

● 案例指引

1. 闫某与刘某财产损害赔偿纠纷案[①]

基本案情

受此次极端降雨天气影响,邻居刘某家的院墙坍塌,砸坏了闫某家的菜园,双方就赔偿事宜未达成一致,且邻居刘某态度不好,闫某便到河北省涿州市人民法院求助。涿州法院与刘某取得联系后,刘某称房屋是其租住的,院墙坍塌非人为导致,修缮责任应

[①] 《人民法院妥善化解灾后矛盾纠纷典型案例》,载最高人民法院网站,https://www.court.gov.cn/zixun/xiangqing/413782.html,2024年7月2日访问。

该由房东承担。涿州法院工作人员认为纠纷系因极端降雨天气引发，案涉标的额不大，且双方系多年邻里关系，案件最好能在诉前得到化解，遂与双方当事人、房东约好上门调解时间。查看现场后，涿州法院工作人员从法理、情理的角度，耐心与当事人进行沟通，最终达成一致。因刘某明知房屋院墙年久失修，还将铁门等重物倚靠在墙上，对给闫某造成的损失应承担相应责任，刘某同意赔偿，并当场给付闫某赔偿款，双方握手言和。同时，房东表示天气好转将及时修缮院墙。此外，涿州法院工作人员还与村委会负责人对接，登记当事人的灾情受损情况，做好老百姓的安抚工作。

2. 赵某诉某单位财产损害赔偿纠纷案[①]

基本案情

受台风"杜苏芮"影响，2023年8月1日，河北省涞水县突发强降雨，致使该县某单位围墙倒塌，造成包括赵某的车辆在内的三辆车辆受损。8月19日，赵某向河北省涞水县人民法院提交诉状，请求被告某单位赔偿车辆损失4万元。涞水县人民法院受理此案后，立即依托法院"老马调解室"开展调解工作，"老马调解室"积极就车损定额、修理等事宜进行调解。某单位申请由专业鉴定机构对受损车辆进行维修费用评估，考虑到车辆损失鉴定费用高、周期长，对双方均不利，涞水县人民法院将此情况向双方充分释明，最后双方自愿选择以评估代替鉴定的定损方式，由涞水县某汽车销售服务有限公司对受损车辆维修费用进行评估定损。经过调解，双方及时达成调解协议，并由法院出具了司法确认书，实现案结事了。

[①]《人民法院妥善化解灾后矛盾纠纷典型案例》，载最高人民法院网站，https://www.court.gov.cn/zixun/xiangqing/413782.html，2024年7月2日访问。

3. 刘某与某物业公司财产损害纠纷案①

基本案情

2023年8月17日，北京市房山区人民法院长阳法庭12368诉讼服务热线接到求助电话，称本次强降雨导致刘某房屋漏水，某物业公司未及时修理、赔偿，刘某情绪激动，多次投诉，请求长阳法庭参与矛盾化解工作。长阳法庭立即派出该庭"星夜调解室"值班法官调解分队前往处置。经了解，刘某家位于顶层，本次强降雨导致其卫生间顶棚漏水、卫生间吊顶及电路过水。刘某向某物业公司报修并要求赔偿，某物业公司称由于本次降雨强度大、时间长，楼顶雨水无法及时排出，某物业公司不承担责任，故拒绝赔偿，双方矛盾激烈。调解分队会同该社区工作人员安抚好当事人情绪，并向双方释明法律规定，辨法析理，双方同意邀请该社区有装修经验的业主拆解卫生间铝扣板，查找漏水原因并估算损失金额。经过两个多小时的调解工作，双方最终达成一致意见，某物业公司同意为刘某修复漏水部位并当场向刘某支付2000元赔偿金，双方握手言和。

4. 某商贸公司诉某童鞋场、王某租赁合同纠纷案②

基本案情

2023年7月，原告某商贸公司以被告某童鞋场及王某拖欠租金为由，向河北省涿州市人民法院提起诉讼，请求解除合同并支付拖欠租金及滞纳金。案件审理过程中，受台风"杜苏芮"影响，某童鞋场存放于某商贸公司地下仓库的童鞋被水浸泡。考虑到某童鞋场经济承受能力与受灾情况，涿州法院办案法官多次与双方耐心沟通，从童鞋场的继续经营、某商贸公司的继续营业、灾后共渡难关等多

---

① 《人民法院妥善化解灾后矛盾纠纷典型案例》，载最高人民法院网站，https://www.court.gov.cn/zixun/xiangqing/413782.html，2024年7月2日访问。

② 《人民法院妥善化解灾后矛盾纠纷典型案例》，载最高人民法院网站，https://www.court.gov.cn/zixun/xiangqing/413782.html，2024年7月2日访问。

角度分析本案利弊,并规划调解方案。经过法院调解,某商贸公司最终同意减免一个月租金,并且同意前两个月的款项延迟支付,双方达成调解协议,案件圆满解决。

第九十条　公民参与应急的保障

公民参加应急救援工作或者协助维护社会秩序期间,其所在单位应当保证其工资待遇和福利不变,并可以按照规定给予相应补助。

第九十一条　伤亡人员保障

县级以上人民政府对在应急救援工作中伤亡的人员依法落实工伤待遇、抚恤或者其他保障政策,并组织做好应急救援工作中致病人员的医疗救治工作。

第九十二条　突发事件调查、应急处置总结

履行统一领导职责的人民政府在突发事件应对工作结束后,应当及时查明突发事件的发生经过和原因,总结突发事件应急处置工作的经验教训,制定改进措施,并向上一级人民政府提出报告。

● 部门规章及文件

《旅游安全管理办法》(2016年9月27日)

第30条　旅游突发事件处置结束后,发生地旅游主管部门应当及时查明突发事件的发生经过和原因,总结突发事件应急处置工作的经验教训,制定改进措施,并在30日内按照下列程序提交总结报告:

(一)一般旅游突发事件向设区的市级旅游主管部门提交;

(二)较大旅游突发事件逐级向省级旅游主管部门提交;

（三）重大和特别重大旅游突发事件逐级向国家旅游局提交。

旅游团队在境外遇到突发事件的，由组团社所在地旅游主管部门提交总结报告。

第九十三条　资金和物资审计监督

突发事件应对工作中有关资金、物资的筹集、管理、分配、拨付和使用等情况，应当依法接受审计机关的审计监督。

第九十四条　应对工作档案管理

国家档案主管部门应当建立健全突发事件应对工作相关档案收集、整理、保护、利用工作机制。突发事件应对工作中形成的材料，应当按照国家规定归档，并向相关档案馆移交。

● 法　律

《档案法》（2020年6月20日）

第13条　直接形成的对国家和社会具有保存价值的下列材料，应当纳入归档范围：

（一）反映机关、团体组织沿革和主要职能活动的；

（二）反映国有企业事业单位主要研发、建设、生产、经营和服务活动，以及维护国有企业事业单位权益和职工权益的；

（三）反映基层群众性自治组织城乡社区治理、服务活动的；

（四）反映历史上各时期国家治理活动、经济科技发展、社会历史面貌、文化习俗、生态环境的；

（五）法律、行政法规规定应当归档的。

非国有企业、社会服务机构等单位依照前款第二项所列范围保存本单位相关材料。

第14条　应当归档的材料，按照国家有关规定定期向本单位档案机构或者档案工作人员移交,集中管理,任何个人不得拒绝归档或者据为己有。

国家规定不得归档的材料,禁止擅自归档。

第26条 国家档案主管部门应当建立健全突发事件应对活动相关档案收集、整理、保护、利用工作机制。

档案馆应当加强对突发事件应对活动相关档案的研究整理和开发利用,为突发事件应对活动提供文献参考和决策支持。

第七章 法 律 责 任

第九十五条 地方政府、有关部门及其人员不依法履责的法律责任

地方各级人民政府和县级以上人民政府有关部门违反本法规定,不履行或者不正确履行法定职责的,由其上级行政机关责令改正;有下列情形之一,由有关机关综合考虑突发事件发生的原因、后果、应对处置情况、行为人过错等因素,对负有责任的领导人员和直接责任人员依法给予处分:

(一)未按照规定采取预防措施,导致发生突发事件,或者未采取必要的防范措施,导致发生次生、衍生事件的;

(二)迟报、谎报、瞒报、漏报或者授意他人迟报、谎报、瞒报以及阻碍他人报告有关突发事件的信息,或者通报、报送、公布虚假信息,造成后果的;

(三)未按照规定及时发布突发事件警报、采取预警期的措施,导致损害发生的;

(四)未按照规定及时采取措施处置突发事件或者处置不当,造成后果的;

（五）违反法律规定采取应对措施，侵犯公民生命健康权益的；

（六）不服从上级人民政府对突发事件应急处置工作的统一领导、指挥和协调的；

（七）未及时组织开展生产自救、恢复重建等善后工作的；

（八）截留、挪用、私分或者变相私分应急救援资金、物资的；

（九）不及时归还征用的单位和个人的财产，或者对被征用财产的单位和个人不按照规定给予补偿的。

● 部门规章及文件

1. 《中央企业应急管理暂行办法》（2013年2月28日）

第36条 中央企业违反本办法，不履行应急管理职责的，国资委将责令其改正或予以通报批评；具有以下情形的，国资委将按照干部管理权限追究相关责任人的责任；涉嫌犯罪的，依法移送司法机关处理。

（一）未按照规定采取预防措施，导致发生突发事件，或者未采取必要的防范措施，导致发生次生、衍生事件的。

（二）迟报、谎报、瞒报、漏报有关突发事件的信息，或者通报、报送、公布虚假信息，造成严重后果的。

（三）未按照规定及时发布突发事件预警信息、采取预警措施，导致事件发生的。

（四）未按照规定及时采取措施处置突发事件或者处置不当，造成严重后果的。

2. 《文化市场突发事件应急管理办法（试行）》（2012年8月14日）

第26条 在文化市场突发事件应急处置过程中，有下列情形之一的，应当对负有直接责任的负责人或者工作人员依法给予处分；构成犯罪的，依法追究刑事责任：

（一）未按照规定采取预防措施导致发生突发事件，或者未采取必要防范措施导致发生次生、衍生事件的；

（二）迟报、谎报、瞒报、漏报突发事件信息，或者通报、报告、公布虚假突发事件信息，造成严重后果的；

（三）未按照规定及时采取预警措施，导致损害发生的；

（四）未按照规定及时采取应急处置措施或者应急处置措施不当，造成严重后果的；

（五）不服从上级文化市场突发事件应急工作领导小组对突发事件应急处置工作的统一领导、协调、指导和监督的。

第九十六条　突发事件发生地的单位不履行法定义务的法律责任

有关单位有下列情形之一，由所在地履行统一领导职责的人民政府有关部门责令停产停业，暂扣或者吊销许可证件，并处五万元以上二十万元以下的罚款；情节特别严重的，并处二十万元以上一百万元以下的罚款：

（一）未按照规定采取预防措施，导致发生较大以上突发事件的；

（二）未及时消除已发现的可能引发突发事件的隐患，导致发生较大以上突发事件的；

（三）未做好应急物资储备和应急设备、设施日常维护、检测工作，导致发生较大以上突发事件或者突发事件危害扩大的；

（四）突发事件发生后，不及时组织开展应急救援工作，造成严重后果的。

其他法律对前款行为规定了处罚的，依照较重的规定处罚。

● 行政法规及文件

《大型群众性活动安全管理条例》（2007年9月14日）

第20条　承办者擅自变更大型群众性活动的时间、地点、内容或者擅自扩大大型群众性活动的举办规模的，由公安机关处1万元以上5万元以下罚款；有违法所得的，没收违法所得。

未经公安机关安全许可的大型群众性活动由公安机关予以取缔，对承办者处10万元以上30万元以下罚款。

第21条　承办者或者大型群众性活动场所管理者违反本条例规定致使发生重大伤亡事故、治安案件或者造成其他严重后果构成犯罪的，依法追究刑事责任；尚不构成犯罪的，对安全责任人和其他直接责任人员依法给予处分、治安管理处罚，对单位处1万元以上5万元以下罚款。

第22条　在大型群众性活动举办过程中发生公共安全事故，安全责任人不立即启动应急救援预案或者不立即向公安机关报告的，由公安机关对安全责任人和其他直接责任人员处5000元以上5万元以下罚款。

第23条　参加大型群众性活动的人员有违反本条例第九条规定行为的，由公安机关给予批评教育；有危害社会治安秩序、威胁公共安全行为的，公安机关可以将其强行带离现场，依法给予治安管理处罚；构成犯罪的，依法追究刑事责任。

第九十七条　编造、传播虚假信息的法律责任

违反本法规定，编造并传播有关突发事件的虚假信息，或者明知是有关突发事件的虚假信息而进行传播的，责令改正，给予警告；造成严重后果的，依法暂停其业务活动或者吊销其许可证件；负有直接责任的人员是公职人员的，还应当依法给予处分。

● 法　律

《刑法》（2024年3月1日）

第291条之一　投放虚假的爆炸性、毒害性、放射性、传染病病原体等物质，或者编造爆炸威胁、生化威胁、放射威胁等恐怖信息，或者明知是编造的恐怖信息而故意传播，严重扰乱社会秩序的，处五年以下有期徒刑、拘役或者管制；造成严重后果的，处五年以上有期徒刑。

编造虚假的险情、疫情、灾情、警情，在信息网络或者其他媒体上传播，或者明知是上述虚假信息，故意在信息网络或者其他媒体上传播，严重扰乱社会秩序的，处三年以下有期徒刑、拘役或者管制；造成严重后果的，处三年以上七年以下有期徒刑。

第九十八条　单位和个人不服从、不配合的法律责任

单位或者个人违反本法规定，不服从所在地人民政府及其有关部门依法发布的决定、命令或不配合其依法采取的措施的，责令改正；造成严重后果的，依法给予行政处罚；负有直接责任的人员是公职人员的，还应当依法给予处分。

第九十九条　单位和个人违反个人信息保护规定的法律责任

单位或者个人违反本法第八十四条、第八十五条关于个人信息保护规定的，由主管部门依照有关法律规定给予处罚。

● 法　律

《个人信息保护法》（2021年8月20日）

第66条　违反本法规定处理个人信息，或者处理个人信息未履行本法规定的个人信息保护义务的，由履行个人信息保护职责的部门责令改正，给予警告，没收违法所得，对违法处理个人信息的应用程序，责令暂停或者终止提供服务；拒不改正的，并处一百万元以下罚款；对直接负责的主管人员和其他直接责任人员处一万元以上十万元以下罚款。

有前款规定的违法行为，情节严重的，由省级以上履行个人信息保护职责的部门责令改正，没收违法所得，并处五千万元以下或者上一年度营业额百分之五以下罚款，并可以责令暂停相关业务或者停业整顿、通报有关主管部门吊销相关业务许可或者吊销营业执照；对直接负责的主管人员和其他直接责任人员处十万元以上一百万元以下罚款，并可以决定禁止其在一定期限内担任相关企业的董事、监事、高级管理人员和个人信息保护负责人。

第67条　有本法规定的违法行为的，依照有关法律、行政法规的规定记入信用档案，并予以公示。

第68条　国家机关不履行本法规定的个人信息保护义务的，由其上级机关或者履行个人信息保护职责的部门责令改正；对直接负责的主管人员和其他直接责任人员依法给予处分。

履行个人信息保护职责的部门的工作人员玩忽职守、滥用职权、徇私舞弊，尚不构成犯罪的，依法给予处分。

第69条　处理个人信息侵害个人信息权益造成损害，个人信息处理者不能证明自己没有过错的，应当承担损害赔偿等侵权责任。

前款规定的损害赔偿责任按照个人因此受到的损失或者个人信息处理者因此获得的利益确定；个人因此受到的损失和个人信息处理者因此获得的利益难以确定的，根据实际情况确定赔偿数额。

第 70 条　个人信息处理者违反本法规定处理个人信息，侵害众多个人的权益的，人民检察院、法律规定的消费者组织和由国家网信部门确定的组织可以依法向人民法院提起诉讼。

第 71 条　违反本法规定，构成违反治安管理行为的，依法给予治安管理处罚；构成犯罪的，依法追究刑事责任。

第一百条　民事责任

单位或者个人违反本法规定，导致突发事件发生或者危害扩大，造成人身、财产或者其他损害的，应当依法承担民事责任。

第一百零一条　紧急避险

为了使本人或者他人的人身、财产免受正在发生的危险而采取避险措施的，依照《中华人民共和国民法典》、《中华人民共和国刑法》等法律关于紧急避险的规定处理。

● 法　律

1. 《刑法》（2024 年 3 月 1 日）

第 21 条　为了使国家、公共利益、本人或者他人的人身、财产和其他权利免受正在发生的危险，不得已采取的紧急避险行为，造成损害的，不负刑事责任。

紧急避险超过必要限度造成不应有的损害的，应当负刑事责任，但是应当减轻或者免除处罚。

第一款中关于避免本人危险的规定，不适用于职务上、业务上负有特定责任的人。

2. 《民法典》（2020 年 5 月 28 日）

第 182 条　因紧急避险造成损害的，由引起险情发生的人承担民事责任。

危险由自然原因引起的，紧急避险人不承担民事责任，可以给予适当补偿。

紧急避险采取措施不当或者超过必要的限度，造成不应有的损害的，紧急避险人应当承担适当的民事责任。

第184条　因自愿实施紧急救助行为造成受助人损害的，救助人不承担民事责任。

第245条　因抢险救灾、疫情防控等紧急需要，依照法律规定的权限和程序可以征用组织、个人的不动产或者动产。被征用的不动产或者动产使用后，应当返还被征用人。组织、个人的不动产或者动产被征用或者征用后毁损、灭失的，应当给予补偿。

第一百零二条　治安管理处罚和刑事责任

违反本法规定，构成违反治安管理行为的，依法给予治安管理处罚；构成犯罪的，依法追究刑事责任。

第八章　附　　则

第一百零三条　紧急状态

发生特别重大突发事件，对人民生命财产安全、国家安全、公共安全、生态环境安全或者社会秩序构成重大威胁，采取本法和其他有关法律、法规、规章规定的应急处置措施不能消除或者有效控制、减轻其严重社会危害，需要进入紧急状态的，由全国人民代表大会常务委员会或者国务院依照宪法和其他有关法律规定的权限和程序决定。

紧急状态期间采取的非常措施，依照有关法律规定执行或者由全国人民代表大会常务委员会另行规定。

● 法　律

《国家安全法》（2015 年 7 月 1 日）

第 64 条　发生危及国家安全的特别重大事件，需要进入紧急状态、战争状态或者进行全国总动员、局部动员的，由全国人民代表大会、全国人民代表大会常务委员会或者国务院依照宪法和有关法律规定的权限和程序决定。

第一百零四条　域外突发事件应对

中华人民共和国领域外发生突发事件，造成或者可能造成中华人民共和国公民、法人和其他组织人身伤亡、财产损失的，由国务院外交部门会同国务院其他有关部门、有关地方人民政府，按照国家有关规定做好应对工作。

第一百零五条　境内的外国人、无国籍人义务

在中华人民共和国境内的外国人、无国籍人应当遵守本法，服从所在地人民政府及其有关部门依法发布的决定、命令，并配合其依法采取的措施。

第一百零六条　施行日期

本法自 2024 年 11 月 1 日起施行。

附录一

电力网络安全事件应急预案

(2024年5月16日　国能发安全〔2024〕34号)

一、总　则

(一) 编制目的

完善电力网络安全事件应对工作机制,有效预防、及时控制和最大限度消除电力网络安全事件带来的危害和影响,保障电力系统安全稳定运行和电力可靠供应。

(二) 编制依据

《中华人民共和国突发事件应对法》(中华人民共和国主席令第六十九号)、《中华人民共和国网络安全法》(中华人民共和国主席令第五十三号)、《关键信息基础设施安全保护条例》(中华人民共和国国务院令第745号)、《电力安全事故应急处置和调查处理条例》(中华人民共和国国务院令第599号)、《电力监管条例》(中华人民共和国国务院令第432号)、《突发事件应急预案管理办法》(国办发〔2024〕5号)、《国家大面积停电事件应急预案》(国办函〔2015〕134号)、《国家网络安全事件应急预案》(中网办发文〔2017〕4号)、《电力安全生产监督管理办法》(中华人民共和国国家发展和改革委员会2015年第21号令)、《电力监控系统安全防护规定》(中华人民共和国国家发展和改革委员会2014年第14号令)、《电力行业网络安全管理办法》(国能发安全规〔2022〕100号)、《重大活动电力安全保障工作规定》(国能发安全〔2020〕18号)、《电力安全事件监督管理规定》(国能安全〔2014〕205号)等。

(三) 适用范围

本预案所指电力网络安全事件是指由计算机病毒或网络攻击、网络侵入等危害网络安全行为导致的，对电力网络和信息系统造成危害，可能影响电力系统安全稳定运行或者影响电力正常供应的事件。

本预案适用于电力网络安全事件的应对工作。涉及电力企业但不属于本预案定义范围内的网络安全事件，参照《国家网络安全事件应急预案》及电力企业所属省、自治区、直辖市制定的本地区网络安全事件应急预案等应对。

（四）工作原则

国家能源局及其派出机构统一指导、电力调度机构分级指挥、各电力企业具体负责，各方面力量密切协同、预防为主、快速反应、科学处置，共同做好电力网络安全事件的预防和处置工作。

（五）事件分级

根据电力网络安全事件造成停电等后果的影响程度，电力网络安全事件分为特别重大、重大、较大和一般四级。

造成《电力安全事故应急处置和调查处理条例》中定义的重大及以上电力安全事故的，为特别重大电力网络安全事件。

造成《电力安全事故应急处置和调查处理条例》中定义的一般或较大电力安全事故的，为重大电力网络安全事件。

造成《电力安全事件监督管理规定》中定义的需重点监督管理的电力安全事件的，为较大电力网络安全事件。

造成电力一次设备被恶意操控，但未构成需重点监督管理的电力安全事件的，为一般电力网络安全事件。

二、职责分工

国家能源局统筹指导电力网络安全事件应对工作，并根据需要组织提供技术支持，具体工作由国家能源局电力安全监管司承担。国家能源局派出机构（以下简称派出机构）在国家能源局统一领导下，统筹指导本辖区电力网络安全事件预防和应对工作，并根据需要组织提供技术支持。

电力调度机构在国家能源局及其派出机构的指导下，负责统一指挥调度范围内的电力网络安全事件应急处置。

各电力企业负责电力网络安全事件的应对工作,负责建立健全本企业的电力网络安全事件应对工作机制,具体负责本企业电力网络安全事件的预防、监测、报告和应急处置工作,在国家能源局及其派出机构的组织下,为其他电力企业的电力网络安全事件应对提供技术支持。

三、监测预警

(一) 预警分级

电力网络安全事件预警等级分为四级:由高到低依次用红色、橙色、黄色和蓝色表示,分别对应发生或可能发生特别重大、重大、较大和一般电力网络安全事件。

(二) 预警监测

各电力企业应组织对本单位建设运行的网络和信息系统开展网络安全监测工作。电力调度机构将并网电厂涉网部分电力监控系统网络安全运行状态纳入监测,掌握调度范围内网络安全状况。派出机构结合实际统筹组织开展本辖区电力网络安全事件监测工作。派出机构、国家电力调度控制中心(以下简称国调中心)、中国南方电网电力调度控制中心(以下简称南网总调)、全国电力安全生产委员会企业成员单位将重要监测信息报国家能源局,国家能源局组织开展跨区域网络安全信息共享。

(三) 预警研判和发布

各电力企业组织对监测信息进行研判,认为需要立即采取防范措施的,应当组织开展处置,对可能发生电力网络安全事件的信息,应立即向其上级电力调度机构以及当地派出机构报告,并提出预警信息的发布建议;全国电力安全生产委员会企业成员单位对可能发生较大及以上电力网络安全事件的信息,应同步报告国家能源局。

派出机构联合电力调度机构组织对监测信息进行研判,认为需要立即采取防范措施的,应当及时通知有关单位,对可能发生较大及以上电力网络安全事件的信息及时向国家能源局报告。派出机构可根据监测研判情况,发布本区域黄色及以下预警,并报告国家能源局。

国家能源局组织研判，确定和发布橙色预警和涉及多区域的预警，对可能发生重大及以上电力网络安全事件的信息及时向国家网络安全应急办公室报告。

预警信息包括事件的类别、预警级别、起始时间、可能影响范围、警示事项、应采取的措施和时限要求、发布单位等。

（四）预警响应

红色预警信息发布后，在国家网络安全应急办公室统一领导、指挥、协调下，在国家能源局指导下，由国调中心或南网总调负责指挥相关电力企业开展预警响应工作。橙色预警和涉及多区域的预警信息发布后，在国家能源局指导下，由国调中心或南网总调负责指挥相关电力企业开展预警响应工作。黄色、蓝色预警信息发布后，根据事件影响范围，在派出机构指导下，由跨省、自治区、直辖市电力调度机构，或省、自治区、直辖市级电力调度机构负责指挥相关电力企业开展预警响应工作。

预警范围内的各单位应做好应急队伍、应急物资等准备工作；采取有效的风险防控措施降低或控制风险，控制威胁蔓延；持续监测威胁蔓延、预警风险及影响发展情况；组织专业技术队伍开展现场分析、处置等工作；做好预警信息要求的其他工作。

（五）预警解除

经研判不会发生电力网络安全事件的，按照"谁发布、谁解除"的原则，由发布单位宣布解除预警，适时终止相关措施。

四、应急响应

（一）事件报告

电力网络安全事件发生后，事件发生单位应立即启动应急预案，实施处置并立即向其上级电力调度机构、当地派出机构、属地公安部门及当地网信部门报告。全国电力安全生产委员会企业成员单位同时报告国家能源局。发生较大及以上电力网络安全事件的，应1小时内报告，一般电力网络安全事件应12小时内报告。

电力调度机构接到电力网络安全事件报告或者监测到相关信息后,应当立即进行核实,对电力网络安全事件级别作出初步认定,及时向上级电力调度机构和当地派出机构报告。派出机构接到电力网络安全事件报告或者监测到相关信息后,应当立即核实有关情况并向国家能源局报告。对初判为重大及以上的电力网络安全事件,国家能源局要立即按程序向国家网络安全应急办公室报告。

(二) 响应分级

按照电力网络安全事件的严重程度和发展态势,将应急响应设定为Ⅰ级、Ⅱ级、Ⅲ级和Ⅳ级四个等级。初判发生特别重大电力网络安全事件,启动Ⅰ级应急响应,在国家网络安全事件应急指挥部统一领导、指挥、协调下,在国家能源局指导下,由国调中心或南网总调负责指挥相关电力企业开展应对工作。初判发生重大电力网络安全事件,由国家能源局启动Ⅱ级应急响应,在国家能源局指导下,由国调中心或南网总调负责指挥相关电力企业开展应对工作。初判发生较大、一般电力网络安全事件,由相关派出机构分别启动Ⅲ级、Ⅳ级应急响应,根据事件影响范围,在派出机构指导下,由跨省、自治区、直辖市电力调度机构,或省、自治区、直辖市级电力调度机构负责指挥相关电力企业开展应对工作。

(三) 响应措施

电力网络安全事件发生后,事件发生单位必须立即启动应急预案,实施先期处置,全力控制事件发展态势,减少损失,并保护现场和证据。

事件发生单位应通过技术等手段,及时阻断威胁蔓延并监测跟踪影响发展情况,密切监控事件发展及对电力生产业务的影响。

事件发生单位应尽快进行分析,根据信息系统运行、使用、承载业务的情况,初步判断发生电力网络安全事件的原因、影响、破坏程度、波及的范围等,提出初步应对措施建议。

事件发生单位应保留相关证据,可采取记录、截屏、备份、录像等手段,对事件的发生、发展、处置过程、步骤、结果进行详细记录。

相应电力调度机构进入应急状态，负责指挥应急处置或支援保障工作。

（四）响应结束

Ⅰ级响应结束由国家能源局报国家网络安全应急办公室，国家网络安全应急办公室提出建议，报国家网络安全事件应急指挥部批准；Ⅱ级响应结束由国家能源局决定并报国家网络安全应急办公室；Ⅲ级、Ⅳ级响应结束由派出机构决定并报国家能源局。

（五）信息发布

按照及时准确、公开透明、客观统一的原则，加强信息发布，主动向社会发布电力网络安全事件相关信息和应对工作情况，提示相关注意事项和应对措施，及时回应社会关切，澄清不实信息。

五、后期处置

（一）恢复生产

事件发生单位应制定详细可行的工作计划，快速、有效地消除事件造成的不利影响，尽快恢复生产秩序及系统设备正常运行，并做好善后处理等事项。

（二）事件调查及评估

特别重大电力网络安全事件在国家网络安全应急办公室组织下进行调查处理和总结评估。重大电力网络安全事件由国家能源局组织调查处理和总结评估，相关总结调查报告报国家网络安全应急办公室。较大及以下电力网络安全事件由派出机构组织调查处理和总结评估，相关总结调查报告报国家能源局，未造成人员伤亡或未造成供电用户停电的，派出机构也可以委托事件发生单位组织调查处理。国家能源局认为有必要的，可以组织事故调查组对电力网络安全事件进行提级调查。负责该事件指挥应对工作的电力调度机构应按照有关规定的权限和程序参与事件调查处理和总结评估。

事件发生单位应查明事件起因、性质、影响、责任等情况，提出防范、整改措施和处理建议，于应急响应结束后5天内完成自查，向组织事件调查的机关提交自查报告。

事件的调查处理和总结评估工作原则上在应急响应结束后30天内完成。总结调查报告应对事件的起因、性质、影响、责任等进行分析评估，提出处理意见和改进措施。

六、预防工作

（一）日常管理

各电力企业应按职责做好电力网络安全事件日常预防工作，做好网络安全检查、隐患排查、风险评估和容灾备份，健全本单位网络安全监测预警和信息通报机制，及时采取有效措施，减少和避免电力网络安全事件的发生及危害，提高应对电力网络安全事件的能力。

（二）演练

国家能源局定期组织演练，检验和完善预案，提高实战能力。

各电力企业每年至少开展一次应急演练，并将演练情况报送相关派出机构及上级电力调度机构，全国电力安全生产委员会企业成员单位应同步报送国家能源局。

（三）培训

各电力企业应将电力网络安全事件的应急知识列入有关人员的培训内容，加强网络安全特别是网络安全应急预案的培训，提高防范意识及技能。

（四）重大活动期间的预防措施

在国家重要活动、会议期间，有关电力调度机构、电力企业应加强网络安全监测和分析研判，及时预警可能造成重大影响的风险和隐患。重点部门、重点岗位保持24小时值班，及时发现和处置电力网络安全事件隐患。具体参照《重大活动电力安全保障工作规定》执行。

七、保障措施

（一）制度保障

各电力企业要落实网络安全应急工作责任制，把责任落实到具体部门、具体岗位和个人，并建立健全应急工作机制。

(二) 经费保障

各电力企业应为电力网络安全事件应急处置提供必要的资金保障，以支撑电力网络安全事件应急物资保障、技术支撑力量保障、基础平台保障、技术保障、指挥保障、预案演练等工作开展。

(三) 应急物资保障

各电力企业应根据潜在电力网络安全事件的影响，结合本单位网络安全工作需要，明确应急装备与备品备件的配置标准，购置和储备应急所需物资。各电力企业应掌握所属各单位应急物资储备情况，增强应急资源的统一调配能力，提高应急资源利用效率。各电力企业应加强应急物资动态管理，及时调整、升级软件硬件工具，不断增强应急技术支撑能力。

(四) 技术支撑力量保障

加强网络安全应急技术支撑队伍建设，做好电力网络安全事件的监测预警、预防防护、应急处置、应急技术支持工作。国家能源局推动国家级电力网络安全靶场建设，按需组织国家级电力网络安全靶场等行业技术力量，为电力网络安全事件应对处置提供技术支持。各电力企业应建立本单位的网络安全事件应急处置技术支持队伍，加强专家队伍建设，充分发挥在本单位及行业的电力网络安全事件应急处置工作中的作用。

(五) 基础平台保障

国家能源局指导电力行业共建共用行业级监测预警、信息通报和漏洞资源基础设施。电力调度机构、主要电力企业积极参与行业级基础设施建设，充分利用行业级基础设施，共享信息、协同研判，共同做好电力网络安全事件的预防和处置工作。

电力调度机构、主要电力企业应加强基础平台建设，做到电力网络安全事件早发现、早预警、早响应，提高应急处置能力。

(六) 技术保障

各电力企业应按照"同步规划、同步建设、同步使用"要求，在新建或改建项目的规划、立项、设计、建设、运行等环节落实电力网络安全事件应急处置技术保障。

各电力企业应加强网络安全监测预警、预防防护、处置救援、应急服务等技术研究，不断改进技术装备。

（七）指挥保障

电力调度机构应加强应急指挥队伍的建设和管理，保障资金投入，配备必要的指挥装备，并定期开展应急指挥的培训和演练。

八、附　则

（一）预案管理

根据实际情况的变化，国家能源局组织修订本预案。电力企业应参照本预案，制定或修订本单位电力网络安全事件应急预案，并根据企业实际情况的变化，及时修订本单位电力网络安全事件应急预案。

（二）罚则

国家能源局对不按照规定制定预案和组织开展演练，迟报、谎报、瞒报和漏报电力网络安全事件重要情况或者应急管理工作中有其他失职、渎职行为的，依照相关规定对有关责任人给予处理。

（三）与其他文件的衔接关系

因电力网络安全事件进一步引发电力安全事故（事件）的，同时按《电力安全事故应急处置和调查处理条例》《国家大面积停电事件应急预案》《电力安全事件监督管理规定》等有关规定开展事件报告、先期处置及事故调查。涉及电力关键信息基础设施的电力网络安全事件，同时按《关键信息基础设施安全保护条例》等相关规定开展处置。

（四）实施时间

本预案自印发之日起施行。

矿山救援规程

（2024年4月28日应急管理部令第16号公布　自2024年7月1日起施行）

第一章　总　　则

第一条　为了快速、安全、有效处置矿山生产安全事故，保护矿山从业人员和应急救援人员的生命安全，根据《中华人民共和国安全生产法》《中华人民共和国矿山安全法》和《生产安全事故应急条例》《煤矿安全生产条例》等有关法律、行政法规，制定本规程。

第二条　在中华人民共和国领域内从事煤矿、金属非金属矿山及尾矿库生产安全事故应急救援工作（以下统称矿山救援工作），适用本规程。

第三条　矿山救援工作应当以人为本，坚持人民至上、生命至上，贯彻科学施救原则，全力以赴抢救遇险人员，确保应急救援人员安全，防范次生灾害事故，避免或者减少事故对环境造成的危害。

第四条　矿山企业应当建立健全应急值守、信息报告、应急响应、现场处置、应急投入等规章制度，按照国家有关规定编制应急救援预案，组织应急救援演练，储备应急救援装备和物资，其主要负责人对本单位的矿山救援工作全面负责。

第五条　矿山救援队（矿山救护队，下同）是处置矿山生产安全事故的专业应急救援队伍。所有矿山都应当有矿山救援队为其服务。

矿山企业应当建立专职矿山救援队；规模较小、不具备建立专职矿山救援队条件的，应当建立兼职矿山救援队，并与邻近的专职矿山救援队签订应急救援协议。专职矿山救援队至服务矿山的行车时间一般不超过30分钟。

县级以上人民政府有关部门根据实际需要建立的矿山救援队按照有关法律法规的规定执行。

第六条 矿山企业应当及时将本单位矿山救援队的建立、变更、撤销和驻地、服务范围、主要装备、人员编制、主要负责人、接警电话等基本情况报送所在地应急管理部门和矿山安全监察机构。

第七条 矿山企业应当与为其服务的矿山救援队建立应急通信联系。煤矿、金属非金属矿山及尾矿库企业应当分别按照《煤矿安全规程》《金属非金属矿山安全规程》《尾矿库安全规程》有关规定向矿山救援队提供必要、真实、准确的图纸资料和应急救援预案。

第八条 发生生产安全事故后,矿山企业应当立即启动应急救援预案,采取措施组织抢救,全力做好矿山救援及相关工作,并按照国家有关规定及时上报事故情况。

第九条 矿山救援队应当坚持"加强准备、严格训练、主动预防、积极抢救"的工作原则;在接到服务矿山企业的救援通知或者有关人民政府及相关部门的救援命令后,应当立即参加事故灾害应急救援。

第二章 矿山救援队伍

第一节 组织与任务

第十条 专职矿山救援队应当符合下列规定:

(一)根据服务矿山的数量、分布、生产规模、灾害程度等情况和矿山救援工作需要,设立大队或者独立中队;

(二)大队和独立中队下设办公、战训、装备、后勤等管理机构,配备相应的管理和工作人员;

(三)大队由不少于2个中队组成,设大队长1人、副大队长不少于2人、总工程师1人、副总工程师不少于1人;

(四)独立中队和大队所属中队由不少于3个小队组成,设中队长1人、副中队长不少于2人、技术员不少于1人，以及救援车辆驾驶、仪器维修和氧气充填人员；

（五）小队由不少于9人组成，设正、副小队长各1人，是执行矿山救援工作任务的最小集体。

第十一条 专职矿山救援队应急救援人员应当具备下列条件：

（一）熟悉矿山救援工作业务，具有相应的矿山专业知识；

（二）大队指挥员由在中队指挥员岗位工作不少于3年或者从事矿山生产、安全、技术管理工作不少于5年的人员担任，中队指挥员由从事矿山救援工作或者矿山生产、安全、技术管理工作不少于3年的人员担任，小队指挥员由从事矿山救援工作不少于2年的人员担任；

（三）大队指挥员年龄一般不超过55岁，中队指挥员年龄一般不超过50岁，小队指挥员和队员年龄一般不超过45岁；根据工作需要，允许保留少数（不超过应急救援人员总数的1/3）身体健康、有技术专长、救援经验丰富的超龄人员，超龄年限不大于5岁；

（四）新招收的队员应当具有高中（中专、中技、中职）以上文化程度，具备相应的身体素质和心理素质，年龄一般不超过30岁。

第十二条 专职矿山救援队的主要任务是：

（一）抢救事故灾害遇险人员；

（二）处置矿山生产安全事故及灾害；

（三）参加排放瓦斯、启封火区、反风演习、井巷揭煤等需要佩用氧气呼吸器作业的安全技术工作；

（四）做好服务矿山企业预防性安全检查，参与消除事故隐患工作；

（五）协助矿山企业做好从业人员自救互救和应急知识的普及教育，参与服务矿山企业应急救援演练；

（六）承担兼职矿山救援队的业务指导工作；

（七）根据需要和有关部门的救援命令，参与其他事故灾害应急救援工作。

第十三条 兼职矿山救援队应当符合下列规定：

（一）根据矿山生产规模、自然条件和灾害情况确定队伍规模，一般不少于2个小队，每个小队不少于9人；

（二）应急救援人员主要由矿山生产一线班组长、业务骨干、工程技术人员和管理人员等兼职担任；

（三）设正、副队长和装备仪器管理人员，确保救援装备处于完好和备用状态；

（四）队伍直属矿长领导，业务上接受矿总工程师（技术负责人）和专职矿山救援队的指导。

第十四条 兼职矿山救援队的主要任务是：

（一）参与矿山生产安全事故初期控制和处置，救助遇险人员；

（二）协助专职矿山救援队参与矿山救援工作；

（三）协助专职矿山救援队参与矿山预防性安全检查和安全技术工作；

（四）参与矿山从业人员自救互救和应急知识宣传教育，参加矿山应急救援演练。

第十五条 矿山救援队应急救援人员应当遵守下列规定：

（一）热爱矿山救援事业，全心全意为矿山安全生产服务；

（二）遵守和执行安全生产和应急救援法律、法规、规章和标准；

（三）加强业务知识学习和救援专业技能训练，适应矿山救援工作需要；

（四）熟练掌握装备仪器操作技能，做好装备仪器的维护保养，保持装备完好；

（五）按照规定参加应急值班，坚守岗位，随时做好救援出动准备；

（六）服从命令，听从指挥，积极主动完成矿山救援等各项工作任务。

第二节　建设与管理

第十六条　矿山救援队应当加强标准化建设。标准化建设的主要内容包括组织机构及人员、装备与设施、培训与训练、业务工作、救援准备、技术操作、现场急救、综合体质、队列操练、综合管理等。

第十七条　矿山救援队应当按照有关标准和规定使用和管理队徽、队旗，统一规范着装并佩戴标志标识；加强思想政治、职业作风和救援文化建设，强化救援理念、职责和使命教育，遵守礼节礼仪，严肃队容风纪；服从命令、听从指挥，保持高度的组织性、纪律性。

第十八条　专职矿山救援队的日常管理包括下列内容：

（一）建立岗位责任制，明确全员岗位职责；

（二）建立交接班、学习培训、训练演练、救援总结讲评、装备管理、内务管理、档案管理、会议、考勤和评比检查等工作制度；

（三）设置组织机构牌板、队伍部署与服务区域矿山分布图、值班日程表、接警记录牌板和评比检查牌板，值班室配置录音电话、报警装置、时钟、接警和交接班记录簿；

（四）制定年度、季度和月度工作计划，建立工作日志和接警信息、交接班、事故救援、装备设施维护保养、学习与总结讲评、培训与训练、预防性安全检查、安全技术工作等工作记录；

（五）保存人员信息、技术资料、救援报告、工作总结、文件资料、会议材料等档案资料；

（六）针对服务矿山企业的分布、灾害特点及可能发生的生产安全事故类型等情况，制定救援行动预案，并与服务矿山企业的应急救援预案相衔接；

（七）营造功能齐备、利于应急、秩序井然、卫生整洁并具有浓厚应急救援职业文化氛围的驻地环境；

（八）集体宿舍保持整洁，不乱放杂物、无乱贴乱画，室内物品摆放整齐，墙壁悬挂物品一条线，床上卧具叠放整齐一条线，保持窗明壁净；

（九）应急救援人员做到着装规范、配套、整洁，遵守作息时间和考勤制度，举止端正、精神饱满、语言文明，常洗澡、常理发、常换衣服，患病应当早报告、早治疗。

兼职矿山救援队的日常管理可以结合矿山企业实际，参照本条上述内容执行。

第十九条　矿山救援队应当建立24小时值班制度。大队、中队至少各由1名指挥员在岗带班。应急值班以小队为单位，各小队按计划轮流担任值班小队和待机小队，值班和待机小队的救援装备应当置于矿山救援车上或者便于快速取用的地点，保持应急准备状态。

第二十条　矿山救援队执行矿山救援任务、参加安全技术工作和开展预防性安全检查时，应当穿戴矿山救援防护服装，佩带并按规定佩用氧气呼吸器，携带相关装备、仪器和用品。

第二十一条　任何人不得擅自调动专职矿山救援队、救援装备物资和救援车辆从事与应急救援无关的活动。

第三章　救援装备与设施

第二十二条　矿山救援队应当配备处置矿山生产安全事故的基本装备（见附录1至附录5），并根据救援工作实际需要配备其他必要的救援装备，积极采用新技术、新装备。

第二十三条　矿山救援队值班车辆应当放置值班小队和小队人员的基本装备。

第二十四条　矿山救援队应当根据服务矿山企业实际情况和可能发生的生产安全事故，明确列出处置各类事故需要携带的救援装备；需要携带其他装备赴现场的，由带队指挥员根据事故具体情况确定。

第二十五条　救援装备、器材、防护用品和检测仪器应当符合国家标准或者行业标准，满足矿山救援工作的特殊需要。各种仪器仪表应当按照有关要求定期检定或者校准。

第二十六条 矿山救援队应当定期检查在用和库存救援装备的状况及数量，做到账、物、卡"三相符"，并及时进行报废、更新和备品备件补充。

第二十七条 专职矿山救援队应当建有接警值班室、值班休息室、办公室、会议室、学习室、电教室、装备室、修理室、氧气充填室、气体分析化验室、装备器材库、车库、演习训练场所及设施、体能训练场所及设施、宿舍、浴室、食堂等。

兼职矿山救援队应当设置接警值班室、学习室、装备室、修理室、装备器材库、氧气充填室和训练设施等。

第二十八条 氧气充填室及室内物品和相关操作应当符合下列要求：

（一）氧气充填室的建设符合安全要求，建立严格的管理制度，室内使用防爆设施，保持通风良好，严禁烟火，严禁存放易燃易爆物品；

（二）氧气充填泵由培训合格的充填工按照规程进行操作；

（三）氧气充填泵在 20 兆帕压力时，不漏油、不漏气、不漏水、无杂音；

（四）氧气瓶实瓶和空瓶分别存放，标明充填日期，挂牌管理，并采取防止倾倒措施；

（五）定期检查氧气瓶，存放氧气瓶时轻拿轻放，距暖气片或者高温点的距离在 2 米以上；

（六）新购进或者经水压试验后的氧气瓶，充填前进行 2 次充、放氧气后，方可使用。

第二十九条 矿山救援队使用氧气瓶、氧气和氢氧化钙应当符合下列要求：

（一）氧气符合医用标准；

（二）氢氧化钙每季度化验 1 次，二氧化碳吸收率不得低于 33%，水分在 16% 至 20% 之间，粉尘率不大于 3%，使用过的氢氧化钙不得重复使用；

（三）氧气呼吸器内的氢氧化钙，超过 3 个月的必须更换，否则不得使用；

（四）使用的氧气瓶应当符合国家规定标准，每 3 年进行除锈（垢）清洗和水压试验，达不到标准的不得使用。

第三十条　气体分析化验室应当能够分析化验矿井空气和灾变气体中的氧气、氮气、二氧化碳、一氧化碳、甲烷、乙烷、丙烷、乙烯、乙炔、氢气、二氧化硫、硫化氢和氮氧化物等成分，保持室内整洁，温度在 15 至 23 摄氏度之间，严禁使用明火。气体分析化验仪器设备不得阳光曝晒，保持备品数量充足。

化验员应当及时对送检气样进行分析化验，填写化验单并签字，经技术负责人审核后提交送样单位，化验单存根保存期限不低于 2 年。

第三十一条　矿山救援队的救援装备、车辆和设施应当由专人管理，定期检查、维护和保养，保持完好和备用状态。救援装备不得露天存放，救援车辆应当专车专用。

第四章　救援培训与训练

第三十二条　矿山企业应当对从业人员进行应急教育和培训，保证从业人员具备必要的应急知识，掌握自救互救、安全避险技能和事故应急措施。

矿山救援队应急救援人员应当接受应急救援知识和技能培训，经培训合格后方可参加矿山救援工作。

第三十三条　矿山救援队应急救援人员的培训时间应当符合下列规定：

（一）大队指挥员及战训等管理机构负责人、中队正职指挥员及技术员的岗位培训不少于 30 天（144 学时），每两年至少复训一次，每次不少于 14 天（60 学时）；

（二）副中队长，独立中队战训等管理机构负责人，正、副小队长的岗位培训不少于45天（180学时），每两年至少复训一次，每次不少于14天（60学时）；

（三）专职矿山救援队队员、战训等管理机构工作人员的岗位培训不少于90天（372学时），编队实习90天，每年至少复训一次，每次不少于14天（60学时）；

（四）兼职矿山救援队应急救援人员的岗位培训不少于45天（180学时），每年至少复训一次，每次不少于14天（60学时）。

第三十四条 矿山救援培训应当包括下列主要内容：

（一）矿山安全生产与应急救援相关法律、法规、规章、标准和有关文件；

（二）矿山救援队伍的组织与管理；

（三）矿井通风安全基础理论与灾变通风技术；

（四）应急救援基础知识、基本技能、心理素质；

（五）矿山救援装备、仪器的使用与管理；

（六）矿山生产安全事故及灾害应急救援技术和方法；

（七）矿山生产安全事故及灾害遇险人员的现场急救、自救互救、应急避险、自我防护、心理疏导；

（八）矿山企业预防性安全检查、安全技术工作、隐患排查与治理和应急救援预案编制；

（九）典型事故灾害应急救援案例研究分析；

（十）应急管理与应急救援其他相关内容。

第三十五条 矿山企业应当至少每半年组织1次生产安全事故应急救援预案演练，服务矿山企业的矿山救援队应当参加演练。演练计划、方案、记录和总结评估报告等资料保存期限不少于2年。

第三十六条 矿山救援队应当按计划组织开展日常训练。训练应当包括综合体能、队列操练、心理素质、灾区环境适应性、救援专业技能、救援装备和仪器操作、现场急救、应急救援演练等主要内容。

第三十七条 矿山救援大队、独立中队应当每年至少开展1次综合性应急救援演练，内容包括应急响应、救援指挥、灾区探察、救援方案制定与实施、协同联动和突发情况应对等；中队应当每季度至少开展1次应急救援演练和高温浓烟训练，内容包括闻警出动、救援准备、灾区探察、事故处置、抢救遇险人员和高温浓烟环境作业等；小队应当每月至少开展1次佩用氧气呼吸器的单项训练，每次训练时间不少于3小时；兼职矿山救援队应当每半年至少进行1次矿山生产安全事故先期处置和遇险人员救助演练，每季度至少进行1次佩用氧气呼吸器的训练，时间不少于3小时。

第三十八条 安全生产应急救援机构应当定期组织举办矿山救援技术竞赛。鼓励矿山救援队参加国际矿山救援技术交流活动。

第五章 矿山救援一般规定

第一节 先期处置

第三十九条 矿山发生生产安全事故后，涉险区域人员应当视现场情况，在安全条件下积极抢救人员和控制灾情，并立即上报；不具备条件的，应当立即撤离至安全地点。井下涉险人员在撤离时应当根据需要使用自救器，在撤离受阻的情况下紧急避险待救。矿山企业带班领导和涉险区域的区、队、班组长等应当组织人员抢救、撤离和避险。

第四十条 矿山值班调度员接到事故报告后，应当立即采取应急措施，通知涉险区域人员撤离险区，报告矿山企业负责人，通知矿山救援队、医疗急救机构和本企业有关人员等到现场救援。矿山企业负责人应当迅速采取有效措施组织抢救，并按照国家有关规定立即如实报告事故情况。

第二节 闻警出动、到达现场和返回驻地

第四十一条 矿山救援队出动救援应当遵守下列规定：

（一）值班员接到救援通知后，首先按响预警铃，记录发生事故单位和事故时间、地点、类别、可能遇险人数及通知人姓名、单位、

联系电话，随后立即发出警报，并向值班指挥员报告；

（二）值班小队在预警铃响后立即开始出动准备，在警报发出后1分钟内出动，不需乘车的，出动时间不得超过2分钟；

（三）处置矿井生产安全事故，待机小队随同值班小队出动；

（四）值班员记录出动小队编号及人数、带队指挥员、出动时间、携带装备等情况，并向矿山救援队主要负责人报告；

（五）及时向所在地应急管理部门和矿山安全监察机构报告出动情况。

第四十二条　矿山救援队到达事故地点后，应当立即了解事故情况，领取救援任务，做好救援准备，按照现场指挥部命令和应急救援方案及矿山救援队行动方案，实施灾区探察和抢险救援。

第四十三条　矿山救援队完成救援任务后，经现场指挥部同意，可以返回驻地。返回驻地后，应急救援人员应当立即对救援装备、器材进行检查和维护，使之恢复到完好和备用状态。

第三节　救援指挥

第四十四条　矿山救援队参加矿山救援工作，带队指挥员应当参与制定应急救援方案，在现场指挥部的统一调度指挥下，具体负责指挥矿山救援队的矿山救援行动。

矿山救援队参加其他事故灾害应急救援时，应当在现场指挥部的统一调度指挥下实施应急救援行动。

第四十五条　多支矿山救援队参加矿山救援工作时，应当服从现场指挥部的统一管理和调度指挥，由服务于发生事故矿山的专职矿山救援队指挥员或者其他胜任人员具体负责协调、指挥各矿山救援队联合实施救援处置行动。

第四十六条　矿山救援队带队指挥员应当根据应急救援方案和事故情况，组织制定矿山救援队行动方案和安全保障措施；执行灾区探察和救援任务时，应当至少有1名中队或者中队以上指挥员在现场带队。

第四十七条 现场带队指挥员应当向救援小队说明事故情况、探察和救援任务、行动计划和路线、安全保障措施和注意事项，带领救援小队完成工作任务。矿山救援队执行任务时应当避免使用临时混编小队。

第四十八条 矿山救援队在救援过程中遇到危及应急救援人员生命安全的突发情况时，现场带队指挥员有权作出撤出危险区域的决定，并及时报告现场指挥部。

第四节　救援保障

第四十九条 在处置重特大或者复杂矿山生产安全事故时，应当设立地面基地；条件允许的，应当设立井下基地。

应急救援人员的后勤保障应当按照《生产安全事故应急条例》的规定执行。同时，鼓励矿山救援队加强自我保障能力。

第五十条 地面基地应当设置在便于救援行动的安全地点，并且根据事故情况和救援力量投入情况配备下列人员、设备、设施和物资：

（一）气体化验员、医护人员、通信员、仪器修理员和汽车驾驶员，必要时配备心理医生；

（二）必要的救援装备、器材、通信设备和材料；

（三）应急救援人员的后勤保障物资和临时工作、休息场所。

第五十一条 井下基地应当设置在靠近灾区的安全地点，并且配备下列人员、设备和物资：

（一）指挥人员、值守人员、医护人员；

（二）直通现场指挥部和灾区的通信设备；

（三）必要的救援装备、气体检测仪器、急救药品和器材；

（四）食物、饮料等后勤保障物资。

第五十二条 井下基地应当安排专人检测有毒有害气体浓度和风量、观测风流方向、检查巷道支护等情况，发现情况异常时，基地指挥人员应当立即采取应急措施，通知灾区救援小队，并报告现场指挥部。改变井下基地位置，应当经过矿山救援队带队指挥员同意，报告现场指挥部，并通知灾区救援小队。

第五十三条　矿山救援队在组织救援小队执行矿井灾区探察和救援任务时，应当设立待机小队。待机小队的位置由带队指挥员根据现场情况确定。

第五十四条　矿山救援队在救援过程中必须保证下列通信联络：

（一）地面基地与井下基地；

（二）井下基地与救援小队；

（三）救援小队与待机小队；

（四）应急救援人员之间。

第五十五条　矿山救援队在救援过程中使用音响信号和手势联络应当符合下列规定：

（一）在灾区内行动的音响信号：

1. 一声表示停止工作或者停止前进；

2. 二声表示离开危险区；

3. 三声表示前进或者工作；

4. 四声表示返回；

5. 连续不断声音表示请求援助或者集合。

（二）在竖井和倾斜巷道使用绞车的音响信号：

1. 一声表示停止；

2. 二声表示上升；

3. 三声表示下降；

4. 四声表示慢上；

5. 五声表示慢下。

（三）应急救援人员在灾区报告氧气压力的手势：

1. 伸出拳头表示 10 兆帕；

2. 伸出五指表示 5 兆帕；

3. 伸出一指表示 1 兆帕；

4. 手势要放在灯头前表示。

第五十六条 矿山救援队在救援过程中应当根据需要定时、定点取样分析化验灾区气体成分，为制定应急救援方案和措施提供参考依据。

第五节 灾区行动基本要求

第五十七条 救援小队进入矿井灾区探察或者救援，应急救援人员不得少于6人，应当携带灾区探察基本装备（见附录6）及其他必要装备。

第五十八条 应急救援人员应当在入井前检查氧气呼吸器是否完好，其个人防护氧气呼吸器、备用氧气呼吸器及备用氧气瓶的氧气压力均不得低于18兆帕。

如果不能确认井筒、井底车场或者巷道内有无有毒有害气体，应急救援人员应当在入井前或者进入巷道前佩用氧气呼吸器。

第五十九条 应急救援人员在井下待命或者休息时，应当选择在井下基地或者具有新鲜风流的安全地点。如需脱下氧气呼吸器，必须经现场带队指挥员同意，并就近置于安全地点，确保有突发情况时能够及时佩用。

第六十条 应急救援人员应当注意观察氧气呼吸器的氧气压力，在返回到井下基地时应当至少保留5兆帕压力的氧气余量。在倾角小于15度的巷道行进时，应当将允许消耗氧气量的二分之一用于前进途中、二分之一用于返回途中；在倾角大于或者等于15度的巷道中行进时，应当将允许消耗氧气量的三分之二用于上行途中、三分之一用于下行途中。

第六十一条 矿山救援队在致人窒息或者有毒有害气体积存的灾区执行任务应当做到：

（一）随时检测有毒有害气体、氧气浓度和风量，观测风向和其他变化；

（二）小队长每间隔不超过20分钟组织应急救援人员检查并报告1次氧气呼吸器氧气压力，根据最低的氧气压力确定返回时间；

（三）应急救援人员必须在彼此可见或者可听到信号的范围内行动，严禁单独行动；如果该灾区地点距离新鲜风流处较近，并且救援小队全体人员在该地点无法同时开展救援，现场带队指挥员可派不少于2名队员进入该地点作业，并保持联系。

第六十二条 矿山救援队在致人窒息或者有毒有害气体积存的灾区抢救遇险人员应当做到：

（一）引导或者运送遇险人员时，为遇险人员佩用全面罩正压氧气呼吸器或者自救器；

（二）对受伤、窒息或者中毒人员进行必要急救处理，并送至安全地点；

（三）处理和搬运伤员时，防止伤员拉扯氧气呼吸器软管或者面罩；

（四）抢救长时间被困遇险人员，请专业医护人员配合，运送时采取护目措施，避免灯光和井口外光线直射遇险人员眼睛；

（五）有多名遇险人员待救的，按照"先重后轻、先易后难"的顺序抢救；无法一次全部救出的，为待救遇险人员佩用全面罩正压氧气呼吸器或者自救器。

第六十三条 在高温、浓烟、塌冒、爆炸和水淹等灾区，无需抢救人员的，矿山救援队不得进入；因抢救人员需要进入时，应当采取安全保障措施。

第六十四条 应急救援人员出现身体不适或者氧气呼吸器发生故障难以排除时，救援小队全体人员应当立即撤到安全地点，并报告现场指挥部。

第六十五条 应急救援人员在灾区工作1个氧气呼吸器班后，应当至少休息8小时；只有在后续矿山救援队未到达且急需抢救人员时，方可根据体质情况，在氧气呼吸器补充氧气、更换药品和降温冷却材料并校验合格后重新投入工作。

第六十六条 矿山救援队在完成救援任务撤出灾区时，应当将携带的救援装备带出灾区。

第六节 灾区探察

第六十七条 矿山救援队参加矿井生产安全事故应急救援,应当进行灾区探察。灾区探察的主要任务是探明事故类别、波及范围、破坏程度、遇险人员数量和位置、矿井通风、巷道支护等情况,检测灾区氧气和有毒有害气体浓度、矿尘、温度、风向、风速等。

第六十八条 矿山救援队在进行灾区探察前,应当了解矿井巷道布置等基本情况,确认灾区是否切断电源,明确探察任务、具体计划和注意事项,制定遇有撤退路线被堵等突发情况的应急措施,检查氧气呼吸器和所需装备仪器,做好充分准备。

第六十九条 矿山救援队在灾区探察时应当做到:

(一)探察小队与待机小队保持通信联系,在需要待机小队抢救人员时,调派其他小队作为待机小队;

(二)首先将探察小队派往可能存在遇险人员最多的地点,灾区范围大或者巷道复杂的,可以组织多个小队分区段探察;

(三)探察小队在遭遇危险情况或者通信中断时立即回撤,待机小队在探察小队遇险、通信中断或者未按预定时间返回时立即进入救援;

(四)进入灾区时,小队长在队前,副小队长在队后,返回时相反;搜救遇险人员时,小队队形与巷道中线斜交前进;

(五)探察小队携带救生索等必要装备,行进时注意暗井、溜煤眼、淤泥和巷道支护等情况,视线不清或者水深时使用探险棍探测前进,队员之间用联络绳联结;

(六)明确探察小队人员分工,分别检查通风、气体浓度、温度和顶板等情况并记录,探察过的巷道要签字留名做好标记,并绘制探察路线示意图,在图纸上标记探察结果;

(七)探察过程中发现遇险人员立即抢救,将其护送至安全地点,无法一次救出遇险人员时,立即通知待机小队进入救援,带队指挥员根据实际情况决定是否安排队伍继续实施灾区探察;

（八）在发现遇险人员地点做出标记，检测气体浓度，并在图纸上标明遇险人员位置及状态，对遇难人员逐一编号；

（九）探察小队行进中在巷道交叉口设置明显标记，完成任务后按计划路线或者原路返回。

第七十条　探察结束后，现场带队指挥员应当立即向布置任务的指挥员汇报探察结果。

第七节　救援记录和总结报告

第七十一条　矿山救援队应当记录参加救援的过程及重要事项；发生应急救援人员伤亡的，应当按照有关规定及时上报。

第七十二条　救援结束后，矿山救援队应当对救援工作进行全面总结，编写应急救援报告（附事故现场示意图），填写《应急救援登记卡》（见附录7），并于7日内上报所在地应急管理部门和矿山安全监察机构。

第六章　救援方法和行动原则

第一节　矿井火灾事故救援

第七十三条　矿山救援队参加矿井火灾事故救援应当了解下列情况：

（一）火灾类型、发火时间、火源位置、火势及烟雾大小、波及范围、遇险人员分布和矿井安全避险系统情况；

（二）灾区有毒有害气体、温度、通风系统状态、风流方向、风量大小和矿尘爆炸性；

（三）顶板、巷道围岩和支护状况；

（四）灾区供电状况；

（五）灾区供水管路和消防器材的实际状况及数量；

（六）矿井火灾事故专项应急预案及其实施状况。

第七十四条　首先到达事故矿井的矿山救援队，救援力量的分派原则如下：

（一）进风井井口建筑物发生火灾，派一个小队处置火灾，另一个小队到井下抢救人员和扑灭井底车场可能发生的火灾；

（二）井筒或者井底车场发生火灾，派一个小队灭火，另一个小队到受火灾威胁区域抢救人员；

（三）矿井进风侧的硐室、石门、平巷、下山或者上山发生火灾，火烟可能威胁到其他地点时，派一个小队灭火，另一个小队进入灾区抢救人员；

（四）采区巷道、硐室或者工作面发生火灾，派一个小队从最短的路线进入回风侧抢救人员，另一个小队从进风侧抢救人员和灭火；

（五）回风井井口建筑物、回风井筒或者回风井底车场及其毗连的巷道发生火灾，派一个小队灭火，另一个小队抢救人员。

第七十五条 矿山救援队在矿井火灾事故救援过程中，应当指定专人检测瓦斯等易燃易爆气体和矿尘，观测灾区气体和风流变化，当甲烷浓度超过2%并且继续上升，风量突然发生较大变化，或者风流出现逆转征兆时，应当立即撤到安全地点，采取措施排除危险，采用保障安全的灭火方法。

第七十六条 处置矿井火灾时，矿井通风调控应当遵守下列原则：

（一）控制火势和烟雾蔓延，防止火灾扩大；

（二）防止引起瓦斯或者矿尘爆炸，防止火风压引起风流逆转；

（三）保障应急救援人员安全，并有利于抢救遇险人员；

（四）创造有利的灭火条件。

第七十七条 灭火过程中，根据灾情可以采取局部反风、全矿井反风、风流短路、停止通风或者减少风量等措施。采取上述措施时，应当防止瓦斯等易燃易爆气体积聚到爆炸浓度引起爆炸，防止发生风流紊乱，保障应急救援人员安全。采取反风或者风流短路措施前，必须将原进风侧人员或者受影响区域内人员撤到安全地点。

第七十八条 矿山救援队应当根据矿井火灾的实际情况选择灭

火方法，条件具备的应当采用直接灭火方法。直接灭火时，应当设专人观测进风侧风向、风量和气体浓度变化，分析风流紊乱的可能性及撤退通道的安全性，必要时采取控风措施；应当监测回风侧瓦斯和一氧化碳等气体浓度变化，观察烟雾变化情况，分析灭火效果和爆炸危险性，发现危险迹象及时撤离。

第七十九条 用水灭火时，应当具备下列条件：

（一）火源明确；

（二）水源、人力和物力充足；

（三）回风道畅通；

（四）甲烷浓度不超过2%。

第八十条 用水或者注浆灭火应当遵守下列规定：

（一）从进风侧进行灭火，并采取防止溃水措施，同时将回风侧人员撤出；

（二）为控制火势，可以采取设置水幕、清除可燃物等措施；

（三）从火焰外围喷洒并逐步移向火源中心，不得将水流直接对准火焰中心；

（四）灭火过程中保持足够的风量和回风道畅通，使水蒸气直接排入回风道；

（五）向火源大量灌水或者从上部灌浆时，不得靠近火源地点作业；用水快速淹没火区时，火区密闭附近及其下方区域不得有人。

第八十一条 扑灭电气火灾，应当首先切断电源。在切断电源前，必须使用不导电的灭火器材进行灭火。

第八十二条 扑灭瓦斯燃烧引起的火灾时，可采用干粉、惰性气体、泡沫灭火，不得随意改变风量，防止事故扩大。

第八十三条 下列情况下，应当采用隔绝灭火或者综合灭火方法：

（一）缺乏灭火器材；

（二）火源点不明确、火区范围大、难以接近火源；

（三）直接灭火无效或者对灭火人员危险性较大。

第八十四条 采用隔绝灭火方法应当遵守下列规定：

（一）在保证安全的情况下，合理确定封闭火区范围；

（二）封闭火区时，首先建造临时密闭，经观测风向、风量、烟雾和气体分析，确认无爆炸危险后，再建造永久密闭或者防爆密闭（防爆密闭墙最小厚度见附录8）。

第八十五条 封闭火区应当遵守下列规定：

（一）多条巷道需要封闭的，先封闭支巷，后封闭主巷；

（二）火区主要进风巷和回风巷中的密闭留有通风孔，其他密闭可以不留通风孔；

（三）选择进风巷和回风巷同时封闭的，在两处密闭上预留通风孔，封堵通风孔时统一指挥、密切配合，以最快速度同时封堵，完成密闭工作后迅速撤至安全地点；

（四）封闭有爆炸危险火区时，先采取注入惰性气体等抑爆措施，后在安全位置构筑进、回风密闭；

（五）封闭火区过程中，设专人检测风流和气体变化，发现瓦斯等易燃易爆气体浓度迅速增加时，所有人员立即撤到安全地点，并向现场指挥部报告。

第八十六条 建造火区密闭应当遵守下列规定：

（一）密闭墙的位置选择在围岩稳定、无破碎带、无裂隙和巷道断面较小的地点，距巷道交叉口不小于10米；

（二）拆除或者断开管路、金属网、电缆和轨道等金属导体；

（三）密闭墙留设观测孔、措施孔和放水孔。

第八十七条 火区封闭后应当遵守下列规定：

（一）所有人员立即撤出危险区；进入检查或者加固密闭墙在24小时后进行，火区条件复杂的，酌情延长时间；

（二）火区密闭被爆炸破坏的，严禁派矿山救援队探察或者恢复密闭；只有在采取惰化火区等措施、经检测无爆炸危险后方可作业，否则，在距火区较远的安全地点建造密闭；

（三）条件允许的，可以采取均压灭火措施；

（四）定期检测和分析密闭内的气体成分及浓度、温度、内外空气压差和密闭漏风情况，发现火区有异常变化时，采取措施及时处置。

第八十八条　矿山救援队在高温、浓烟下开展救援工作应当遵守下列规定：

（一）井下巷道内温度超过30摄氏度的，控制佩用氧气呼吸器持续作业时间；温度超过40摄氏度的，不得佩用氧气呼吸器作业，抢救人员时严格限制持续作业时间（见附录9）；

（二）采取降温措施，改善工作环境，井下基地配备含0.75%食盐的温开水；

（三）高温巷道内空气升温梯度达到每分钟0.5至1摄氏度时，小队返回井下基地，并及时报告基地指挥员；

（四）严禁进入烟雾弥漫至能见度小于1米的巷道；

（五）发现应急救援人员身体异常的，小队返回井下基地并通知待机小队。

第八十九条　处置进风井口建筑物火灾，应当采取防止火灾气体及火焰侵入井下的措施，可以立即反风或者关闭井口防火门；不能反风的，根据矿井实际情况决定是否停止主要通风机。同时，采取措施进行灭火。

第九十条　处置正在开凿井筒的井口建筑物火灾，通往遇险人员作业地点的通道被火切断时，可以利用原有的铁风筒及各类适合供风的管路设施向遇险人员送风，同时采取措施进行灭火。

第九十一条　处置进风井筒火灾，为防止火灾气体侵入井下巷道，可以采取反风或者停止主要通风机运转的措施。

第九十二条　处置回风井筒火灾，应当保持原有风流方向，为防止火势增大，可以适当减少风量。

第九十三条　处置井底车场火灾应当采取下列措施：

（一）进风井井底车场和毗连硐室发生火灾，进行反风或者风流短路，防止火灾气体侵入工作区；

（二）回风井井底车场发生火灾，保持正常风流方向，可以适当减少风量；

（三）直接灭火和阻止火灾蔓延；

（四）为防止混凝土支架和砌碹巷道上面木垛燃烧，可在碹上打眼或者破碹，安设水幕或者灌注防灭火材料；

（五）保护可能受到火灾危及的井筒、爆炸物品库、变电所和水泵房等关键地点。

第九十四条 处置井下硐室火灾应当采取下列措施：

（一）着火硐室位于矿井总进风道的，进行反风或者风流短路；

（二）着火硐室位于矿井一翼或者采区总进风流所经两巷道连接处的，在安全的前提下进行风流短路，条件具备时也可以局部反风；

（三）爆炸物品库着火的，在安全的前提下先将雷管和导爆索运出，后将其他爆炸材料运出；因危险不能运出时，关闭防火门，人员撤至安全地点；

（四）绞车房着火的，将连接的矿车固定，防止烧断钢丝绳，造成跑车伤人；

（五）蓄电池机车充电硐室着火的，切断电源，停止充电，加强通风并及时运出蓄电池；

（六）硐室无防火门的，挂风障控制入风，积极灭火。

第九十五条 处置井下巷道火灾应当采取下列措施：

（一）倾斜上行风流巷道发生火灾，保持正常风流方向，可以适当减少风量，防止与着火巷道并联的巷道发生风流逆转；

（二）倾斜下行风流巷道发生火灾，防止发生风流逆转，不得在着火巷道由上向下接近火源灭火，可以利用平行下山和联络巷接近火源灭火；

（三）在倾斜巷道从下向上灭火时，防止冒落岩石和燃烧物掉落伤人；

（四）矿井或者一翼总进风道中的平巷、石门或者其他水平巷道发生火灾，根据具体情况采取反风、风流短路或者正常通风，采取

风流短路时防止风流紊乱;

(五)架线式电机车巷道发生火灾,先切断电源,并将线路接地,接地点在可见范围内;

(六)带式输送机运输巷道发生火灾,先停止输送机,关闭电源,后进行灭火。

第九十六条 处置独头巷道火灾应当采取下列措施:

(一)矿山救援队到达现场后,保持局部通风机通风原状,即风机停止运转的不要开启,风机开启的不要停止,进行探察后再采取处置措施;

(二)水平独头巷道迎头发生火灾,且甲烷浓度不超过2%的,在通风的前提下直接灭火,灭火后检查和处置阴燃火点,防止复燃;

(三)水平独头巷道中段发生火灾,灭火时注意火源以里巷道内瓦斯情况,防止积聚的瓦斯经过火点,情况不明的,在安全地点进行封闭;

(四)倾斜独头巷道迎头发生火灾,且甲烷浓度不超过2%时,在加强通风的情况下可以直接灭火;甲烷浓度超过2%时,应急救援人员立即撤离,并在安全地点进行封闭;

(五)倾斜独头巷道中段发生火灾,不得直接灭火,在安全地点进行封闭;

(六)局部通风机已经停止运转,且无需抢救人员的,无论火源位于何处,均在安全地点进行封闭,不得进入直接灭火。

第九十七条 处置回采工作面火灾应当采取下列措施:

(一)工作面着火,在进风侧进行灭火;在进风侧灭火难以奏效的,可以进行局部反风,从反风后的进风侧灭火,并在回风侧设置水幕;

(二)工作面进风巷着火,为抢救人员和控制火势,可以进行局部反风或者减少风量,减少风量时防止灾区缺氧和瓦斯等有毒有害气体积聚;

(三)工作面回风巷着火,防止采空区瓦斯涌出和积聚造成瓦斯爆炸；

（四）急倾斜工作面着火，不得在火源上方或者火源下方直接灭火，防止水蒸气或者火区塌落物伤人；有条件的可以从侧面利用保护台板或者保护盖接近火源灭火；

（五）工作面有爆炸危险时，应急救援人员立即撤到安全地点，禁止直接灭火。

第九十八条 采空区或者巷道冒落带发生火灾，应当保持通风系统稳定，检查与火区相连的通道，防止瓦斯涌入火区。

第二节 瓦斯、矿尘爆炸事故救援

第九十九条 矿山救援队参加瓦斯、矿尘爆炸事故救援，应当全面探察灾区遇险人员数量及分布地点、有毒有害气体、巷道破坏程度、是否存在火源等情况。

第一百条 首先到达事故矿井的矿山救援队，救援力量的分派原则如下：

（一）井筒、井底车场或者石门发生爆炸，在确定没有火源、无爆炸危险后，派一个小队抢救人员，另一个小队恢复通风，通风设施损坏暂时无法恢复的，全部进行抢救人员；

（二）采掘工作面发生爆炸，派一个小队沿回风侧、另一个小队沿进风侧进入抢救人员，在此期间通风系统维持原状。

第一百零一条 为排除爆炸产生的有毒有害气体和抢救人员，应当在探察确认无火源的前提下，尽快恢复通风。如果有毒有害气体严重威胁爆源下风侧人员，在上风侧人员已经撤离的情况下，可以采取反风措施，反风后矿山救援队进入原下风侧引导人员撤离灾区。

第一百零二条 爆炸产生火灾时，矿山救援队应当同时进行抢救人员和灭火，并采取措施防止再次发生爆炸。

第一百零三条 矿山救援队参加瓦斯、矿尘爆炸事故救援应当遵守下列规定：

（一）切断灾区电源，并派专人值守；

（二）检查灾区内有毒有害气体浓度、温度和通风设施情况，发现有再次爆炸危险时，立即撤至安全地点；

（三）进入灾区行动防止碰撞、摩擦等产生火花；

（四）灾区巷道较长、有毒有害气体浓度较大、支架损坏严重的，在确认没有火源的情况下，先恢复通风、维护支架，确保应急救援人员安全；

（五）已封闭采空区发生爆炸，严禁派人进入灾区进行恢复密闭工作，采取注入惰性气体和远距离封闭等措施。

第三节　煤与瓦斯突出事故救援

第一百零四条　发生煤与瓦斯突出事故后，矿山企业应当立即对灾区采取停电和撤人措施，在按规定排出瓦斯后，方可恢复送电。

第一百零五条　矿山救援队应当探察遇险人员数量及分布地点、通风系统及设施破坏程度、突出的位置、突出物堆积状态、巷道堵塞程度、瓦斯浓度和波及范围等情况，发现火源立即扑灭。

第一百零六条　采掘工作面发生煤与瓦斯突出事故，矿山救援队应当派一个小队从回风侧、另一个小队从进风侧进入事故地点抢救人员。

第一百零七条　矿山救援队发现遇险人员应当立即抢救，为其佩用全面罩正压氧气呼吸器或者自救器，引导、护送遇险人员撤离灾区。遇险人员被困灾区时，应当利用压风、供水管路或者施工钻孔等为其输送新鲜空气，并组织力量清理堵塞物或者开掘绕道抢救人员。在有突出危险的煤层中掘进绕道抢救人员时，应当采取防突措施。

第一百零八条　处置煤与瓦斯突出事故，不得停风或者反风，防止风流紊乱扩大灾情。通风系统和通风设施被破坏的，应当设置临时风障、风门和安装局部通风机恢复通风。

第一百零九条　突出造成风流逆转时，应当在进风侧设置风障，清理回风侧的堵塞物，使风流尽快恢复正常。

第一百一十条 突出引起火灾时，应当采用综合灭火或者惰性气体灭火。突出引起回风井口瓦斯燃烧的，应当采取控制风量的措施。

第一百一十一条 排放灾区瓦斯时，应当撤出排放混合风流经过巷道的所有人员，以最短路线将瓦斯引入回风道。回风井口50米范围内不得有火源，并设专人监视。

第一百一十二条 清理突出的煤矸时，应当采取防止煤尘飞扬、冒顶片帮、瓦斯超限及再次发生突出的安全保障措施。

第一百一十三条 处置煤（岩）与二氧化碳突出事故，可以参照处置煤与瓦斯突出事故的相关规定执行，并且应当加大灾区风量。

第四节 矿井透水事故救援

第一百一十四条 矿山救援队参加矿井透水事故救援，应当了解灾区情况和水源、透水点、事故前人员分布、矿井有生存条件的地点及进入该地点的通道等情况，分析计算被困人员所在空间体积及空间内氧气、二氧化碳、瓦斯等气体浓度，估算被困人员维持生存时间。

第一百一十五条 矿山救援队应当探察遇险人员位置，涌水通道、水量及水流动线路，巷道及水泵设施受水淹程度，巷道破坏及堵塞情况，瓦斯、二氧化碳、硫化氢等有毒有害气体情况和通风状况等。

第一百一十六条 采掘工作面发生透水，矿山救援队应当首先进入下部水平抢救人员，再进入上部水平抢救人员。

第一百一十七条 被困人员所在地点高于透水后水位的，可以利用打钻等方法供给新鲜空气、饮料和食物，建立通信联系；被困人员所在地点低于透水后水位的，不得打钻，防止钻孔泄压扩大灾情。

第一百一十八条 矿井涌水量超过排水能力，全矿或者水平有被淹危险时,在下部水平人员救出后,可以向下部水平或者采空区放水;下部水平人员尚未撤出,主要排水设备受到被淹威胁时,可以构筑临时防水墙,封堵泵房口和通往下部水平的巷道。

第一百一十九条 矿山救援队参加矿井透水事故救援应当遵守下列规定:

(一)透水威胁水泵安全时,在人员撤至安全地点后,保护泵房不被水淹;

(二)应急救援人员经过巷道有被淹危险时,立即返回井下基地;

(三)排水过程中保持通风,加强有毒有害气体检测,防止有毒有害气体涌出造成危害;

(四)排水后进行探察或者抢救人员时,注意观察巷道情况,防止冒顶和底板塌陷;

(五)通过局部积水巷道时,采用探险棍探测前进;水深过膝,无需抢救人员的,不得涉水进入灾区。

第一百二十条 矿山救援队处置上山巷道透水应当注意下列事项:

(一)检查并加固巷道支护,防止二次透水、积水和淤泥冲击;

(二)透水点下方不具备存储水和沉积物有效空间的,将人员撤至安全地点;

(三)保证人员通信联系和撤离路线安全畅通。

第五节 冒顶片帮、冲击地压事故救援

第一百二十一条 矿山救援队参加冒顶片帮事故救援,应当了解事故发生原因、巷道顶板特性、事故前人员分布位置和压风管路设置等情况,指定专人检查氧气和瓦斯等有毒有害气体浓度、监测巷道涌水量、观察周围巷道顶板和支护情况,保障应急救援人员作业安全和撤离路线安全畅通。

第一百二十二条 矿井通风系统遭到破坏的,应当迅速恢复通

风；周围巷道和支护遭到破坏的，应当进行加固处理。当瓦斯等有毒有害气体威胁救援作业安全或者可能再次发生冒顶片帮时，应急救援人员应当迅速撤至安全地点，采取措施消除威胁。

第一百二十三条　矿山救援队搜救遇险人员时，可以采用呼喊、敲击或者采用探测仪器判断被困人员位置、与被困人员联系。应急救援人员和被困人员通过敲击发出救援联络信号内容如下：

（一）敲击五声表示寻求联络；

（二）敲击四声表示询问被困人员数量（被困人员按实际人数敲击回复）；

（三）敲击三声表示收到；

（四）敲击二声表示停止。

第一百二十四条　应急救援人员可以采用掘小巷、掘绕道、使用临时支护通过冒落区或者施工大口径救生钻孔等方式，快速构建救援通道营救遇险人员，同时利用压风管、水管或者钻孔等向被困人员提供新鲜空气、饮料和食物。

第一百二十五条　应急救援人员清理大块矸石、支柱、支架、金属网、钢梁等冒落物和巷道堵塞物营救被困人员时，在现场安全的情况下，可以使用千斤顶、液压起重器具、液压剪、起重气垫、多功能钳、金属切割机等工具进行处置，使用工具应当注意避免误伤被困人员。

第一百二十六条　矿山救援队参加冲击地压事故救援应当遵守下列规定：

（一）分析再次发生冲击地压灾害的可能性，确定合理的救援方案和路线；

（二）迅速恢复灾区通风，恢复独头巷道通风时，按照排放瓦斯的要求进行；

（三）加强巷道支护，保障作业空间安全，防止再次冒顶；

（四）设专人观察顶板及周围支护情况，检查通风、瓦斯和矿尘，防止发生次生事故。

第六节 矿井提升运输事故救援

第一百二十七条 矿井发生提升运输事故，矿山企业应当根据情况立即停止事故设备运行，必要时切断其供电电源，停止事故影响区域作业，组织抢救遇险人员，采取恢复通风、通信和排水等措施。

第一百二十八条 矿山救援队应当了解事故发生原因、矿井提升运输系统及设备、遇险人员数量和可能位置以及矿井通风、通信、排水等情况，探察井筒（巷道）破坏程度、提升容器坠落或者运输车辆滑落位置、遇险人员状况以及井筒（巷道）内通风、杂物堆积、氧气和有毒有害气体浓度、积水水位等情况。

第一百二十九条 矿山救援队在探察搜救过程中，发现遇险人员立即救出至安全地点，对伤员进行止血、包扎和骨折固定等紧急处理后，迅速移交专业医护人员送医院救治；不能立即救出的，在采取技术措施后施救。

第一百三十条 应急救援人员在使用起重、破拆、扩张、牵引、切割等工具处置罐笼、人车（矿车）及堆积杂物进行施救时，应当指定专人检查瓦斯等有毒有害气体和氧气浓度、观察井筒和巷道情况，采取防范措施确保作业安全；同时，应当采取措施避免被困人员受到二次伤害。

第一百三十一条 矿山救援队参加矿井坠罐事故救援应当遵守下列规定：

（一）提升人员井筒发生事故，可以选择其他安全出口入井探察搜救；

（二）需要使用事故井筒的，清理井口并设专人把守警戒，对井筒、救援提升系统及设备进行安全评估、检查和提升测试，确保提升安全可靠；

（三）当罐笼坠入井底时，可以通过排水通道抢救遇险人员，积水较多的采取排水措施，井底较深的采取局部通风措施，防止人员窒息；

（四）搜救时注意观察井筒上部是否有物品坠落危险，必要时在井筒上部断面安设防护盖板，保障救援安全。

第一百三十二条　矿山救援队参加矿井卡罐事故救援应当遵守下列规定：

（一）清理井架、井口附着物，井口设专人值守警戒，防止救援过程中坠物伤人；

（二）有梯子间的井筒，先行探察井筒内有毒有害气体和氧气浓度以及梯子间安全状况，在保证安全的情况下可以通过梯子间向下搜救；

（三）需要通过提升系统及设备进行探察搜救的，在经评估、检查和测试，确保提升系统及设备安全可靠后方可实施；

（四）应急救援人员佩带保险带，所带工具系绳入套防止掉落，配备使用通信工具保持联络；

（五）应急救援人员到达卡罐位置，先观察卡罐状况，必要时采取稳定或者加固措施，防止施救时罐笼再次坠落；

（六）救援时间较长时，可以通过绳索和吊篮等方式为被困人员输送食物、饮料、相关药品及通信工具，维持被困人员生命体征和情绪稳定。

第一百三十三条　矿山救援队参加倾斜井巷跑车事故救援应当遵守下列规定：

（一）采取紧急制动和固定跑车车辆措施，防止施救时车辆再次滑落；

（二）在事故巷道采取设置警戒线、警示灯等警戒措施，并设专人值守，禁止无关车辆和人员通行；

（三）起重、搬移、挪动矿车时，防止车辆侧翻伤人，保护应急救援人员和遇险人员安全；

（四）注意观察事故现场周边设施、设备、巷道的变化情况，防止巷道构件塌落伤人，必要时加固巷道、消除隐患。

第七节 淤泥、黏土、矿渣、流砂溃决事故救援

第一百三十四条 矿井发生淤泥、黏土、矿渣或者流砂溃决事故，矿山企业应当将下部水平作业人员撤至安全地点。

第一百三十五条 应急救援人员应当加强有毒有害气体检测，采用呼喊和敲击等方法与被困人员进行联系，采取措施向被困人员输送新鲜空气、饮料和食物，在清理溃决物的同时，采用打钻和掘小巷等方法营救被困人员。

第一百三十六条 开采急倾斜煤层或者矿体的，在黏土、淤泥、矿渣或者流砂流入下部水平巷道时，应急救援人员应当从上部水平巷道开展救援工作，严禁从下部接近充满溃决物的巷道。

第一百三十七条 因受条件限制，需从倾斜巷道下部清理淤泥、黏土、矿渣或者流砂时，应当制定专门措施，设置牢固的阻挡设施和有安全退路的躲避硐室，并设专人观察。出现险情时，应急救援人员立即撤离或者进入躲避硐室。溃决物下方没有安全阻挡设施的，严禁进行清理作业。

第八节 炮烟中毒窒息、炸药爆炸和矸石山事故救援

第一百三十八条 矿山救援队参加炮烟中毒窒息事故救援应当遵守下列规定：

（一）加强通风，监测有毒有害气体；

（二）独头巷道或者采空区发生炮烟中毒窒息事故，在没有爆炸危险的情况下，采用局部通风的方式稀释炮烟浓度；

（三）尽快给遇险人员佩用全面罩正压氧气呼吸器或者自救器，给中毒窒息人员供氧并让其静卧保暖，将遇险人员撤离炮烟事故区域，运送至安全地点交医护人员救治。

第一百三十九条 矿山救援队参加炸药爆炸事故救援应当遵守下列规定：

（一）了解炸药和雷管数量、放置位置等情况，分析再次爆炸的

危险性，制定安全防范措施；

（二）探察爆炸现场人员、有毒有害气体和巷道与硐室坍塌等情况；

（三）抢救遇险人员，运出爆破器材，控制并扑灭火源；

（四）恢复矿井通风系统，排除烟雾。

第一百四十条 矿山救援队参加矸石山自燃或者爆炸事故救援应当遵守下列规定：

（一）查明自燃或者爆炸范围、周围温度和产生气体成分及浓度；

（二）可以采用注入泥浆、飞灰、石灰水、凝胶和泡沫等灭火措施；

（三）直接灭火时，防止水煤气爆炸，避开矸石山垮塌面和开挖暴露面；

（四）清理爆炸产生的高温抛落物时，应急救援人员佩戴手套、防护面罩或者眼镜，穿隔热服，使用工具清理；

（五）设专人观测矸石山状态及变化，发现危险情况立即撤离至安全地点。

第九节　露天矿坍塌、排土场滑坡和尾矿库溃坝事故救援

第一百四十一条 矿山救援队参加露天矿边坡坍塌或者排土场滑坡事故救援应当遵守下列规定：

（一）坍塌体（滑体）趋于稳定后，应急救援人员及抢险救援设备从坍塌体（滑体）两侧安全区域实施救援；

（二）采用生命探测仪等器材和观察、听声、呼喊、敲击等方法搜寻被困人员，判断被埋压人员位置；

（三）可以采用人工与机械相结合的方式挖掘搜救被困人员，接近被埋压人员时采用人工挖掘，在施救过程中防止造成二次伤害；

（四）分析事故影响范围，设置警戒区域，安排专人对搜救地点、坍塌体（滑体）和边坡情况进行监测，发现险情迅速组织应急

救援人员撤离。

积极采用手机定位、车辆探测、3D建模等技术分析被困人员位置，利用无人机、边坡雷达、位移形变监测等设备加强监测预警。

第一百四十二条 矿山救援队参加尾矿库溃坝事故救援应当遵守下列规定：

（一）疏散周边和下游可能受到威胁的人员，设置警戒区域；

（二）用抛填块石、砂袋和打木桩等方法堵塞决堤口，加固尾矿库堤坝，进行水砂分流，实时监测坝体，保障应急救援人员安全；

（三）挖掘搜救过程中避免被困人员受到二次伤害；

（四）尾矿泥沙仍处于流动状态，对下游村庄、企业、交通干线、饮用水源地及其他环境敏感保护目标等形成威胁时，采取拦截、疏导等措施，避免事故扩大。

第七章 现场急救

第一百四十三条 矿山救援队应急救援人员应当掌握人工呼吸、心肺复苏、止血、包扎、骨折固定和伤员搬运等现场急救技能。

第一百四十四条 矿山救援队现场急救的原则是使用徒手和无创技术迅速抢救伤员，并尽快将伤员移交给专业医护人员。

第一百四十五条 矿山救援队应当配备必要的现场急救和训练器材（见附录10、附录11）。

第一百四十六条 矿山救援队进行现场急救时应当遵守下列规定：

（一）检查现场及周围环境，确保伤员和应急救援人员安全，非必要不轻易移动伤员；

（二）接触伤员前，采取个体防护措施；

（三）研判伤员基本生命体征，了解伤员受伤原因，按照头、颈、胸、腹、骨盆、上肢、下肢、足部和背部（脊柱）顺序检查伤情；

（四）根据伤情采取相应的急救措施，脊椎受伤的采取轴向保护，颈椎损伤的采用颈托制动；

（五）根据伤员的不同伤势，采用相应的搬运方法。

第一百四十七条 抢救有毒有害气体中毒伤员应当采取下列措施：

（一）所有人员佩用防护装置，将中毒人员立即运送至通风良好的安全地点进行抢救；

（二）对中度、重度中毒人员，采取供氧和保暖措施，对严重窒息人员，在供氧的同时进行人工呼吸；

（三）对因喉头水肿导致呼吸道阻塞的窒息人员，采取措施保持呼吸道畅通；

（四）中毒人员呼吸或者心跳停止的，立即进行人工呼吸和心肺复苏，人工呼吸过程中，使用口式呼吸面罩。

第一百四十八条 抢救溺水伤员应当采取下列措施：

（一）清除溺水伤员口鼻内异物，确保呼吸道通畅；

（二）抢救效果欠佳的，立即改为俯卧式或者口对口人工呼吸；

（三）心跳停止的，按照通气优先策略，采用 A-B-C（开通气道、人工呼吸、胸外按压）方式进行心肺复苏；

（四）伤员呼吸恢复后，可以在四肢进行向心按摩，神志清醒后，可以服用温开水。

第一百四十九条 抢救触电伤员应当采取下列措施：

（一）首先立即切断电源；

（二）使伤员迅速脱离电源，并将伤员运送至通风和安全的地点，解开衣扣和裤带，检查有无呼吸和心跳，呼吸或者心跳停止的，立即进行心肺复苏；

（三）根据伤情对伤员进行包扎、止血、固定和保温。

第一百五十条 抢救烧伤伤员应当采取下列措施：

（一）立即用清洁冷水反复冲洗伤面，条件具备的，用冷水浸泡5至10分钟；

（二）脱衣困难的，立即将衣领、袖口或者裤腿剪开，反复用冷水浇泼，冷却后再脱衣，并用医用消毒大单、无菌敷料包裹伤员，覆盖伤面。

第一百五十一条 抢救休克伤员应当采取下列措施：

（一）松解伤员衣服，使伤员平卧或者下肢抬高约 30 度，保持伤员体温；

（二）清除伤员呼吸道内的异物，确保呼吸道畅通；

（三）迅速判断休克原因，采取相应措施；

（四）针对休克不同的病理生理反应及主要病症积极进行抢救，出血性休克尽快止血，对于四肢大出血，首先采用止血带；

（五）经初步评估和处理后尽快转送。

第一百五十二条 抢救爆震伤员应当采取下列措施：

（一）立即清除口腔和鼻腔内的异物，保持呼吸道通畅；

（二）因开放性损伤导致出血的，立即加压包扎或者压迫止血；处理烧伤创面时，禁止涂抹一切药物，使用医用消毒大单、无菌敷料包裹，不弄破水泡，防止污染；

（三）对伤员骨折进行固定，防止伤情扩大。

第一百五十三条 抢救昏迷伤员应当采取下列措施：

（一）使伤员平卧或者两头均抬高约 30 度；

（二）解松衣扣，清除呼吸道内的异物；

（三）可以采用刺、按人中等穴位，促其苏醒。

第一百五十四条 应急救援人员对伤员采取必要的抢救措施后，应当尽快交由专业医护人员将伤员转送至医院进行综合治疗。

第八章 预防性安全检查和安全技术工作

第一节 预防性安全检查

第一百五十五条 矿山救援队应当按照主动预防的工作要求，结合服务矿山企业安全生产工作实际，有计划地开展预防性安全检查，了解服务矿山企业基本情况，熟悉矿山救援环境条件，进行救援业务技能训练，开展事故隐患排查技术服务。矿山企业应当配合矿山救援队开展预防性安全检查工作，提供相关技术资料和图纸，及时处理检查发现的事故隐患。

第一百五十六条　矿山救援队进行矿井预防性安全检查工作，应当主要了解、检查下列内容：

（一）矿井巷道、采掘工作面、采空区、火区的分布和管理情况；

（二）矿井采掘、通风、排水、运输、供电和压风、供水、通信、监控、人员定位、紧急避险等系统的基本情况；

（三）矿井巷道支护、风量和有害气体情况；

（四）矿井硐室分布情况和防火设施；

（五）矿井火灾、水害、瓦斯、煤尘、顶板等方面灾害情况和存在的事故隐患；

（六）矿井应急救援预案、灾害预防和处理计划的编制和执行情况；

（七）地面、井下消防器材仓库地点及材料、设备的储备情况。

第一百五十七条　矿山救援队在预防性安全检查工作中，发现事故隐患应当通知矿山企业现场负责人予以处理；发现危及人身安全的紧急情况，应当立即通知现场作业人员撤离。

第一百五十八条　预防性安全检查结束后，矿山救援队应当填写预防性安全检查记录，及时向矿山企业反馈检查情况和发现的事故隐患。

第二节　安全技术工作

第一百五十九条　矿山救援队参加排放瓦斯、启封火区、反风演习、井巷揭煤等存在安全风险、需要佩用氧气呼吸器进行的非事故性技术操作和安全监护作业，属于安全技术工作。

开展安全技术工作，应当由矿山企业和矿山救援队研究制定工作方案和安全技术措施，并在统一指挥下实施。矿山救援队参加危险性较大的排放瓦斯、启封火区等安全技术工作，应当设立待机小队。

第一百六十条　矿山救援队参加安全技术工作，应当组织应急救援人员学习和熟悉工作方案和安全技术措施，并根据工作任务制定行动计划和安全措施。

第一百六十一条　矿山救援队应当逐项检查安全技术工作实施前的各项准备工作，符合工作方案和安全技术措施规定后方可实施。

第一百六十二条　矿山救援队参加煤矿排放瓦斯工作应当遵守下列规定：

（一）排放前，撤出回风侧巷道人员，切断回风侧巷道电源并派专人看守，检查并严密封闭回风侧区域火区；

（二）排放时，进入排放巷道的人员佩用氧气呼吸器，派专人检查瓦斯、二氧化碳、一氧化碳等气体浓度及温度，采取控制风流排放方法，排出的瓦斯与全风压风流混合处的甲烷和二氧化碳浓度均不得超过1.5%；

（三）排放结束后，与煤矿通风、安监机构一起进行现场检查，待通风正常后，方可撤出工作地点。

第一百六十三条　矿山救援队参加金属非金属矿山排放有毒有害气体工作，恢复巷道通风，可以参照矿山救援队参加煤矿排放瓦斯工作的相关规定执行。

第一百六十四条　封闭火区符合启封条件后方可启封。矿山救援队参加启封火区工作应当遵守下列规定：

（一）启封前，检查火区的温度、各种气体浓度和巷道支护等情况，切断回风流电源，撤出回风侧人员，在通往回风道交叉口处设栅栏和警示标志，并做好重新封闭的准备工作；

（二）启封时，采取锁风措施，逐段恢复通风，检查各种气体浓度和温度变化情况，发现复燃征兆，立即重新封闭火区；

（三）启封后3日内，每班由矿山救援队检查通风状况，测定水温、空气温度和空气成分，并取气样进行分析，确认火区完全熄灭后，方可结束启封工作。

第一百六十五条 矿山救援队参加反风演习工作应当遵守下列规定：

（一）反风前，应急救援人员佩带氧气呼吸器、携带必要的技术装备在井下指定地点值班，同时测定矿井风量和瓦斯等有毒有害气体浓度；

（二）反风10分钟后，经测定风量达到正常风量的40%，瓦斯浓度不超过规定时，及时报告现场指挥机构；

（三）恢复正常通风后，将测定的风量和瓦斯等有毒有害气体浓度报告现场指挥机构，待通风正常后方可离开工作地点。

第一百六十六条 矿山救援队参加井巷揭煤安全监护工作应当遵守下列规定：

（一）揭煤前，应急救援人员佩带氧气呼吸器、携带必要的技术装备在井下指定地点值班，配合现场作业人员检查揭煤作业相关安全设施、避灾路线及停电、撤人、警戒等安全措施落实情况；

（二）在爆破结束至少30分钟后，应急救援人员佩用氧气呼吸器、携带必要仪器设备进入工作面，检查爆破、揭煤、巷道、通风系统和气体参数等情况，发现煤尘骤起、有害气体浓度增大、有响声等异常情况，立即退出，关闭反向风门；

（三）揭煤工作完成后，与煤矿通风、安监机构一起进行现场检查，待通风正常后，方可撤出工作地点。

第一百六十七条 矿山救援队参加安全技术工作，应当做好自身安全防护和矿山救援准备，一旦出现危及作业人员安全的险情或者发生意外事故，立即组织作业人员撤离，抢救遇险人员，并按有关规定及时报告。

第九章 经费和职业保障

第一百六十八条 矿山救援队建立单位应当保障队伍建设及运行经费。矿山企业应当将矿山救援队建设及运行经费列入企业年度经费，可以按规定在安全生产费用等资金中列支。

专职矿山救援队按照有关规定与矿山企业签订应急救援协议收取的费用，可以作为队伍运行、开展日常服务工作和装备维护等的补充经费。

第一百六十九条 矿山救援队应急救援人员承担井下一线矿山救援任务和安全技术工作，从事高危险性作业，应当享受下列职业保障：

（一）矿井采掘一线作业人员的岗位工资、井下津贴、班中餐补贴和夜班津贴等，应急救援人员的救援岗位津贴；国家另有规定的，按照有关规定执行；

（二）佩用氧气呼吸器工作的特殊津贴；在高温、浓烟等恶劣环境中佩用氧气呼吸器工作的，特殊津贴增加一倍；

（三）工作着装按照有关规定统一配发，劳动保护用品按照井下一线职工标准发放；

（四）所在单位除执行社会保险制度外，还为矿山救援队应急救援人员购买人身意外伤害保险；

（五）矿山救援队每年至少组织应急救援人员进行1次身体检查，对不适合继续从事矿山救援工作的人员及时调整工作岗位；

（六）应急救援人员因超龄或者因病、因伤退出矿山救援队的，所在单位给予安排适当工作或者妥善安置。

第一百七十条 矿山救援队所在单位应当按照国家有关规定，对参加矿山生产安全事故或者其他灾害事故应急救援伤亡的人员及时给予救治和抚恤；符合烈士评定条件的，应当依法为其申报烈士。

第十章 附 则

第一百七十一条 本规程下列用语的含义：

（一）独立中队，是指按照中队编制建立，独立运行管理的矿山救援队。

（二）指挥员，是矿山救援队担任副小队长及以上职务人员、技术负责人的统称。

（三）氧气呼吸器，是一种自带氧源、隔绝再生式闭路循环的个人特种呼吸保护装置。

（四）氧气充填泵，是指将氧气从大氧气瓶抽出并充入小容积氧气瓶内的升压泵。

（五）佩带氧气呼吸器，是指应急救援人员背负氧气呼吸器，但未戴防护面罩，未打开氧气瓶吸氧。

（六）佩用氧气呼吸器，是指应急救援人员背负氧气呼吸器，戴上防护面罩，打开氧气瓶吸氧。

（七）氧气呼吸器班，是指应急救援人员佩用4小时氧气呼吸器在其有效防护时间内进行工作的一段时间，1个氧气呼吸器班约为3至4小时。

（八）氧气呼吸器校验仪，是指检验氧气呼吸器的各项技术指标是否符合规定标准的专用仪器。

（九）自动苏生器，是对中毒或者窒息的伤员自动进行人工呼吸或者输氧的急救器具。

（十）灾区，是指事故灾害的发生点及波及的范围。

（十一）风障，是指在矿井巷道或者工作面内，利用帆布等软体材料构筑的阻挡或者引导风流的临时设施。

（十二）地面基地，是指在处置矿山事故灾害时，为及时供应救援装备和器材、进行灾区气体分析和提供现场医疗急救等而设在矿山地面的支持保障场所。

（十三）井下基地，是指在井下靠近灾区、通风良好、运输方便、不易受事故灾害直接影响的安全地点，为井下救援指挥、通信联络、存放救援物资、待机小队待命和急救医务人员值班等需要而设立的救援工作场所。

（十四）火风压，是指井下发生火灾时，高温烟流流经有高差的井巷所产生的附加风压。

（十五）风流逆转，是指由于煤与瓦斯突出、爆炸冲击波、矿井火风压等作用,改变了矿井通风网络中局部或者全部正常风流方向的现象。

(十六)风流短路,是指用打开风门或者挡风墙等方法,将进风巷道风流直接引向回风巷的做法。

(十七)水幕,是指通过高压水流和在巷道中安设的多组喷嘴,喷出的水雾所形成的覆盖巷道全断面的屏障。

(十八)密闭,是指为隔断风流而在巷道中设置的隔墙。

(十九)临时密闭,是指为隔断风流、隔绝火区而在巷道中设置的临时构筑物。

(二十)防火门,是指井下防止火灾蔓延和控制风流的安全设施。

(二十一)局部反风,是指在矿井主要通风机正常运转的情况下,利用通风设施,使井下局部区域风流反向流动的方法。

(二十二)风门,是指在巷道中设置的关闭时阻隔风流、开启时行人和车辆通过的通风构筑物。

(二十三)锁风,是指在启封井下火区或者缩小火区范围时,为阻止向火区进风,采取的先增设临时密闭、再拆除已设密闭,在推进过程中始终保持控制风流的一种技术方法。

(二十四)直接灭火,是指用水、干粉或者化学灭火剂、惰性气体、砂子(岩粉)等灭火材料,在火源附近或者一定距离内直接扑灭矿井火灾。

(二十五)隔绝灭火,是指在联通矿井火区的所有巷道内构筑密闭(防火墙),隔断向火区的空气供给,使火灾逐渐自行熄灭。

(二十六)均压灭火,是指利用矿井通风手段,调节矿井通风压力,使火区进、回风侧风压差趋向于零,从而消除火区漏风,使矿井火灾逐渐熄灭。

(二十七)综合灭火,是指采用封闭火区、火区均压、向火区灌注泥浆或者注入惰性气体等多种灭火措施配合使用的灭火方法。

(二十八)防水墙,是指在矿井受水害威胁的巷道内,为防止井下水突然涌入其他巷道而设置的截流墙。

第一百七十二条 本规程自 2024 年 7 月 1 日起施行。

附录（略）

传染病疫情应急预案管理办法

（2024 年 4 月 23 日 国疾控应急发〔2024〕7 号）

第一章 总　　则

第一条 为构建分级分类、高效实用的传染病疫情应急预案体系，规范传染病疫情应急预案管理工作，增强传染病疫情应急预案的专业性、针对性和实用性，依据《中华人民共和国突发事件应对法》《中华人民共和国传染病防治法》《突发公共卫生事件应急条例》《突发事件应急预案管理办法》《国家疾病预防控制局职能配置、内设机构和人员编制规定》等法律法规和工作制度，制定本办法。

第二条 本办法所称传染病疫情应急预案，是指各级疾病预防控制和卫生健康部门、单位和基层组织为依法、迅速、科学、有序、高效应对传染病疫情，最大程度减少传染病疫情及其造成的危害预先制定的方案。

第三条 传染病疫情应急预案管理遵循依法科学、分类指导、分级负责、衔接贯通、动态管理的原则。

第四条 国务院疾病预防控制、卫生健康部门负责全国传染病疫情应急预案的综合协调管理。县级以上疾病预防控制、卫生健康部门负责本地区传染病疫情应急预案的协调管理工作。

第五条 本办法适用于各级各类传染病疫情应急预案的编制、审核、发布、备案、培训、演练、宣传、评估、修订等工作。

第二章 分类和内容

第六条 传染病疫情应急预案按照制定主体划分,分为疾病预防控制和卫生健康部门应急预案、单位和基层组织应急预案两大类。

第七条 县级以上疾病预防控制部门会同卫生健康等部门,应当根据法律法规和有关规定,针对传染病暴发、流行情况和危害程度,结合本行政区卫生应急工作实际,制定传染病疫情应急预案。

第八条 县级以上疾病预防控制部门会同卫生健康等部门依据突发公共卫生事件应急预案,可针对重大传染病、新发传染病等其他容易造成突发公共卫生事件的传染病疫情,制定单病种传染病疫情应急预案,一般为部门预案。

第九条 各级疾病预防控制、卫生健康部门应当依职责为医疗卫生机构、学校、幼儿园、托育机构、养老机构、福利机构、救助管理机构、残疾人服务机构、体育场馆、监管场所、车站、港口、机场等人员密集的单位及其他可能引发传染病疫情的单位和基层组织制定本单位传染病疫情应急预案提供技术支持。

第十条 不同层面的传染病疫情应急预案内容应当各有侧重。

国家层面传染病疫情应急预案侧重明确传染病疫情应对原则、组织指挥机制、事件分级和响应分级标准、信息报告要求、事后评估、卫生应急保障措施等,重点规范国家层面应对行动,体现政策性和指导性。

省级层面传染病疫情应急预案应根据国家层面的相应预案,结合本省份实际情况,侧重明确传染病疫情应对的组织指挥机制、监测预警、风险评估、分级响应及响应行动、卫生应急队伍物资保障及调动程序、市县级疾病预防控制部门职责等,重点规范省级层面应对行动,体现指导性、实用性和可操作性。各省级疾病预防控制部门可结合本地实际面临的重要传染病风险编制应急预案。

市县级层面传染病疫情应急预案,应侧重明确传染病疫情应对的组织指挥机制、监测预警、风险评估、信息报告、应急处置措施、现场管控、医疗救治、卫生应急队伍物资保障及调动程序等内容，将疫情防控工作责任逐级分解，确定相关部门工作任务与对口联络机制，明确应急状态下街道、乡镇、村居、网格等基层组织具体工作职责，一旦发生疫情可依据相关预案迅速开展工作、落实到人。

各级各类医疗卫生机构和基层单位传染病疫情应急预案，要侧重明确传染病疫情应急响应责任人、风险监测、信息报告、预警响应、卫生应急队伍组成、处置流程、人员疏散转移、可调用资源情况等，体现信息报告和先期处置特点。

第十一条 预案编制部门和单位可以结合本地区、本单位具体情况，在传染病疫情应急预案框架下，编制细化的操作手册。内容一般包括疫情监测、处置工作程序、响应措施、物资储备、卫生应急队伍和相关单位联络员联系方式等。

第三章 预案编制

第十二条 传染病疫情应急预案编制部门和单位根据工作需要，可组建预案编制工作组和专家组，由预案涉及的部门和单位人员、有关专家及有应急处置经验的人员参加。编制工作组组长由传染病疫情应急预案编制部门或单位有关负责人担任。

第十三条 在编制应急预案准备阶段，应当依据有关法律法规和上位预案，结合本地区本单位实际，开展风险评估、应急资源调查和典型传染病疫情案例分析，加强传染病疫情应对的全流程、全要素情景构建，着力解决应急预案针对性、操作性和实用性不强等问题。

第十四条 传染病疫情应急预案编制过程中应当广泛征求有关部门、单位和专家的意见，组织有关专家进行论证。涉及其他单位职责的，应当书面征求意见。必要时，向社会公开征求意见。

单位和基层组织传染病疫情应急预案编制过程中，要根据法律、行政法规要求或实际需要，征求相关公民、法人或其他组织的意见。

第十五条 相邻、相近地方的疾病预防控制部门可以联合制定应对区域性传染病疫情的联合应急预案，侧重明确相关人民政府及其部门间信息通报、组织指挥体系对接、处置措施衔接、应急资源支援等内容。

第四章 审核、备案和发布

第十六条 省级疾病预防控制部门起草或会同卫生健康等部门起草的传染病疫情应急预案，在印发前应报国家疾控局进行审核。

地方各级疾病预防控制部门起草的传染病疫情应急预案，如未有上位预案的，在印发前应报上一级疾病预防控制部门进行审核。

报请审核时，应当提供预案送审稿、编制说明、征求意见采纳情况等有关材料。

第十七条 各级疾病预防控制部门在收到下级疾病预防控制部门报送审核的传染病疫情应急预案后，应于15个工作日内反馈书面审核意见。

第十八条 传染病疫情应急预案审核内容主要包括：

（一）预案是否符合有关法律、法规、规章和标准等规定；

（二）是否符合上位预案要求并与有关应急预案有效衔接；

（三）框架结构是否清晰合理，主体内容是否完备；

（四）组织指挥体系与责任分工是否合理明确，事件级别和应急响应级别设定是否合理，应对措施是否简明、管用可行；

（五）各方面意见是否一致；

（六）其他需要审核的有关内容。

第十九条 国家层面的传染病疫情应急预案由国家疾控局按程序报批，以国家疾控局名义印发或以国家疾控局和国家卫生健康委联合印发，必要时可报请国务院办公厅转发。

地方传染病疫情应急预案应当经本级政府疾病预防控制部门按程序报批，以疾病预防控制部门或以卫生健康和疾病预防控制等部门联合印发，必要时可以由本级人民政府办公厅（室）印发或转发。

单位和基层组织传染病疫情应急预案的审批由县（市、区）级疾病预防控制或卫生健康部门进行分类指导，审批方式根据实际情况确定。

第二十条　传染病疫情应急预案制定部门和单位应当在应急预案印发后的20个工作日内，将应急预案正式印发文本（含电子文本）及编制说明，依照下列规定向有关部门和单位备案或抄送有关部门和单位：

（一）以地方人民政府办公厅（室）名义发布的传染病疫情应急预案，应当由同级疾病预防控制部门报送上级疾病预防控制部门备案，并抄送上一级应急管理部门；

（二）由疾病预防控制部门会同卫生健康等部门制定的传染病疫情应急预案，应当向同级人民政府和上级卫生健康、疾病预防控制部门备案，并送同级应急管理部门备案；

（三）由各级各类医疗卫生机构制定的传染病疫情应急预案应当向所在地县级卫生健康、疾病预防控制部门备案；

（四）由其他单位和基层组织制定的传染病疫情应急预案，可按照相关要求，向所在地主管部门备案。

第二十一条　政府层面传染病疫情应急预案应当在正式印发后20个工作日内向社会发布。单位和基层组织传染病疫情应急预案应当在正式印发后20个工作日内向本单位以及可能受影响的其他单位和地区发布。

法律、法规、规章另有规定的，或确需保密的应急预案，按有关规定执行。

第二十二条　各级疾病预防控制部门可建设传染病疫情应急预案数据库，加强预案信息化建设，鼓励在卫生应急指挥系统加入预案模块，提高预案的可及性。

第五章　培训、演练和宣传

第二十三条　各级疾病预防控制部门应当将应急预案培训作为日常培训的重要内容。

应急预案编制部门和单位应当通过编发培训材料、举办培训班、开展工作研讨等方式，对与应急预案实施密切相关的管理人员、专业技术人员等开展培训。

第二十四条 各级疾病预防控制部门应当将传染病疫情应急预案的演练纳入年度工作计划并组织实施。

传染病疫情应急预案至少每3年进行一次应急演练，期间经历过应急实战的可适当延长时限。

各级各类医疗卫生机构应当定期组织开展或参与传染病疫情应急预案演练。

第二十五条 应急演练组织单位应当开展演练评估。评估的主要内容包括：演练的执行情况，预案的合理性与可操作性，指挥协调和应急联动情况，应急队伍的处置情况，演练所用设备装备的适用性，演练目标的实现情况，对完善应急预案的建议等。鼓励委托第三方进行演练评估。

各级疾病预防控制部门加强对下级疾病预防控制部门传染病疫情应急预案演练的评估指导。

第二十六条 对公开发布的传染病疫情应急预案，预案编制部门和单位应当采取多种形式开展传染病疫情应急预案的宣传教育，提高公众的传染病疫情应急知识水平和应对技能。

第六章 评估和修订

第二十七条 传染病疫情应急预案编制部门和单位应当定期对已经制定的预案开展评估，根据评估情况提出是否需要修订应急预案，实现应急预案的动态更新优化。

第二十八条 县级以上疾病预防控制部门应急预案原则上每3年评估一次。应急预案的评估工作，可委托第三方专业机构组织实施。

第二十九条 有下列情形之一的，应当及时评估传染病疫情应急预案，必要时开展修订：

（一）有关法律法规、规章、标准、上位预案中的有关规定发生重大变化的；

（二）应急指挥机构及其职责发生重大调整的；

（三）传染病疫情风险、传染病疫情防控和应急处置手段发生重大变化的；

（四）重要应急资源发生重大变化的；

（五）预案中的其他重要信息发生变化的；

（六）在传染病疫情实际应对工作和应急演练中发现重大问题的；

（七）预案编制部门和单位认为应当修订的其他情况。

第三十条 传染病疫情应急预案修订如涉及组织指挥体系与职责、应急处置程序、主要处置措施、传染病疫情事件分级标准等重要内容的，修订工作应参照本办法规定的预案编制、审核、发布程序组织进行。仅涉及其他内容的，修订程序可根据情况适当简化。

修订后的应急预案应及时按照第二十条相关规定进行备案。

第七章 保障措施

第三十一条 各级疾病预防控制部门和各级各类医疗卫生机构应当明确具体机构和个人负责传染病疫情应急预案管理工作，并将传染病疫情应急预案编制、审核、发布、备案、演练、评估、修订、培训、宣传教育等工作所需经费纳入常规工作预算统筹安排。

第三十二条 各级疾病预防控制部门对传染病疫情应急预案的管理工作加强指导和监督。

第三十三条 对未制定传染病疫情应急预案或者未按照传染病疫情应急预案采取预防控制措施的单位和人员，各级疾病预防控制部门应当督促其整改。

第八章 附 则

第三十四条 本办法由国家疾控局负责解释。

第三十五条 本办法自公布之日起施行。

国家自然灾害救助应急预案

(2024年1月20日　国办函〔2024〕11号)

1　总　则

1.1　编制目的

以习近平新时代中国特色社会主义思想为指导，深入贯彻落实习近平总书记关于防灾减灾救灾工作的重要指示批示精神，加强党中央对防灾减灾救灾工作的集中统一领导，按照党中央、国务院决策部署，建立健全自然灾害救助体系和运行机制，提升救灾救助工作法治化、规范化、现代化水平，提高防灾减灾救灾和灾害处置保障能力，最大程度减少人员伤亡和财产损失，保障受灾群众基本生活，维护受灾地区社会稳定。

1.2　编制依据

《中华人民共和国防洪法》、《中华人民共和国防震减灾法》、《中华人民共和国气象法》、《中华人民共和国森林法》、《中华人民共和国草原法》、《中华人民共和国防沙治沙法》、《中华人民共和国红十字会法》、《自然灾害救助条例》以及突发事件总体应急预案、突发事件应对有关法律法规等。

1.3　适用范围

本预案适用于我国境内遭受重特大自然灾害时国家层面开展的灾害救助等工作。

1.4　工作原则

坚持人民至上、生命至上，切实把确保人民生命财产安全放在第一位落到实处；坚持统一指挥、综合协调、分级负责、属地管理为主；坚持党委领导、政府负责、社会参与、群众自救，充分发挥基层群众性自治组织和公益性社会组织的作用；坚持安全第一、预防为主，推动防范救援救灾一体化，实现高效有序衔接，强化灾害防抗救全过程管理。

2 组织指挥体系

2.1 国家防灾减灾救灾委员会

国家防灾减灾救灾委员会深入学习贯彻习近平总书记关于防灾减灾救灾工作的重要指示批示精神，贯彻落实党中央、国务院有关决策部署，统筹指导、协调和监督全国防灾减灾救灾工作，研究审议国家防灾减灾救灾的重大政策、重大规划、重要制度以及防御灾害方案并负责组织实施工作，指导建立自然灾害防治体系；协调推动防灾减灾救灾法律法规体系建设，协调解决防灾救灾重大问题，统筹协调开展防灾减灾救灾科普宣传教育和培训，协调开展防灾减灾救灾国际交流与合作；完成党中央、国务院交办的其他事项。

国家防灾减灾救灾委员会负责统筹指导全国的灾害救助工作，协调开展重特大自然灾害救助活动。国家防灾减灾救灾委员会成员单位按照各自职责做好灾害救助相关工作。

2.2 国家防灾减灾救灾委员会办公室

国家防灾减灾救灾委员会办公室负责与相关部门、地方的沟通联络、政策协调、信息通报等，组织开展灾情会商评估、灾害救助等工作，协调落实相关支持政策和措施。主要包括：

（1）组织开展灾情会商核定、灾情趋势研判及救灾需求评估；

（2）协调解决灾害救助重大问题，并研究提出支持措施，推动相关成员单位加强与受灾地区的工作沟通；

（3）调度灾情和救灾工作进展动态，按照有关规定统一发布灾情以及受灾地区需求，并向各成员单位通报；

（4）组织指导开展重特大自然灾害损失综合评估，督促做好倒损住房恢复重建工作；

（5）跟踪督促灾害救助重大决策部署的贯彻落实，推动重要支持措施落地见效，做好中央救灾款物监督和管理，健全完善救灾捐赠款物管理制度。

2.3 专家委员会

国家防灾减灾救灾委员会设立专家委员会，对国家防灾减灾救灾工作重大决策和重要规划提供政策咨询和建议，为国家重特大自然灾害的灾情评估、灾害救助和灾后恢复重建提出咨询意见。

3 灾害救助准备

气象、自然资源、水利、农业农村、海洋、林草、地震等部门及时向国家防灾减灾救灾委员会办公室和履行救灾职责的国家防灾减灾救灾委员会成员单位通报灾害预警预报信息，自然资源部门根据需要及时提供地理信息数据。国家防灾减灾救灾委员会办公室根据灾害预警预报信息，结合可能受影响地区的自然条件、人口和经济社会发展状况，对可能出现的灾情进行预评估，当可能威胁人民生命财产安全、影响基本生活，需要提前采取应对措施时，视情采取以下一项或多项措施：

（1）向可能受影响的省（自治区、直辖市）防灾减灾救灾委员会或应急管理部门通报预警预报信息，提出灾害救助准备工作要求；

（2）加强应急值守，密切跟踪灾害风险变化和发展趋势，对灾害可能造成的损失进行动态评估，及时调整相关措施；

（3）做好救灾物资准备，紧急情况下提前调拨。启动与交通运输、铁路、民航等部门和单位的应急联动机制，做好救灾物资调运准备；

（4）提前派出工作组，实地了解灾害风险，检查指导各项灾害救助准备工作；

（5）根据工作需要，向国家防灾减灾救灾委员会成员单位通报灾害救助准备工作情况，重要情况及时向党中央、国务院报告；

（6）向社会发布预警及相关工作开展情况。

4 灾情信息报告和发布

县级以上应急管理部门按照党中央、国务院关于突发灾害事件信息报送的要求，以及《自然灾害情况统计调查制度》和《特别重大自然灾害损失统计调查制度》等有关规定，做好灾情信息统计报送、核查评估、会商核定和部门间信息共享等工作。

4.1 灾情信息报告

4.1.1 地方各级应急管理部门应严格落实灾情信息报告责任，健全工作制度，规范工作流程，确保灾情信息报告及时、准确、全面，坚决杜绝迟报、瞒报、漏报、虚报灾情信息等情况。

4.1.2 地方各级应急管理部门在接到灾害事件报告后，应在规定时限内向本级党委和政府以及上级应急管理部门报告。县级人民政府有关涉灾部门应及时将本行业灾情通报同级应急管理部门。接到重特大自然灾害事件报告后，地方各级应急管理部门应第一时间向本级党委和政府以及上级应急管理部门报告，同时通过电话或国家应急指挥综合业务系统及时向应急管理部报告。

4.1.3 通过国家自然灾害灾情管理系统汇总上报的灾情信息，要按照《自然灾害情况统计调查制度》和《特别重大自然灾害损失统计调查制度》等规定报送，首报要快，核报要准。特殊紧急情况下（如断电、断路、断网等），可先通过卫星电话、传真等方式报告，后续及时通过系统补报。

4.1.4 地震、山洪、地质灾害等突发性灾害发生后，遇有死亡和失踪人员相关信息认定困难的情况，受灾地区应急管理部门应按照因灾死亡和失踪人员信息"先报后核"的原则，第一时间先上报信息，后续根据认定结果进行核报。

4.1.5 受灾地区应急管理部门要建立因灾死亡和失踪人员信息比对机制，主动与公安、自然资源、交通运输、水利、农业农村、卫生健康等部门沟通协调；对造成重大人员伤亡的灾害事件，及时开展信息比对和跨地区、跨部门会商。部门间数据不一致或定性存在争议的，会同相关部门联合开展调查并出具调查报告，向本级党委和政府报告，同时抄报上一级应急管理部门。

4.1.6 重特大自然灾害灾情稳定前，相关地方各级应急管理部门执行灾情24小时零报告制度，逐级上报上级应急管理部门。灾情稳定后，受灾地区应急管理部门要及时组织相关部门和专家开展灾情核查，客观准确核定各类灾害损失，并及时组织上报。

4.1.7 对于干旱灾害,地方各级应急管理部门应在旱情初显、群众生产生活受到一定影响时,初报灾情;在旱情发展过程中,每10日至少续报一次灾情,直至灾情解除;灾情解除后及时核报。

4.1.8 县级以上人民政府要建立健全灾情会商制度,由县级以上人民政府防灾减灾救灾委员会或应急管理部门针对重特大自然灾害过程、年度灾情等,及时组织相关涉灾部门开展灾情会商,通报灾情信息,全面客观评估、核定灾情,确保各部门灾情数据口径一致。灾害损失等灾情信息要及时通报本级防灾减灾救灾委员会有关成员单位。

4.2 灾情信息发布

灾情信息发布坚持实事求是、及时准确、公开透明的原则。发布形式包括授权发布、组织报道、接受记者采访、举行新闻发布会等。受灾地区人民政府要主动通过应急广播、突发事件预警信息发布系统、重点新闻网站或政府网站、微博、微信、客户端等发布信息。各级广播电视行政管理部门和相关单位应配合应急管理等部门做好预警预报、灾情等信息发布工作。

灾情稳定前,受灾地区县级以上人民政府防灾减灾救灾委员会或应急管理部门应及时向社会滚动发布灾害造成的人员伤亡、财产损失以及救助工作动态、成效、下一步安排等情况;灾情稳定后,应及时评估、核定并按有关规定发布灾害损失情况。

关于灾情核定和发布工作,法律法规另有规定的,从其规定。

5 国家应急响应

根据自然灾害的危害程度、灾害救助工作需要等因素,国家自然灾害救助应急响应分为一级、二级、三级、四级。一级响应级别最高。

5.1 一级响应

5.1.1 启动条件

(一)发生重特大自然灾害,一次灾害过程出现或经会商研判可能出现下列情况之一的，可启动一级响应：

（1）一省（自治区、直辖市）死亡和失踪200人以上（含本数，下同）可启动响应，其相邻省（自治区、直辖市）死亡和失踪160人以上200人以下的可联动启动；

（2）一省（自治区、直辖市）紧急转移安置和需紧急生活救助200万人以上；

（3）一省（自治区、直辖市）倒塌和严重损坏房屋30万间或10万户以上；

（4）干旱灾害造成缺粮或缺水等生活困难，需政府救助人数占该省（自治区、直辖市）农牧业人口30%以上或400万人以上。

（二）党中央、国务院认为需要启动一级响应的其他事项。

5.1.2 启动程序

灾害发生后，国家防灾减灾救灾委员会办公室经分析评估，认定灾情达到启动条件，向国家防灾减灾救灾委员会提出启动一级响应的建议，国家防灾减灾救灾委员会报党中央、国务院决定。必要时，党中央、国务院直接决定启动一级响应。

5.1.3 响应措施

国家防灾减灾救灾委员会主任组织协调国家层面灾害救助工作，指导支持受灾省（自治区、直辖市）灾害救助工作。国家防灾减灾救灾委员会及其成员单位采取以下措施：

（1）会商研判灾情和救灾形势，研究部署灾害救助工作，对指导支持受灾地区救灾重大事项作出决定，有关情况及时向党中央、国务院报告。

（2）派出由有关部门组成的工作组，赴受灾地区指导灾害救助工作，核查灾情，慰问受灾群众。根据灾情和救灾工作需要，应急管理部可派出先期工作组，赴受灾地区指导开展灾害救助工作。

（3）汇总统计灾情。国家防灾减灾救灾委员会办公室及时掌握灾情和救灾工作动态信息，按照有关规定统一发布灾情，及时发布受灾地区需求。国家防灾减灾救灾委员会有关成员单位做好灾情、受灾地区需求、救灾工作动态等信息共享，每日向国家防灾减灾救灾委员会办公室报告有关情况。必要时，国家防灾减灾救灾委员会专家委员会组织专家开展灾情发展趋势及受灾地区需求评估。

（4）下拨救灾款物。财政部会同应急管理部迅速启动中央救灾资金快速核拨机制，根据初步判断的灾情及时预拨中央自然灾害救灾资金。灾情稳定后，根据地方申请和应急管理部会同有关部门对灾情的核定情况进行清算，支持做好灾害救助工作。国家发展改革委及时下达灾后应急恢复重建中央预算内投资。应急管理部会同国家粮食和储备局紧急调拨中央生活类救灾物资，指导、监督基层救灾应急措施落实和救灾款物发放。交通运输、铁路、民航等部门和单位协调指导开展救灾物资、人员运输与重要通道快速修复等工作，充分发挥物流保通保畅工作机制作用，保障各类救灾物资运输畅通和人员及时转运。

（5）投入救灾力量。应急管理部迅速调派国家综合性消防救援队伍、专业救援队伍投入救灾工作，积极帮助受灾地区转移受灾群众、运送发放救灾物资等。国务院国资委督促中央企业积极参与抢险救援、基础设施抢修恢复等工作，全力支援救灾工作。中央社会工作部统筹指导有关部门和单位，协调组织志愿服务力量参与灾害救助工作。军队有关单位根据国家有关部门和地方人民政府请求，组织协调解放军、武警部队、民兵参与救灾，协助受灾地区人民政府做好灾害救助工作。

（6）安置受灾群众。应急管理部会同有关部门指导受灾地区统筹安置受灾群众，加强集中安置点管理服务，保障受灾群众基本生活。国家卫生健康委、国家疾控局及时组织医疗卫生队伍赴受灾地区协助开展医疗救治、灾后防疫和心理援助等卫生应急工作。

（7）恢复受灾地区秩序。公安部指导加强受灾地区社会治安和道路交通应急管理。国家发展改革委、农业农村部、商务部、市场监管总局、国家粮食和储备局等有关部门做好保障市场供应工作，防止价格大幅波动。应急管理部、国家发展改革委、工业和信息化部组织协调救灾物资装备、防护和消杀用品、药品和医疗器械等生产供应工作。金融监管总局指导做好受灾地区保险理赔和金融支持服务。

（8）抢修基础设施。住房城乡建设部指导灾后房屋建筑和市政基础设施工程的安全应急评估等工作。水利部指导受灾地区水利水电工程设施修复、蓄滞洪区运用及补偿、水利行业供水和村镇应急供水工作。国家能源局指导监管范围内的水电工程修复及电力应急保障等工作。

（9）提供技术支撑。工业和信息化部组织做好受灾地区应急通信保障工作。自然资源部及时提供受灾地区地理信息数据，组织受灾地区现场影像获取等应急测绘，开展灾情监测和空间分析，提供应急测绘保障服务。生态环境部及时监测因灾害导致的生态环境破坏、污染、变化等情况，开展受灾地区生态环境状况调查评估。

（10）启动救灾捐赠。应急管理部会同民政部组织开展全国性救灾捐赠活动，指导具有救灾宗旨的社会组织加强捐赠款物管理、分配和使用；会同外交部、海关总署等有关部门和单位办理外国政府、国际组织等对我中央政府的国际援助事宜。中国红十字会总会依法开展相关救灾工作，开展救灾募捐等活动。

（11）加强新闻宣传。中央宣传部统筹负责新闻宣传和舆论引导工作，指导有关部门和地方建立新闻发布与媒体采访服务管理机制，及时组织新闻发布会，协调指导各级媒体做好新闻宣传。中央网信办、广电总局等按职责组织做好新闻报道和舆论引导工作。

（12）开展损失评估。灾情稳定后，根据党中央、国务院关于灾害评估和恢复重建工作的统一部署，应急管理部会同国务院有关部门，指导受灾省（自治区、直辖市）人民政府组织开展灾害损失综合评估工作，按有关规定统一发布灾害损失情况。

（13）国家防灾减灾救灾委员会其他成员单位按照职责分工，做好有关工作。

（14）国家防灾减灾救灾委员会办公室及时汇总各部门开展灾害救助等工作情况并按程序向党中央、国务院报告。

5.2 二级响应

5.2.1 启动条件

发生重特大自然灾害，一次灾害过程出现或会商研判可能出现下列情况之一的，可启动二级响应：

（1）一省（自治区、直辖市）死亡和失踪100人以上200人以下（不含本数，下同）可启动响应，其相邻省（自治区、直辖市）死亡和失踪80人以上100人以下的可联动启动；

（2）一省（自治区、直辖市）紧急转移安置和需紧急生活救助100万人以上200万人以下；

（3）一省（自治区、直辖市）倒塌和严重损坏房屋20万间或7万户以上、30万间或10万户以下；

（4）干旱灾害造成缺粮或缺水等生活困难，需政府救助人数占该省（自治区、直辖市）农牧业人口25%以上30%以下或300万人以上400万人以下。

5.2.2 启动程序

灾害发生后，国家防灾减灾救灾委员会办公室经分析评估，认定灾情达到启动条件，向国家防灾减灾救灾委员会提出启动二级响应的建议，国家防灾减灾救灾委员会副主任（应急管理部主要负责同志）报国家防灾减灾救灾委员会主任决定。

5.2.3 响应措施

国家防灾减灾救灾委员会副主任（应急管理部主要负责同志）组织协调国家层面灾害救助工作，指导支持受灾省（自治区、直辖市）灾害救助工作。国家防灾减灾救灾委员会及其成员单位采取以下措施：

（1）会商研判灾情和救灾形势，研究落实救灾支持政策和措施，重要情况及时向党中央、国务院报告。

（2）派出由有关部门组成的工作组，赴受灾地区指导灾害救助工作，核查灾情，慰问受灾群众。

（3）国家防灾减灾救灾委员会办公室及时掌握灾情和救灾工作动态信息，按照有关规定统一发布灾情，及时发布受灾地区需求。国家防灾减灾救灾委员会有关成员单位做好灾情、受灾地区需求、救灾工作动态等信息共享，每日向国家防灾减灾救灾委员会办公室报告有关情况。必要时，国家防灾减灾救灾委员会专家委员会组织专家开展灾情发展趋势及受灾地区需求评估。

（4）财政部会同应急管理部迅速启动中央救灾资金快速核拨机制，根据初步判断的灾情及时预拨中央自然灾害救灾资金。灾情稳定后，根据地方申请和应急管理部会同有关部门对灾情的核定情况进行清算，支持做好灾害救助工作。国家发展改革委及时下达灾后应急恢复重建中央预算内投资。应急管理部会同国家粮食和储备局紧急调拨中央生活类救灾物资，指导、监督基层救灾应急措施落实和救灾款物发放。交通运输、铁路、民航等部门和单位协调指导开展救灾物资、人员运输与重要通道快速修复等工作，充分发挥物流保通保畅工作机制作用，保障各类救灾物资运输畅通和人员及时转运。

（5）应急管理部迅速调派国家综合性消防救援队伍、专业救援队伍投入救灾工作，积极帮助受灾地区转移受灾群众、运送发放救灾物资等。军队有关单位根据国家有关部门和地方人民政府请求，组织协调解放军、武警部队、民兵参与救灾，协助受灾地区人民政府做好灾害救助工作。

（6）国家卫生健康委、国家疾控局根据需要，及时派出医疗卫生队伍赴受灾地区协助开展医疗救治、灾后防疫和心理援助等卫生应急工作。自然资源部及时提供受灾地区地理信息数据，组织受灾地区现场影像获取等应急测绘，开展灾情监测和空间分析，提供应急测绘保障服务。国务院国资委督促中央企业积极参与抢险救援、基础设施抢修恢复等工作。金融监管总局指导做好受灾地区保险理赔和金融支持服务。

（7）应急管理部会同民政部指导受灾省（自治区、直辖市）开展救灾捐赠活动。中央社会工作部统筹指导有关部门和单位，协调组织志愿服务力量参与灾害救助工作。中国红十字会总会依法开展相关救灾工作，开展救灾募捐等活动。

（8）中央宣传部统筹负责新闻宣传和舆论引导工作，指导有关部门和地方视情及时组织新闻发布会，协调指导各级媒体做好新闻宣传。中央网信办、广电总局等按职责组织做好新闻报道和舆论引导工作。

（9）灾情稳定后，受灾省（自治区、直辖市）人民政府组织开展灾害损失综合评估工作，及时将评估结果报送国家防灾减灾救灾委员会。国家防灾减灾救灾委员会办公室组织核定并按有关规定统一发布灾害损失情况。

（10）国家防灾减灾救灾委员会其他成员单位按照职责分工，做好有关工作。

（11）国家防灾减灾救灾委员会办公室及时汇总各部门开展灾害救助等工作情况并上报。

5.3 三级响应

5.3.1 启动条件

发生重特大自然灾害，一次灾害过程出现或会商研判可能出现下列情况之一的，可启动三级响应：

（1）一省（自治区、直辖市）死亡和失踪50人以上100人以下可启动响应，其相邻省（自治区、直辖市）死亡和失踪40人以上50人以下的可联动启动；

（2）一省（自治区、直辖市）紧急转移安置和需紧急生活救助50万人以上100万人以下；

（3）一省（自治区、直辖市）倒塌和严重损坏房屋10万间或3万户以上、20万间或7万户以下；

（4）干旱灾害造成缺粮或缺水等生活困难，需政府救助人数占该省（自治区、直辖市）农牧业人口20%以上25%以下或200万人以上 300 万人以下。

5.3.2 启动程序

灾害发生后，国家防灾减灾救灾委员会办公室经分析评估，认定灾情达到启动条件，向国家防灾减灾救灾委员会提出启动三级响应的建议，国家防灾减灾救灾委员会副主任（应急管理部主要负责同志）决定启动三级响应，并向国家防灾减灾救灾委员会主任报告。

5.3.3 响应措施

国家防灾减灾救灾委员会副主任（应急管理部主要负责同志）或其委托的国家防灾减灾救灾委员会办公室副主任（应急管理部分管负责同志）组织协调国家层面灾害救助工作，指导支持受灾省（自治区、直辖市）灾害救助工作。国家防灾减灾救灾委员会及其成员单位采取以下措施：

（1）国家防灾减灾救灾委员会办公室组织有关成员单位及受灾省（自治区、直辖市）分析灾情形势，研究落实救灾支持政策和措施，有关情况及时上报国家防灾减灾救灾委员会主任、副主任并通报有关成员单位。

（2）派出由有关部门组成的工作组，赴受灾地区指导灾害救助工作，核查灾情，慰问受灾群众。

（3）国家防灾减灾救灾委员会办公室及时掌握并按照有关规定统一发布灾情和救灾工作动态信息。

（4）财政部会同应急管理部迅速启动中央救灾资金快速核拨机制，根据初步判断的灾情及时预拨部分中央自然灾害救灾资金。灾情稳定后，根据地方申请和应急管理部会同有关部门对灾情的核定情况进行清算，支持做好灾害救助工作。国家发展改革委及时下达灾后应急恢复重建中央预算内投资。应急管理部会同国家粮食和储备局紧急调拨中央生活类救灾物资，指导、监督基层救灾应急措施落实和救灾款物发放。交通运输、铁路、民航等部门和单位协调指导开展救灾物资、人员运输与重要通道快速修复等工作，充分发挥物流保通保畅工作机制作用，保障各类救灾物资运输畅通和人员及时转运。

（5）应急管理部迅速调派国家综合性消防救援队伍、专业救援队伍投入救灾工作，积极帮助受灾地区转移受灾群众、运送发放救灾物资等。军队有关单位根据国家有关部门和地方人民政府请求，组织协调解放军、武警部队、民兵参与救灾，协助受灾地区人民政府做好灾害救助工作。

（6）国家卫生健康委、国家疾控局指导受灾省（自治区、直辖市）做好医疗救治、灾后防疫和心理援助等卫生应急工作。金融监管总局指导做好受灾地区保险理赔和金融支持服务。

（7）中央社会工作部统筹指导有关部门和单位，协调组织志愿服务力量参与灾害救助工作。中国红十字会总会依法开展相关救灾工作。受灾省（自治区、直辖市）根据需要规范有序组织开展救灾捐赠活动。

（8）灾情稳定后，应急管理部指导受灾省（自治区、直辖市）评估、核定灾害损失情况。

（9）国家防灾减灾救灾委员会其他成员单位按照职责分工，做好有关工作。

5.4 四级响应

5.4.1 启动条件

发生重特大自然灾害，一次灾害过程出现或会商研判可能出现下列情况之一的，可启动四级响应：

（1）一省（自治区、直辖市）死亡和失踪20人以上50人以下；

（2）一省（自治区、直辖市）紧急转移安置和需紧急生活救助10万人以上50万人以下；

（3）一省（自治区、直辖市）倒塌和严重损坏房屋1万间或3000户以上、10万间或3万户以下；

（4）干旱灾害造成缺粮或缺水等生活困难，需政府救助人数占该省（自治区、直辖市）农牧业人口15%以上20%以下或100万人以上200万人以下。

5.4.2 启动程序

灾害发生后，国家防灾减灾救灾委员会办公室经分析评估，认定灾情达到启动条件，国家防灾减灾救灾委员会办公室副主任（应急管理部分管负责同志）决定启动四级响应，并向国家防灾减灾救灾委员会副主任（应急管理部主要负责同志）报告。

5.4.3 响应措施

国家防灾减灾救灾委员会办公室组织协调国家层面灾害救助工作，指导支持受灾省（自治区、直辖市）灾害救助工作。国家防灾减灾救灾委员会及其成员单位采取以下措施：

（1）国家防灾减灾救灾委员会办公室组织有关部门和单位分析灾情形势，研究落实救灾支持政策和措施，有关情况及时上报国家防灾减灾救灾委员会主任、副主任并通报有关成员单位。

（2）国家防灾减灾救灾委员会办公室派出工作组，赴受灾地区协助指导地方开展灾害救助工作，核查灾情，慰问受灾群众。必要时，可由有关部门组成联合工作组。

（3）国家防灾减灾救灾委员会办公室及时掌握并按照有关规定统一发布灾情和救灾工作动态信息。

（4）财政部会同应急管理部迅速启动中央救灾资金快速核拨机制，根据初步判断的灾情及时预拨部分中央自然灾害救灾资金。灾情稳定后，根据地方申请和应急管理部会同有关部门对灾情的核定情况进行清算，支持做好灾害救助工作。国家发展改革委及时下达灾后应急恢复重建中央预算内投资。应急管理部会同国家粮食和储备局紧急调拨中央生活类救灾物资，指导、监督基层救灾应急措施落实和救灾款物发放。交通运输、铁路、民航等部门和单位协调指导开展救灾物资、人员运输与重要通道快速修复等工作，充分发挥物流保通保畅工作机制作用，保障各类救灾物资运输畅通和人员及时转运。

（5）应急管理部迅速调派国家综合性消防救援队伍、专业救援队伍投入救灾工作，积极帮助受灾地区转移受灾群众、运送发放救灾物资等。军队有关单位根据国家有关部门和地方人民政府请求，组织协调解放军、武警部队、民兵参与救灾，协助受灾地区人民政府做好灾害救助工作。

（6）国家卫生健康委、国家疾控局指导受灾省（自治区、直辖市）做好医疗救治、灾后防疫和心理援助等卫生应急工作。

（7）国家防灾减灾救灾委员会其他成员单位按照职责分工，做好有关工作。

5.5 启动条件调整

对灾害发生在敏感地区、敏感时间或救助能力薄弱的革命老区、民族地区、边疆地区、欠发达地区等特殊情况，或灾害对受灾省（自治区、直辖市）经济社会造成重大影响时，相关应急响应启动条件可酌情降低。

5.6 响应联动

对已启动国家防汛抗旱防台风、地震、地质灾害、森林草原火灾应急响应的，国家防灾减灾救灾委员会办公室要强化灾情态势会商，必要时按照本预案规定启动国家自然灾害救助应急响应。

省（自治区、直辖市）启动三级以上省级自然灾害救助应急响应的，应及时向应急管理部报告。启动国家自然灾害救助应急响应后，国家防灾减灾救灾委员会办公室、应急管理部向相关省（自治区、直辖市）通报，所涉及省（自治区、直辖市）要立即启动省级自然灾害救助应急响应，并加强会商研判，根据灾情发展变化及时作出调整。

5.7 响应终止

救灾应急工作结束后，经研判，国家防灾减灾救灾委员会办公室提出建议，按启动响应的相应权限终止响应。

6 灾后救助

6.1 过渡期生活救助

6.1.1 灾害救助应急工作结束后，受灾地区应急管理部门及时组织将因灾房屋倒塌或严重损坏需恢复重建无房可住人员、因次生灾害威胁在外安置无法返家人员、因灾损失严重缺少生活来源人员等纳入过渡期生活救助范围。

6.1.2 对启动国家自然灾害救助应急响应的灾害，国家防灾减灾救灾委员会办公室、应急管理部要指导受灾地区应急管理部门统计摸排受灾群众过渡期生活救助需求情况，明确需救助人员规模，及时建立台账，并统计生活救助物资等需求。

6.1.3 根据省级财政、应急管理部门的资金申请以及需救助人员规模，财政部会同应急管理部按相关政策规定下达过渡期生活救助资金。应急管理部指导做好过渡期生活救助的人员核定、资金发放等工作，督促做好受灾群众过渡期基本生活保障工作。

6.1.4 国家防灾减灾救灾委员会办公室、应急管理部、财政部监督检查受灾地区过渡期生活救助政策和措施的落实情况，视情通报救助工作开展情况。

6.2 倒损住房恢复重建

6.2.1 因灾倒损住房恢复重建由受灾地区县级人民政府负责组织实施，提供资金支持，制定完善因灾倒损住房恢复重建补助资金管理有关标准规范，确保补助资金规范有序发放到受灾群众手中。

6.2.2 恢复重建资金等通过政府救助、社会互助、自行筹措、政策优惠等多种途径解决，并鼓励通过邻里帮工帮料、以工代赈等方式实施恢复重建。积极发挥商业保险经济补偿作用，发展城乡居民住宅地震巨灾保险、农村住房保险、灾害民生保险等相关保险，完善市场化筹集恢复重建资金机制，帮助解决受灾群众基本住房问题。

6.2.3 恢复重建规划和房屋设计要尊重群众意愿，加强全国自然灾害综合风险普查成果转化运用，因地制宜确定方案，科学安排项目选址，合理布局，避开地震断裂带、洪涝灾害高风险区、地质灾害隐患点等，避让地质灾害极高和高风险区。无法避让地质灾害极高和高风险区的，必须采取工程防治措施，提高抗灾设防能力，确保安全。

6.2.4 对启动国家自然灾害救助应急响应的灾害，应急管理部根据省级应急管理部门倒损住房核定情况，视情组织评估组，参考其他灾害管理部门评估数据，对因灾倒损住房情况进行综合评估，明确需恢复重建救助对象规模。

6.2.5 根据省级财政、应急管理部门的资金申请以及需恢复重建救助对象规模，财政部会同应急管理部按相关政策规定下达因灾倒损住房恢复重建补助资金。

6.2.6 倒损住房恢复重建工作结束后，地方应急管理部门应采取实地调查、抽样调查等方式，对本地因灾倒损住房恢复重建补助资金管理使用工作开展绩效评价，并将评价结果报上一级应急管理部门。应急管理部收到省级应急管理部门上报的本行政区域内绩效评价情况后，通过实地抽查等方式，对全国因灾倒损住房恢复重建补助资金管理使用工作进行绩效评价。

6.2.7 住房城乡建设部门负责倒损住房恢复重建的技术服务和指导，强化质量安全管理。自然资源部门负责做好灾后重建项目地质灾害危险性评估审查，根据评估结论指导地方做好必要的综合治理；做好国土空间规划、计划安排和土地整治，同时做好建房选址，加快用地、规划审批，简化审批手续。其他有关部门按照各自职责，制定优惠政策，支持做好住房恢复重建工作。

6.3 冬春救助

6.3.1 受灾地区人民政府负责解决受灾群众在灾害发生后的当年冬季、次年春季遇到的基本生活困难。国家防灾减灾救灾委员会办公室、应急管理部、财政部根据党中央、国务院有关部署加强统筹指导，地方各级应急管理部门、财政部门抓好落实。

6.3.2 国家防灾减灾救灾委员会办公室、应急管理部每年9月下旬开展受灾群众冬春生活困难情况调查，并会同省级应急管理部门开展受灾群众生活困难状况评估，核实情况，明确全国需救助人员规模。

6.3.3 受灾地区县级应急管理部门应在每年10月底前统计、

评估本行政区域受灾群众当年冬季、次年春季的基本生活救助需求，核实救助人员，编制工作台账，制定救助工作方案，经本级党委和政府批准后组织实施，并报上一级应急管理部门备案。

6.3.4 根据省级财政、应急管理部门的资金申请以及全国需救助人员规模，财政部会同应急管理部按相关政策规定下达中央冬春救助资金，专项用于帮助解决受灾群众冬春基本生活困难。

6.3.5 地方各级应急管理部门会同有关部门组织调拨发放衣被等物资，应急管理部会同财政部、国家粮食和储备局根据地方申请视情调拨中央救灾物资予以支持。

7 保障措施

7.1 资金保障

7.1.1 县级以上地方党委和政府将灾害救助工作纳入国民经济和社会发展规划，建立健全与灾害救助需求相适应的资金、物资保障机制，将自然灾害救灾资金和灾害救助工作经费纳入财政预算。

7.1.2 中央财政每年综合考虑有关部门灾情预测和此前年度实际支出等因素，合理安排中央自然灾害救灾资金预算，支持地方党委和政府履行自然灾害救灾主体责任，用于组织开展重特大自然灾害救灾和受灾群众救助等工作。

7.1.3 财政部、应急管理部建立健全中央救灾资金快速核拨机制，根据灾情和救灾工作进展，按照及时快速、充分保障的原则预拨救灾资金，满足受灾地区灾害救助工作资金急需。灾情稳定后，及时对预拨资金进行清算。国家发展改革委及时下达灾后应急恢复重建中央预算内投资。

7.1.4 中央和地方各级人民政府根据经济社会发展水平、自然灾害生活救助成本等因素，适时调整自然灾害救助政策和相关补助标准，着力解决好受灾群众急难愁盼问题。

7.2 物资保障

7.2.1 充分利用现有国家储备仓储资源，合理规划、建设中央救灾物资储备库；设区的市级及以上人民政府、灾害多发易发地区的县级人民政府、交通不便或灾害事故风险等级高地区的乡镇人民政府，应根据灾害特点、居民人口数量和分布等情况，按照布局合理、规模适度的原则，设立救灾物资储备库（点）。优化救灾物资储备库布局，完善救灾物资储备库的仓储条件、设施和功能，形成救灾物资储备网络。救灾物资储备库（点）建设应统筹考虑各行业应急处置、抢险救灾等方面需要。

7.2.2 制定救灾物资保障规划，科学合理确定储备品种和规模。省、市、县、乡级人民政府应参照中央应急物资品种要求，结合本地区灾害事故特点，储备能够满足本行政区域启动二级响应需求的救灾物资，并留有安全冗余。建立健全救灾物资采购和储备制度，每年根据应对重特大自然灾害需求，及时补充更新救灾物资。按照实物储备和能力储备相结合的原则，提升企业产能保障能力，优化救灾物资产能布局。依托国家应急资源管理平台，搭建重要救灾物资生产企业数据库。建立健全应急状态下集中生产调度和紧急采购供应机制，提升救灾物资保障的社会协同能力。

7.2.3 依托应急管理、粮食和储备等部门中央级、区域级、省级骨干库建立救灾物资调运配送中心。建立健全救灾物资紧急调拨和运输制度，配备运输车辆装备，优化仓储运输衔接，提升救灾物资前沿投送能力。充分发挥各级物流保通保畅工作机制作用，提高救灾物资装卸、流转效率。增强应急调运水平，与市场化程度高、集散能力强的物流企业建立战略合作，探索推进救灾物资集装单元化储运能力建设。

7.2.4 制定完善救灾物资品种目录和质量技术标准、储备库（点）建设和管理标准，加强救灾物资保障全过程信息化管理。建立健全救灾物资应急征用补偿机制。

7.3 通信和信息保障

7.3.1 工业和信息化部健全国家应急通信保障体系，增强通信网络容灾抗毁韧性，加强基层应急通信装备预置，提升受灾地区应急通信抢通、保通、畅通能力。

7.3.2 加强国家自然灾害灾情管理系统建设，指导地方基于应急宽带 VSAT 卫星网和战备应急短波网等建设、管理应急通信网络，确保中央和地方各级党委和政府、军队有关指挥机构及时准确掌握重大灾情。

7.3.3 充分利用现有资源、设备，完善灾情和数据共享平台，健全灾情共享机制，强化数据及时共享。加强灾害救助工作信息化建设。

7.4 装备和设施保障

7.4.1 国家防灾减灾救灾委员会有关成员单位应协调为基层配备灾害救助必需的设备和装备。县级以上地方党委和政府要配置完善调度指挥、会商研判、业务保障等设施设备和系统，为防灾重点区域和高风险乡镇、村组配备必要装备，提升基层自救互救能力。

7.4.2 县级以上地方党委和政府应根据发展规划、国土空间总体规划等，结合居民人口数量和分布等情况，统筹推进应急避难场所规划、建设和管理工作，明确相关技术标准，统筹利用学校、公园绿地、广场、文体场馆等公共设施和场地空间建设综合性应急避难场所，科学合理确定应急避难场所数量规模、等级类别、服务半径、设施设备物资配置指标等，并设置明显标志。灾害多发易发地区可规划建设专用应急避难场所。

7.4.3 灾情发生后，县级以上地方党委和政府要视情及时启用开放各类应急避难场所，科学设置受灾群众安置点，避开山洪、地质灾害隐患点及其他危险区域，避免次生灾害。同时，要加强安置点消防安全、卫生医疗、防疫消杀、食品安全、治安等保障，确保安置点安全有序。

7.5 人力资源保障

7.5.1 加强自然灾害各类专业救灾队伍建设、灾害管理人员队伍建设，提高灾害救助能力。支持、培育和发展相关社会组织、社会工作者和志愿者队伍，鼓励和引导其在救灾工作中发挥积极作用。

7.5.2 组织应急管理、自然资源、住房城乡建设、生态环境、交通运输、水利、农业农村、商务、卫生健康、林草、地震、消防救援、气象、电力、红十字会等方面专家，重点开展灾情会商、赴受灾地区现场评估及灾害管理的业务咨询工作。

7.5.3 落实灾害信息员培训制度，建立健全覆盖省、市、县、乡镇（街道）、村（社区）的灾害信息员队伍。村民委员会、居民委员会和企事业单位应设立专职或者兼职的灾害信息员。

7.6 社会动员保障

7.6.1 建立健全灾害救助协同联动机制，引导社会力量有序参与。

7.6.2 完善非灾区支援灾区、轻灾区支援重灾区的救助对口支援机制。

7.6.3 健全完善灾害应急救援救助平台，引导社会力量和公众通过平台开展相关活动，持续优化平台功能，不断提升平台能力。

7.6.4 科学组织、有效引导，充分发挥乡镇党委和政府、街道办事处、村民委员会、居民委员会、企事业单位、社会组织、社会工作者和志愿者在灾害救助中的作用。

7.7 科技保障

7.7.1 建立健全应急减灾卫星、气象卫星、海洋卫星、资源卫星、航空遥感等对地监测系统，发展地面应用系统和航空平台系统，建立基于遥感、地理信息系统、模拟仿真、计算机网络等技术的"天地空"一体化灾害监测预警、分析评估和应急决策支持系统。开展地方空间技术减灾应用示范和培训工作。

7.7.2 组织应急管理、自然资源、生态环境、交通运输、水利、农业农村、卫生健康、林草、地震、消防救援、气象等方面专家开展自然灾害综合风险普查，及时完善全国自然灾害风险和防治区划图，制定相关技术和管理标准。

7.7.3 支持鼓励高等院校、科研院所、企事业单位和社会组织开展灾害相关领域的科学研究，加强对全球先进应急装备的跟踪研究，加大技术装备开发、推广应用力度，建立合作机制，鼓励防灾减灾救灾政策理论研究。

7.7.4 利用空间与重大灾害国际宪章、联合国灾害管理与应急反应天基信息平台等国际合作机制，拓展灾害遥感信息资源渠道，加强国际合作。

7.7.5 开展国家应急广播相关技术、标准研究，建立健全国家应急广播体系，实现灾情预警预报和减灾救灾信息全面立体覆盖。通过国家突发事件预警信息发布系统及时向公众发布灾害预警信息，综合运用各类手段确保直达基层一线。

7.8 宣传和培训

进一步加强突发事件应急科普宣教工作，组织开展全国性防灾减灾救灾宣传活动，利用各种媒体宣传应急法律法规和灾害预防、避险、避灾、自救、互救、保险常识，组织好"全国防灾减灾日"、"国际减灾日"、"世界急救日"、"世界气象日"、"全国科普日"、"全国科技活动周"、"全国消防日"和"国际民防日"等活动，加强防灾减灾救灾科普宣传，提高公民防灾减灾救灾意识和能力。积极推进社区减灾活动，推动综合减灾示范社区建设，筑牢防灾减灾救灾人民防线。

组织开展对地方各级党委和政府分管负责人、灾害管理人员和专业救援队伍、社会工作者和志愿者的培训。

8 附 则

8.1 术语解释

本预案所称自然灾害主要包括洪涝、干旱等水旱灾害，台风、风雹、低温冷冻、高温、雪灾、沙尘暴等气象灾害，地震灾害，崩塌、滑坡、泥石流等地质灾害，风暴潮、海浪、海啸、海冰等海洋灾害，森林草原火灾和重大生物灾害等。

8.2 责任与奖惩

各地区、各部门要切实压实责任，严格落实任务要求，对在灾害救助过程中表现突出、作出突出贡献的集体和个人，按照国家有关规定给予表彰奖励；对玩忽职守造成损失的，依据国家有关法律法规追究当事人责任，构成犯罪的，依法追究其刑事责任。

8.3 预案管理

8.3.1 本预案由应急管理部负责组织编制，报国务院批准后实施。预案实施过程中，应急管理部应结合重特大自然灾害应对处置情况，适时召集有关部门和专家开展复盘、评估，并根据灾害救助工作需要及时修订完善。

8.3.2 有关部门和单位可根据实际制定落实本预案任务的工作手册、行动方案等，确保责任落实到位。

8.3.3 地方各级党委和政府的防灾减灾救灾综合协调机构，应根据本预案修订本级自然灾害救助应急预案，省级预案报应急管理部备案。应急管理部加强对地方各级自然灾害救助应急预案的指导检查，督促地方动态完善预案。

8.3.4 国家防灾减灾救灾委员会办公室协调国家防灾减灾救灾委员会成员单位制定本预案宣传培训和演练计划，并定期组织演练。

8.3.5 本预案由国家防灾减灾救灾委员会办公室负责解释。

8.4 参照情形

发生自然灾害以外的其他类型突发事件，根据需要可参照本预案开展救助工作。

8.5 预案实施时间

本预案自印发之日起实施。

附录二

本书所涉文件目录

宪法

2018 年 3 月 11 日　　　　　宪法

法律

2023 年 12 月 29 日　　　　刑法
2023 年 12 月 29 日　　　　粮食安全保障法
2023 年 12 月 29 日　　　　慈善法
2023 年 10 月 24 日　　　　海洋环境保护法
2023 年 9 月 1 日　　　　　民事诉讼法
2023 年 6 月 28 日　　　　　无障碍环境建设法
2022 年 10 月 30 日　　　　黄河保护法
2021 年 8 月 20 日　　　　　个人信息保护法
2021 年 6 月 10 日　　　　　安全生产法
2021 年 6 月 10 日　　　　　数据安全法
2020 年 6 月 20 日　　　　　档案法
2020 年 5 月 28 日　　　　　民法典
2019 年 12 月 28 日　　　　基本医疗卫生与健康促进法
2016 年 11 月 7 日　　　　　气象法
2016 年 7 月 2 日　　　　　防洪法
2015 年 7 月 1 日　　　　　国家安全法
2013 年 6 月 29 日　　　　　传染病防治法
2010 年 2 月 26 日　　　　　国防动员法
2008 年 12 月 27 日　　　　防震减灾法
1997 年 12 月 29 日　　　　价格法

行政法规及文件

2024年1月31日	突发事件应急预案管理办法
2024年1月24日	煤矿安全生产条例
2024年1月20日	国家自然灾害救助应急预案
2023年7月5日	国务院办公厅关于应急管理综合行政执法有关事项的通知
2023年12月25日	国务院办公厅关于推动疾病预防控制事业高质量发展的指导意见
2021年12月30日	"十四五"国家应急体系规划
2020年10月26日	国家森林草原火灾应急预案
2019年3月2日	自然灾害救助条例
2019年2月17日	生产安全事故应急条例
2018年10月26日	消防救援衔条例
2015年1月6日	国务院办公厅关于加强传染病防治人员安全防护的意见
2014年12月29日	国家突发环境事件应急预案
2011年1月8日	核电厂核事故应急管理条例
2011年1月8日	破坏性地震应急条例
2011年1月8日	突发公共卫生事件应急条例
2011年1月8日	地震监测管理条例
2011年1月8日	防汛条例
2009年2月26日	抗旱条例
2008年12月1日	森林防火条例
2008年11月29日	草原防火条例
2007年9月14日	大型群众性活动安全管理条例
2006年1月22日	国家安全生产事故灾难应急预案
2003年11月24日	地质灾害防治条例

部门规章及文件

2024年4月28日	矿山救援规程

2022年4月26日	水利部办公厅关于印发2022年度山洪灾害防御能力提升项目建设工作要求的通知
2021年6月7日	应急广播管理暂行办法
2017年11月14日	公共互联网网络安全突发事件应急预案
2016年9月27日	旅游安全管理办法
2015年5月27日	危险化学品重大危险源监督管理暂行规定
2013年2月28日	中央企业应急管理暂行办法
2012年8月14日	文化市场突发事件应急管理办法（试行）
2012年8月14日	文化市场突发事件应急预案（试行）
2011年11月14日	交通运输突发事件应急管理规定
2008年12月3日	高速公路交通应急管理程序规定

司法解释及文件

2009年9月22日	最高人民法院关于人民法院预防和处理执行突发事件的若干规定（试行）

图书在版编目（CIP）数据

突发事件应对法一本通／法规应用研究中心编．北京：中国法制出版社，2024.7．--（法律一本通）．
ISBN 978-7-5216-4588-0

Ⅰ．D922.14

中国国家版本馆 CIP 数据核字第 2024XH9241 号

责任编辑：白天园　　　　　　　　　　　　封面设计：杨泽江

突发事件应对法一本通
TUFA SHIJIAN YINGDUIFA YIBENTONG

编者／法规应用研究中心
经销／新华书店
印刷／三河市紫恒印装有限公司
开本／880 毫米×1230 毫米　32 开　　　　印张／9.75　字数／229 千
版次／2024 年 7 月第 1 版　　　　　　　　2024 年 7 月第 1 次印刷

中国法制出版社出版
书号 ISBN 978-7-5216-4588-0　　　　　　　　定价：35.00 元

北京市西城区西便门西里甲 16 号西便门办公区
邮政编码：100053　　　　　　　　　　　　传真：010-63141600
网址：http://www.zgfzs.com　　　　　　编辑部电话：010-63141792
市场营销部电话：010-63141612　　　　　印务部电话：010-63141606

（如有印装质量问题，请与本社印务部联系。）